Zu diesem Buch

«Mit einer Mischung aus Munterkeit und Nüchternheit macht sich Adolf Holl ans Werk, prüft sich selbst und läßt die Moralapostel aller Zeiten sprechen. Was ist mit diesem körperlich spürbaren, unbequemen Gefühl Mitleid? Hilft es überhaupt jemand weiter? Hat Mitleiden etwas mit Liebe zu tun? Ist es so selbstverständlich, daß Nächstenliebe des Christen Pflicht ist?

Holl bringt keine Systematik ins Thema – was ja sicher auch ziemlich langweilig wäre –, sondern umgibt sich mit einer Gruppe von Lebenden und Toten, die er ganz ohne Gänsefüßchen reden läßt und miteinander ins Gespräch bringt.»

«Sonntagsblatt»

Adolf Holl, geboren 1930 in Wien, Doktorate der Theologie und Philosophie, Universitätsdozent für Religionswissenschaft. Von 1953 bis 1972 Kaplan und Religionslehrer. 1973 kirchliches Lehrverbot, 1976 als Priester suspendiert. Lebt als freier Schriftsteller in Wien.

Adolf Holl

Mitleid

Plädoyer für ein
unzeitgemäßes Gefühl

Rowohlt

Veröffentlicht im Rowohlt Taschenbuch Verlag GmbH
Reinbek bei Hamburg, Dezember 1990
Copyright © 1985 by Rowohlt Verlag GmbH
Reinbek bei Hamburg
Umschlaggestaltung Angela Dobrick
(Foto: © Jan Sandek 1987 / Art Unlimited, Amsterdam)
Satz Breughel (Linotronic 500)
Gesamtherstellung Clausen & Bosse, Leck
Printed in Germany
1080-ISBN 3 499 18834 1

Inhalt

Vorbemerkung zur Taschenbuchausgabe

Diese Ausgabe meines Buches über Mitleid sollte möglichst gebrauchsfreundlich gestaltet werden: Durch die Gliederung in vier Teile und die Hinzufügung von Kapitelüberschriften wird die Orientierung erleichtert; die Literaturhinweise am Schluß nennen die wichtigsten Quellen der verwendeten Zitate; der neue Titel verdeutlicht die Absichten des Autors.

Am ursprünglichen Text wurde wenig verändert. Da und dort mußten neue Entwicklungen berücksichtigt werden, beispielsweise die Exilierung Baby Doc Duvaliers von Haiti oder der Verkauf der österreichischen «Arbeiter Zeitung». Einen Augenblick lang habe ich überlegt, ob ich den Satz «und Sankt Petersburg heißt jetzt Leningrad» vorsichtshalber streichen soll. Aber noch kann er stehen bleiben.

Unberücksichtigt ließ ich die weiteren Lebensschicksale der Personen aus meinem Bekanntenkreis, die im Buch auftreten. (Paranoia hat das Meditationszentrum verlassen, war kurzfristig in psychiatrischer Behandlung und engagiert sich zur Zeit gegen die Apartheid in Südafrika. Riki hat geheiratet. Fips ist Vater zweier Kinder geworden.) Immerhin sei erwähnt, daß die Rolle des verstorbenen Herrn Müller im Leben des Autors durch einen Sozialhilfeempfänger übernommen wurde, der völlig vereinsamt lebt und sich für Literatur interessiert. Er hat häufig Selbstmordgedanken.

Wien, im September 1990   A. H.

Erster Teil:
Religion und Nächstenliebe

Auf den alten Bildern ist ein Soldat eben dabei, mit dem Kurzschwert die Pelerine zu durchschneiden, die er sich von den Schultern gezogen hat. Er sitzt auf dem Pferd, unten erhebt ein nackter Mann flehend die Hände.

Martin wird die eine Hälfte des Mantels dem Armen geben und sich selbst mit der anderen umhüllen. Darüber werden einige, die die Szene beobachtet haben, lachen müssen, weil der Anblick Martins auf sie komisch wirkt. Andere werden ein schlechtes Gewissen haben, weil ihnen der Bettler gleichgültig war. In der folgenden Nacht wird Martin im Traum den Christus sehen, angetan mit der verschenkten Hälfte des Mantels.

In der Lebensbeschreibung Martins, verfaßt von einem gewissen Sulpicius Severus, steht eine seltsame Bemerkung. Man liest, Martin habe beim Anblick des Bettlers erkannt, daß dieser Mensch ihm bestimmt sei.

Um das zu verstehen, muß man wissen, daß Martin mit den Menschen im Grunde nichts zu tun haben wollte. Bereits im Alter von zwölf Jahren sehnte er sich danach, Einsiedler zu werden. Sein Vater, ein hoher Offizier von vornehmer Abstammung, zwang ihn zum Militärdienst, mit Ketten gefesselt wurde Martin zur Truppe gebracht. Aber auch in Uniform blieb Martin in sich gekehrt wie ein Mönch, ohne Interesse an den Zerstreuungen des Soldatenlebens. Diesem menschenscheuen Weltflüchtling wurde der anonyme Bettelmann in den Weg geworfen, mitten im strengen Winter, vor dem Stadttor von Amiens in der Provinz Gallien, wo Martin stationiert war.

Es ist auffällig, wie unpersönlich und flüchtig die Begegnung des unfreiwilligen Soldaten mit dem Vertreter des Elends verläuft.

Wortlos und sachlich wird die Ungleichheit zwischen den beiden beseitigt, durch die Teilung des Mantels. Hernach kann man sich wiederum trennen, für immer. Martins Regung, den Bedürftigen als seinesgleichen zu behandeln, ist mit Liebe nicht ohne weiteres zu verwechseln.

Martin war einer von denen, die vor der sinnlichen Liebe zurückschrecken. Eine Familie mochte er nicht gründen, und die Interessen, die zwei Körper vertraglich aneinander binden, blieben ihm fremd und verächtlich.

Von solcher Strenge ging eine starke Wirkung aus. Bald nach dem Jahr 360 setzte Martin seinen Willen durch und wurde Einsiedler. Sein Beispiel wurde nachgeahmt. Er starb als Bischof der Stadt Tours, und an seinem Begräbnis sollen Tausende von Mönchen und Jungfrauen teilgenommen haben.

Martins Hemmung, sich mit leibhaftigen Menschen näher einzulassen, in Freundschaft und Liebe, hat ihn zum Mitleidspatron disponiert. Im entscheidenden Traumgesicht in der Nacht nach der Mantelspende ist der wirkliche Bettler bereits verschwunden, er hat sich in eine allgemeine Bedeutung verwandelt, die des göttlichen Menschen. Dessen verklärter Leib, den Martin beglückt betrachtet, ist lautere Hilfsbedürftigkeit in der Aura des Gottes.

Fortan wird Martin den Menschen als Missionar und Heiler gegenübertreten. Ihre Seelen und Leiber verlangen nach Rettung, sie warten auf ihn, alle.

Als unbekümmerten, zum Lachen geneigten Mann kann man sich Martin schwer vorstellen. Gern möchte man ihn fragen, warum sich die Nächstenliebe, die er geübt hat, mit Zärtlichkeit so gar nicht vertragen will. Aber Martin schweigt stille. Das Reden war nie seine starke Seite.

I. | Ein Tag im Leben eines Schriftstellers

Die uneigennützigen Menschen, die ihr Leben gleich Martin den Bedürftigen weihten, haben die Welt mit Hospizen, Spitälern, Waisenhäusern, Aussätzigenheimen überzogen. Ohne sie gäbe es kein soziales Gewissen, keine Hilfssendungen in Katastrophengebiete. Ihre beständigen Appelle an die Hilfsbereitschaft sind so selbstverständlich geworden, daß man sich ihnen kaum zu entziehen vermag. Eine besonders peinliche Szene wird immer wieder gespielt, in einem beliebigen Lokal. An den Tisch der behaglich Speisenden tritt ein Heilsarmist mit der Bitte um eine milde Gabe. Schon ist die vergnügte Stimmung gestört, und einen Augenblick lang kann man die Schreie hören, die aus der äußeren Finsternis kommen.

Dieser Augenblick, in dem noch alles in der Schwebe bleibt, ist wie ein schweigender Kampf mächtiger Energien, außerhalb von Zeit und Raum. In den winzigen Explosionen der nervösen Nachrichtenübermittlung im Gehirn der Betroffenen werden Programme miteinander verglichen, Erinnerungen aus dem Gedächtnis geholt, Autoritäten befragt, mit der Geschwindigkeit des Lichtes.

Wollte jemand versuchen, all das irgendwie aufzuschreiben, er käme so leicht nicht ans Ende. Gegenwart, Vergangenheit und Zukunft würden ihm durcheinandergeraten, weil die Entscheidungsprozesse, die er zu Protokoll bringen will, einen Vernetzungsgrad haben, der mit der linearen Chronologie nicht erfaßbar ist. Persönliche und unpersönliche, ja überpersönliche Informationen würden einander wegkürzen, weil sie in der soundsovielten Dimension belanglos werden. Mit Einteilungen, Aufzählungen, Definitionen käme er auch nicht weiter, weil die Abläufe, denen er nachdenkt, fließend sind und verschlungenen Wegen folgen. Außerdem gibt es die Endlosschleifen, die immer dieselbe Nachricht wiederholen, wie die Zehn Gebote zum Beispiel es tun.

Wer oder was wird schließlich darüber bestimmen, ob der oder die Angesprochene ablehnend den Kopf schüttelt oder zum Geld greift? Werden zwei unter zehn Personen spenden oder acht? Wird das Gute in der Welt siegen?

Im Nachtgeschäft, unter Taxifahrern, Prostituierten und Heilsarmisten gibt es eine Erfahrung: Betrunkene geben am meisten.

Ich weiß bis heute nicht, warum ich im Januar 1981 eine junge Frau, die offenkundig unter Paranoia litt, bei mir drei Wochen lang beherbergt habe. War es Mitleid oder Neugier oder Höflichkeit oder Sex? Hat sie meine väterlichen oder brüderlichen Gefühle aktiviert? Wenn ich es wüßte, würde ich kein Buch über das Mitleidigsein schreiben.

Ein Tag im Leben eines Schriftstellers. Das Telefon läutet, Holl hebt ab und vernimmt eine unbekannte weibliche Stimme, die ihn um eine Unterredung bittet und etwas von Obdachlosigkeit und Drogenentzug sagt. Es ist zwei Uhr nachmittags. Um drei Uhr erzählt die junge Frau bereits ihre Geschichte, in Holls Wohnzimmer. Auf ihrem letzten Posten als Sekretärin in einem Forschungsinstitut sei sie mit allen möglichen Giften vollgepumpt worden, gegen ihren Willen und ohne ihr Wissen, alle Geheimdienste seien hinter ihr her, jetzt leide sie unter Entzugserscheinungen, ein Versuchskaninchen sei sie gewesen für Drogenexperimente, sie habe sich bereits an den Bundeskanzler gewandt, damit den Leuten in diesem Institut endlich das Handwerk gelegt wird.

Vor dem Eintreffen der Paranoikerin hat Holl ein wenig telefoniert, mit einem Dienst für Drogensüchtige. Ob es möglich wäre, jemanden mit Entzugserscheinungen kurzfristig irgendwo unterzubringen.

Wenn sie unter Schweißausbrüchen leidet, sagt die Telefonstimme, dann ist der Pavillon 10 Am Steinhof zuständig. Am Steinhof, das ist das Irrenhaus Wiens.

Am Steinhof bin ich auch schon gewesen, sagt Paranoia zu Holl, dort haben sie mir Elektroschocks gegeben. Sie werden sich vielleicht nicht an mich erinnern, aber wir haben einander einmal bei dem Schriftsteller Gustav Ernst getroffen.

Aber sie hat ja gar keine Entzugserscheinungen, denkt Holl, sie bildet sich das alles nur ein, sie hat in Wirklichkeit einen ausgewachsenen Verfolgungswahn. Ich kann ihr sicher nicht helfen, denkt Holl, da sind andere dafür zuständig, aber Steinhof wäre brutal, da darf man sie nicht hinschicken, dort kriegt sie vielleicht wirklich Elektroschocks, und außerdem ist sie schon dort gewesen und hat immer noch ihren Verfolgungswahn.

Ja, und warum sind Sie dann eigentlich zu mir gekommen, sagt Holl.

Ich hab meine Wohnung verloren, ich weiß nicht, wo ich heute nacht schlafen soll, und da sind Sie mir eingefallen, vielleicht kann ich bei Ihnen übernachten, eine Woche, bis ich etwas anderes gefunden habe.

Die leiblichen Werke der Barmherzigkeit sind: 1. den Hungrigen zu essen geben, 2. den Durstigen zu trinken geben, 3. die Fremden beherbergen, 4. die Nackten kleiden, 5. die Kranken besuchen, 6. die Gefangenen erlösen, 7. die Toten begraben.

In der Zeit, als die Liste der barmherzigen Werke allgemeine Verbreitung fand, erzählten die Wüstenväter einander diese Geschichte:

Der Teufel aber nahm die Gestalt eines herrlich geschmückten Weibes an und klopfte an die Tür der Zelle, in welcher sich der Mönch aufhielt. Als dieser öffnete, sprach die Erscheinung also: Ich werde von meinen Gläubigern schuldlos verfolgt. Nimm mich auf bei dir, heiliger Mann, nur kurze Zeit, bis ich unbehelligt weiterwandern mag! Der Mönch ließ sie ein. Alsbald wurde er von heftigem Verlangen ergriffen und trat auf das Weib zu, es zu umarmen. Da schlug ihn der Teufel, der Mönch stürzte zu Boden und blieb einige Tage wie tot liegen. Als er wieder zu Sinnen gekommen war, begab er sich zum seligen Vater Pachomius und gestand unter verzweifeltem Stöhnen und entsetzlicher Furcht sein Vergehen.

Auf die Frage, wovon sie lebe, antwortet Paranoia, sie habe einen Antrag auf Sozialhilfe gestellt.

In Österreich wird von zwei «Netzen» sozialer Sicherheit gesprochen: (a) Sozialversicherung und (b) Sozialhilfe. Für die Sozialhilfe ist das Sozialamt zuständig. Anspruch auf Sozialhilfe hat, wer seinen Lebensbedarf nicht ausreichend aus eigenen Mitteln und Kräften beschaffen kann. Von den Hilfesuchenden verlangt das Sozialamt, daß sie zunächst alle anderen Möglichkeiten ausprobiert haben müssen, um zu ihrem Geld zu kommen (Ansprüche gegenüber dem Arbeitsamt, der Pensionsversicherungsanstalt, unterhaltspflichtigen Angehörigen). Ferner muß nachgewiesen werden, daß der Antragsteller arbeitswillig ist. Davon ausgenommen sind Personen, die in einer Erwerbsausbildung stehen, die das 60. (Frauen) bzw. das 65. Lebensjahr (Männer) erreicht haben, Erwerbsunfähige und Mütter im Interesse einer geordneten Erziehung ihrer Kinder.

Österreich ist ein Sozialstaat.

Zur Antragstellung auf Sozialhilfe muß ein Meldezettel vorgelegt werden. Dies deshalb, weil sich die Zuständigkeit des Sozialamtes nach dem Wohnsitz richtet. Ohne ordentlichen Wohnsitz gibt es keine Sozialhilfe.

Falls es Paranoia nicht bald gelingt, einen ordentlichen Wohnsitz zu haben, fällt sie durch die beiden sozialen Netze und wird zu einer nicht seßhaften Person, einer «Sandlerin» (österreichischer Sprachgebrauch) oder «Gammlerin». Zu einer «Hauslosen» (buddhistischer Sprachgebrauch).

Die ersten Buddhisten, die ersten Derwische, die ersten Franziskaner waren freiwillige Sandler oder Gammler. Jesus war ein freiwilliger Gammler. Füchse haben Höhlen, Vögel haben Nester, der Menschensohn aber hat nicht, wohin er sein Haupt legen kann. Die Menschentochter hat nicht, wohin sie ihr Haupt legen kann. Ihr Name: Paranoia. Sie wird verfolgt von erbarmungslosen Gläubigern, jetzt treten Tränen in ihre Augen, und sie sagt: Ich hab niemandem etwas zuleide getan.

An dieser Stelle darf Herrn Müllers gedacht werden. Vielleicht habe ich Paranoia deshalb bei mir aufgenommen, weil ich vermeiden wollte, ihr nachblicken zu müssen, wie sie enttäuscht die Stiege hinuntergeht. Herr Müller ging vor Jahren enttäuscht die Stiege von meiner Wohnung hinunter, ein alter heruntergekommener alkoholischer Mann ohne ordentlichen Wohnsitz. Die Sekunde des Nachblickens vor dem Schließen der Wohnungstür hat sich mir eingeprägt, der Blick auf die Schulter des Herrn Müller, wie er langsam die Treppe hinuntersteigt.

Ja, dir geht's gut, sagte Herr Müller öfters zu mir.

Hast einen Wein, fragte Herr Müller. Hast Zigaretten, fragte Herr Müller, eine warme Unterhose brauchert ich auch.

Herr Müller ging mir gelegentlich auf die Nerven, seine Stimme am Telefon war mir nicht immer willkommen. Schon wieder der Müller. Und dann einmal hinausgeschmissen den Müller, abgewiesen den Müller, laß mich in Ruh, ich hab keine Zeit, allerweil kommst daher, ich bin nicht die Caritas.

Vor dem Krieg war ich in Venezuela am Bau, erzählte Herr Müller, hab gut verdient damals. Wenn sich meine Alte nicht hätte scheiden lassen von mir, hätt ich eine Wohnung. Aber so hab ich ausziehen müssen, jetzt schlaf ich im Telefonhäusl.

Zum Zeitpunkt der Niederschrift dieser Zeilen dürfte Herr Müller nicht mehr unter den Lebenden weilen, ein gutes halbes Jahr schon hat er sich nicht mehr gemeldet. Sozialstaatlich gesehen war er eine Ausnahme, man stelle sich vor: ein Bettler in Österreich, das ist beinahe schon eine Attraktion für die Touristen. Auf Wunsch werden sie in eine bestimmte Gasse geführt, ein schlampig gekleideter Mensch tritt auf sie zu mit der Frage:

Alter, hast einen Schilling?

Vielleicht wäre es hier angebracht, dem Publikum die Geschichte der Wohltätigkeit zur Kenntnis zu bringen. Vergleiche die umfassende Studie von Bolkestein, «Wohltätigkeit und Armenpflege im vorchristlichen Altertum», außerdem Lieses «Geschichte der Caritas», ferner D. J. Constantelle, «Byzantine philanthropy and social welfare», sowie Uhlhorns «Christliche Liebestätigkeit in der Alten Kirche» und Ratzingers «Geschichte der kirchlichen Armenpflege». Für die neuere Zeit ist wichtig Oppenheimers «Soziale Frage» und Muckles «Geschichte der sozialistischen Ideen».

Aber diese Geschichten sind eintönig, weil sie nach immer demselben Muster verlaufen. Irgendein gewalttätiger und schlauer Mensch eignet sich ein Stück Boden an, indem er erklärt: Betreten verboten! Dann beschließt er, den Besitz seinem ältesten Sohn zu vererben und die anderen Söhne und Töchter leer ausgehen zu lassen, damit der Besitz nicht geteilt werden muß. Schon gibt es Minderbemittelte. Privateigentum, Erbrecht und Schuldrecht haben seit eh und je die öffentliche Armut erzeugt, und die Obrigkeiten sahen sich gezwungen, die wütenden Habenichtse irgendwie im Zaum zu halten, mit Brot und Spielen beispielsweise wie im alten Rom oder durch ein Arbeitsbeschaffungsprogramm wie in den Tagen des Perikles oder durch Armengesetze wie unter Karl dem Großen. Bismarck hat seine Sozialgesetze durchs Parlament gebracht, um die Arbeiter mit dem kapitalistischen Staat zu versöhnen und den Sozialdemokraten das Wasser abzugraben. Dieselbe alte Leier, seit es die großen politischen Reiche gibt. Vor ihrer Entstehung bedurfte es keiner öffentlichen Wohltätigkeit.

An Stelle einer ausführlichen Darstellung der Geschichte der Wohltätigkeit erinnere ich mich also an meine Empfindung beim Anblick des enttäuschten Herrn Müller, als er langsam und traurig die Treppe von meiner Wohnung hinunterging, und drücke mein Gefühl mit einer altertümlichen Redewendung aus:

Der Anblick schnitt mir durchs Herz.

Luther hätte geschrieben: Mich jammerte sein.

Das Wort «Mitleid» existierte zur Zeit Luthers noch nicht; es kam erst vor 200 Jahren auf, als Kürzung des älteren Wortes «Mitleiden», das von den deutschen Mystikern in Gebrauch genommen wurde, im Sinn des seelischen Mitdurchlebens eines fremden Leidens, desjenigen des Jesus Christus zum Beispiel.

Um 1250 erschien der Mechthild von Magdeburg der leidende Heiland, zeigte ihr sein verwundetes Herz und sprach: Sieh, wie weh man mir getan hat!

Mechthild: Ach Herr, warum leidest du so große Not?

Der Heiland: Da mein Herzblut zur Erde niederrann, da wurde der Himmel aufgetan.

Von Stund an verharrte Mechthild im Eingedenken des süßen gebrochenen Herzens ihres Herrn Jesus.

Also gut, sprach Holl zu Paranoia, von mir aus können Sie einziehen, ich geb Ihnen den Schlüssel.

Danke, erwiderte Paranoia. Sie wirkte erleichtert. Dann ging sie ihre Sachen holen, die sie irgendwo untergestellt hatte. Draußen war Winter. Trüber Himmel, Nieselregen mit Schnee vermischt, zwei Grad Celsius.

Man darf sich darüber wundern, daß die modernen Gesellschaftswissenschaften mit Vorliebe die Erforschung des Bösen betreiben. Das Gute scheint sie kaum zu interessieren. 5000 Bücher über Aggression, noch mal soviel über Angst, dazu noch die Literaturen über Gewalt, Terror, Wahnsinn, Verbrechen, Faschismus, Konzentrationslager, Krieg, Folter, Selbstmord, Alkoholismus, Asyle, Prostitution, Slums, Geldwesen, Rüstungsindustrie, Umweltverschmutzung, Arbeitslosigkeit, Vorurteile, Imperialismus, Antisemitismus, Depression, Geheimdienste, Kolonialismus, Krisen und so weiter. Es sieht so aus, als ob die meisten Sozialwissenschaftler darauf aus wären, irgendeine neue Schweinerei zu entdecken. Sie überlassen das Gute dem Roten Kreuz und der Religion.

Was für ein Versehen, das Gute als langweilig zu empfinden! Betrachte das Gute respektlos, betrachte es als eine seltene Verrücktheit, und schon wirst du auf die merkwürdigsten Geschichten kommen.

Für sein Benehmen während der Gespräche mit Paranoia hat sich Holl vorgenommen, die Behauptungen der jungen Frau über die Gemeinheiten ihrer Verfolger wie die Reden einer afrikanischen Hexe anzuhören. Wir leben in verschiedenen Welten, sagt er zu Paranoia. Schauen Sie sich meine Hände an, sagt Paranoia und hält ihre Handflächen unter das Licht der Lampe in Holls Arbeitszimmer. Diese kleinen glänzenden Kristalle in meiner Haut, das ist das viele Gift, das man in mich hineingetan hat. Jetzt kommt es allmählich heraus, können Sie es sehen. Nein, sagt Holl, eigentlich nicht, oder jedenfalls nicht genau, vielleicht glänzt hier doch etwas wie ein kleinwinziger Kristall, ich bin mir nicht sicher. Am Abend, wenn ich allein in Ihrer Wohnung bin, sagt Paranoia, sitze ich in diesem Stuhl hier und kann dann durch die Balkontüre ein Fenster dort drüben sehen. Wenn ich Licht mache, wird auch das Fenster hell, wenn ich das Licht abdrehe, erlischt auch im Fenster drüben das Licht. Einer mit einem Gewehr kann mich ohne weiteres von dort drüben erschießen, sagt Paranoia. Ich habe mich deshalb an einen anderen Platz gesetzt.

Ja.

Sie glauben mir nicht.

Ich gebe mir Mühe, die Art und Weise zu respektieren, wie Sie die Welt sehen, sagt Holl. Aus den Büchern, die ich gelesen habe, weiß ich darüber Bescheid, daß es unterschiedliche Möglichkeiten gibt, die Welt zu sehen. Eine afrikanische Hexe sieht die Welt anders als ich. Ich gebe mir Mühe, die Weltsicht der afrikanischen Hexe nicht als eine minderwertige einzustufen. Auch die Ihrige möchte ich nicht als minderwertig auffassen. Sie ist mir fremd, und als solche nehme ich sie zur Kenntnis. Außerdem leiden Sie, sagt Holl zu Paranoia, es geht Ihnen nicht besonders gut.

Was ich verlange, das ist Gerechtigkeit, sagt Paranoia. Ich habe niemandem etwas zuleide getan. Wie komme ausgerechnet ich dazu, mit Gift vollgepumpt und von den Geheimdiensten belästigt zu werden?

Der einzige Arzt, zu dem Paranoia damals noch ein gewisses Vertrauen hatte, heißt Vogt. Er ist der Auffassung, daß Paranoia ins Spital gehört, daß etwas mit ihr geschehen muß. Er ist ein kritischer Mediziner, er hat zum Beispiel gegen die landläufige Psychiatrie starke Vorbehalte. Ich habe ein Bett für Sie, sagte Vogt zu Paranoia, ich garantiere Ihnen, daß Sie dort anständig behandelt werden.

Dieses Gespräch fand um elf Uhr nachts statt, in Holls Wohnung. Rufen Sie den Vogt an! So spät? Ein paar Gäste sind da, Paranoia holt den Holl in die Küche, sie weint, sie legt seine Hand auf ihren Bauch, ganz aufgedunsen ist er, das müssen Sie doch merken, rufen Sie den Vogt an, ich halt's nicht mehr aus.

Ich garantiere Ihnen, daß Sie dort anständig behandelt werden, sprach Vogt zu Paranoia. Und ab mit Paranoia ins Spital, sie will eigentlich nicht, sie weint, sie ist völlig fertig. Wie wenn man sie ins KZ bringen würde, so führt sie sich auf, sagte Holl und war erleichtert, aber er hatte sich zu früh gefreut, denn eine Stunde später war Paranoia schon wieder zurück, mit dem Taxi, sie wollte nicht im Spital bleiben.

Man könnte denken, Holl habe etwas mit Paranoia gehabt, sie hat eine gute Figur und ein ebenmäßiges Gesicht, aber Paranoia war damals hauptsächlich eher mit dem Baden und Waschen ihres Körpers beschäftigt, stundenlang weilte sie im Badezimmer, um das viele Gift irgendwie von ihrem Leib herunterzubekommen. Was dazu führte, daß von dem Gepritschel ein feuchter Fleck im Stiegenhaus ebendort sichtbar wurde, wo innen das Badezimmer von Paranoia benutzt wurde. Herr Holl, haben Sie einen Wasserrohrbruch? Herr Holl, warum beherbergen Sie Narren?

Holls Güte darf respektlos betrachtet werden, stets ist er freundlich zu alten Damen, Narren, verhinderten Schriftstellern, Weltverbesserern, frustrierten Hausfrauen. Sie rufen ihn an, verabreden sich mit ihm zu einer Aussprache. Warum tut er das? Einerseits gehen ihm diese Menschen schon gelegentlich auf die Nerven, behauptet Holl, andererseits ist er neugierig darauf, was sie alles erzählen. Ist es das Exotische, das Afrikanische an Paranoia, das Holl bewogen hat, sie zu beherbergen, das ihn neugierig gemacht hat? Überlebt etwas von dem, was Freiheit einstmals war und was sie sein könnte, paradoxerweise im Laster, im Wahnsinn, in den Perversionen und selbst im Verbrechen? Ist es dieses Moment der Ungezwungenheit, das uns veranlaßt, die gesellschaftlichen Außenseiter mit ängstlicher Neugierde zu betrachten, ja uns mit ihnen abzugeben?

Gestehe deine Langeweile, Holl, deine Melancholie als Schriftsteller. Beklage dich nicht über sie, du teilst sie mit vielen Braven, die zur Leidenschaftslosigkeit fader Sonntage verurteilt sind. Beachte die Verbindung zwischen dieser Langeweile und deinem Interesse an Abweichlern, Oppositionellen und Ketzern. Erkläre, warum du seit zwanzig Jahren in deinen Schriften außenseiterische Themen behandelt hast, warum du Jesus Christus als Kriminellen bezeichnest.

Das hat bereits Nietzsche getan.

Das stimmt. Nietzsche war ein großartiger Paranoiker, er spürte das Gift in seinem Leib, er fühlte die Macht des alten Zauberers, der hinter ihm her war. Ihm fiel auf, mit welcher Inbrunst der Christenmensch sich den Geschwüren der Bettler, dem Gestank der Krüppel, dem Geschrei der hungrigen Kinder, den blassen Gesichtern der verdorbenen Mädchen nähern muß, wie unter einem Zwang. Das ist doch pervers, sagte sich Nietzsche, das ist dekadent, das kann doch nicht wahr sein.

Und wenn ich Paranoia hinausgeschmissen hätte?

Dann hättest du Schuldgefühle gehabt. Egal. Mitleid ist nur ein Wort. Auf die richtigen Regungen kommt es an, die hilfreichen, die zartfühlenden! Wenn der Polizist und der Demonstrant einander plötzlich in die Augen schauen und der Polizist läßt den Knüppel sinken, dieses eine Mal.

O die mageren Ärmchen, die sich dir entgegenstrecken.

O die großen Augen, wie sie dich anschauen.

Danke schön, junger Mann, das war sehr lieb, vielen herzlichen Dank, jetzt kann ich schon wieder allein weiter. Aber keine Ursache, das war doch selbstverständlich.

Ging ein Mensch von Jerusalem hinunter nach Jericho und fiel unter die Räuber. Die plünderten ihn aus, schlugen ihn, machten sich davon und ließen ihn halbtot liegen. Ging ein Priester denselben Weg hinab, sah ihn und ging vorüber. Kam ein Levit an der Stelle vorbei, sah ihn und ging vorüber. Ein Samariter aber, der des Weges zog, kam vorbei, und da er ihn sah, jammerte ihn sein, trat hinzu, verband seine Wunden und goß Öl und Wein darauf. Keine Ursache, das war doch selbstverständlich.

Merkwürdiges trug sich damals in Holls Wohnung zu, als es der Zufall wollte, daß während der Anwesenheit Paranoias ein gewisser Herr O. zu Besuch kam. Überdurchschnittlich intelligent, war er nach einem Selbstmordversuch mit anschließendem Aufenthalt in einer Nervenklinik ein wenig ruhiger geworden, obgleich seine Beschäftigungslosigkeit ihm Sorgen bereitete. Während man plauderte, kam Paranoia aus dem Badezimmer heraus, und so ergab sich ein Gespräch zwischen den beiden Leidenden, in welches sich einzumischen der Hausherr wenig Veranlassung hatte. Herr O.

sprach artig, beinahe zeremoniös, befangen durch die Gegenwart der jungen Frau, die ihrerseits bald dazu überging, Herrn O. über die Machenschaften in jenem Institut aufzuklären, wo man sie eineinhalb Jahre hindurch als Versuchskaninchen ohne ihr Wissen mit diversen gefährlichen Giften vollgepumpt habe. Herr O., der sehr schnell den wahnhaften Charakter der Erzählung Paranoias erkannt hatte, vermied seinerseits jegliche Andeutung über seine eigenen Ängste und Verfolgungsideen, die ihn dazu gebracht hatten, seinem Leben ein Ende bereiten zu wollen. Eine Verständigung über den wahren Charakter der Feinde des Herrn O. und Paranoias kam daher nicht zustande, wie überhaupt das ganze Gespräch zwischen den beiden Leidenden nicht die leiseste Spur des Eingehens des einen auf den anderen erkennen ließ. Unverbundene Monologe, ohne den sonst üblichen Anschein höflicher Anteilnahme, ohne die gewohnte Heuchelei. Merkwürdig deshalb, weil die scheinbare Kälte zwischen dem O. und Paranoia ein wortloses Einverständnis zwischen den beiden nicht ausschloß. So jedenfalls erschien es dem Hausherrn, und er dachte bei sich: Mitleid brauchen die zwei jedenfalls nicht miteinander zu haben.

Während Paranoia und Herr O. nur kurzfristige Aufenthalte in der Nervenklinik auf sich nehmen mußten, weilten Fips und Riki, ebenfalls Bekannte Holls, längere Zeit in einer geschlossenen Anstalt. Epi, der letzte in dieser Reihe, leidet an der Fallsucht, wie sein Name signalisiert. Nein, sagen sie alle zu mir, während ich sie zu Papier bringe, wir wollen kein Mitleid!

2. Der barmherzige Samariter

Epi, wie wir ihn hier nennen müssen, hatte seinen ersten Anfall im Alter von zwölf Jahren. Es war Krieg, und er lebte mit seinen Eltern unter mißlichen Umständen in Wien. Die mißlichen Umstände: Epis Vater war Jude. Weil er mit einer Christin verheiratet war, einer nach den damaligen Rassegesetzen «arischen» Christin, blieb er am Leben, und Epi auch.

Epis bevorzugte Lokale, sein Liebesleben, sein Beruf, die Einrichtung seiner Wohnung, sein Familienstand, die Farbe seiner Augen und seiner Haupthaare, seine Art, sich zu kleiden, die eine oder andere kleine Narbe, die er vielleicht im Gesicht hat, herrührend von Stürzen während eines Anfalls – solche und andere Details, welche aus Epi eine brauchbare Romanfigur machen würden oder den Gegenstand einer Reportage oder eine Bühnenrolle, müssen hier weggelassen werden, weil Epi sich genieren würde, identifiziert werden zu können. Sozialstaat hin, Sozialstaat her, in bezug auf Epileptiker sind die Leute irgendwie heikel; sie haben ein Vorurteil, sagen die Soziologen, was die Sache auch nicht besser macht. Immer wieder sagt Epi zu Holl:

Gelt, das bleibt aber unter uns.

Die Umstände der Anfälle, die Epi erzählt, erinnern mich an die Visionen der Mechthild von Magdeburg. Als sein Blut zur Erde niederrann, da wurde der Himmel aufgetan. Und es kam eine Ambulanz, die brachte Epi ins Spital, wo selbst eine Rißquetschwunde ärztlich versorgt wurde.

Epi hat Holl auf ein lehrreiches Buch zum Thema Mitleid aufmerksam gemacht. Es ist von dem Philosophen Hermann Cohen (1848–1918) und trägt den Titel «Religion der Vernunft aus den Quellen des Judentums».

Cohen ist das hebräische Wort für Priester.

Das hebräische Wort für Mitleid lautet *Rachamim*. Das ist ein sogenannter Abstraktplural. Das Wort *Rechem*, mit dem er verwandt ist, bedeutet:

Mutterschoß, Eingeweide.

Auf diesen Umstand wies Cohen in seinem Buch ausdrücklich hin, leider nur flüchtig. Im übrigen vertrat er die Ansicht, daß die Entdeckung des Menschen als des Mitmenschen, also die Humanität, ihre Quelle im Judentum hat.

Wie es dazu kam, daß die alten Juden den Menschen als Mitmenschen erfanden, kann man in dem Buch von Cohen und in anderen einschlägigen Büchern nachlesen. Ursprünglich, so wird man belehrt, waren die Juden keine Juden, sondern diverse Nomadensippen westsemitischer Herkunft. Die eine oder andere Sippe wanderte, zum Beispiel wegen einer Dürreperiode, ins Land Ägypten und fand dort Arbeit an öffentlichen Baustellen. Unter ihrem Führer Moses kehrten diese Leute dann Ägypten den Rücken und wanderten nach Kanaan (Palästina), wo sie sich als Bauern niederließen. Mit anderen Sippen verschworen sie sich zu einer Eidgenossenschaft, deren Name von einem Scheich herrührt, dessen Sippe eine führende Rolle spielte: Israel.

Die Erinnerung an die Zeiten, in denen sie heimatlos umherwandernde Fremdlinge waren, war unter den Söhnen und Töchtern Israels lebendig gelieben. In ihrem Gesetzbuch, der Thora, steht deshalb das ausdrückliche Gebot, den Fremdling wie einen Stammesgenossen zu behandeln. Wörtlich: Du sollst ihn lieben, er ist wie du.

Die Begründung für diese Vorschrift, ebenfalls wörtlich: Auch ihr wart Fremdlinge im Land Ägypten.

So einfach beginnt die Geschichte der «Nächstenliebe» (englisch: *charity*; französisch: *charité*), wie wir sie heute nennen. Sie gilt als christliche Tugend. In ihr werden die Umgangsformen, wie sie unter Verwandten und Freunden üblich sind, auf fremde (dahergelaufene, unbekannte, gefährliche, feindselige, lästige, zudringliche, elende, bedürftige, armselige, ekelhafte, verrückte) Menschen aller Art ausgedehnt, ohne Einschränkung.

Theoretisch. Praktisch gibt es nur wenige Menschen, die sich in ihrer Lebensführung uneingeschränkt an die Nächstenliebe halten. Im Jahr 1938 zum Beispiel, nachdem die Soldaten Hitlers in Österreich einmarschiert waren, wurden in Wien viele Juden gezwungen, mit ihrer Zahnbürste den Gehsteig zu reinigen. Das war nicht besonders nächstenliebend, obwohl Österreich ein katholisches (christliches) Land ist.

Längst wurde die Stephanskirche, die im Jahr 1945 ausgebrannt war, wunderschön renoviert. Niemand ist auf den Gedanken verfallen, sie als Ruine stehenzulassen, damit es den Leuten hie und da auf den Kopf regnet, wenn sie ihre Gebete verrichten, zur Erinnerung an das Jahr 1938.

Im Jahr 1938 wurde in Wien noch viel gejüdelt, zum Beispiel im zweiten Bezirk, der Leopoldstadt, wo viele Juden wohnten, darunter auch Epis Eltern. Sie wurden von den Nazis gezwungen, die Wohnung mit anderen «rassisch belasteten» Familien zu teilen. Epi erzählt, es sei recht eng gewesen. Er selbst hat nie richtig jüdeln gelernt, so wie die aus Osteuropa zugewanderten Juden es konnten. Immerhin hat Epi aus seiner Kindheit noch die eigentümliche Sprechmusik im Ohr, die das Jüdeln kennzeichnet, und vielleicht auch das eine oder andere Wort hebräischen Ursprungs, das die Juden in die landesübliche Umgangssprache mischten, aus alter Gewohnheit.

Zum Beispiel: *Rachmones*.

Rachmones bedeutet soviel wie Mitleid, Barmherzigkeit.

Rachmones kommt vom hebräischen *Rachamim*; *Rachamim* kommt von *Rechem*; *Rechem* bedeutet: Mutterschoß, Eingeweide.

Der Ausdruck «die Eingeweide des Mitleids», den ich im Lukasevangelium gefunden habe (I. Kapitel, Vers 78), ist eine typisch semitische Redefigur. Sie erinnert an den urtümlichen Zusammenhang zwischen den weiblichen Organen und den Regungen der Menschenfreundlichkeit.

Ob dieser Zusammenhang zwischen dem Unterleib und dem Mitgefühl auch heute noch gilt, ist eine bedenkenswerte Frage.

Im Lukasevangelium gibt es eine weitere Stelle, die unsere Gedanken in das Innere des Leibes lenkt. Das Lukasevangelium ist wie alle Texte der Christenbibel in der griechischen Sprache verfaßt worden. Das Wort im Gleichnis vom barmherzigen Samariter, das Luther mit «da jammerte ihn sein» übersetzte, verweist im Griechischen auf die inneren Organe. Offenbar hat der Autor versucht, den semitischen Originalton des Gleichnisses möglichst genau zu treffen, so wie Jesus es erzählt hatte. Man darf annehmen, daß Jesus eine mit *Rechem* verwandte Zeitwortform benutzt hat, als er die menschenfreundliche Regung des barmherzigen Samariters ausdrücken wollte. (*Rechem* bedeutet: Mutterschoß, Eingeweide).

Die Spur, die wir verfolgen, führt zu wirklichen, fühlbaren Empfindungen im Unterleib, nicht zu Moralprinzipien. Sie führt zu den Regungen einer Mutter, deren Kind in Gefahr gerät.

In einer bekannten biblischen Geschichte erscheinen zwei Dirnen vor dem König Salomo und streiten um ein Neugeborenes, das jede der beiden als ihr eigenes bezeichnet. Daraufhin läßt der König ein Schwert bringen und erteilt den Befehl, das Neugeborene in zwei Hälften zu teilen und jeder Frau eine Hälfte zu geben. Sofort bittet die wirkliche Mutter um Schonung des Kindes, denn «mächtig regten sich ihre Eingeweide für ihren Sohn».

Hier ist der Aufruhr in den weiblichen Innereien, diese plötzliche Hitze im Unterleib, ganz und gar dasselbe wie die sogenannten edleren Regungen, nämlich Liebe und Erbarmung. Das, was sich so heftig rührt, ist schon die Sache selbst, es gibt ihr den Namen.

Daß auch Männer so fühlen können, wird im ersten Buch Moses erzählt, im 43. Kapitel. Hauptperson ist der ägyptische Joseph, der nach langer Trennung seine Brüder wiedersieht. «Als er seine Augen erhob und seinen Bruder Benjamin, den Sohn seiner Mutter, sah, sagte er, das ist wohl euer jüngster Bruder, von dem ihr mir erzählt habt? Und eilte hinweg, denn seine Eingeweide rührten sich beim Anblick des Bruders, und er mußte sich ausweinen.» Die tiefe, also körperlich spürbare Erregung, von der hier die Rede ist, verdankt sich den Banden des Blutes, nämlich der Tatsache, daß Joseph und Benjamin dieselbe Frau zur Mutter haben. Die warme Höhle, in der sie beide neun Monate gelegen haben, heißt im Hebräischen: *Rechem*.

Aber wir müssen hinaus in die kalte Welt, und manchmal ergeht es uns schlecht in ihr. Wie schön ist es dann, wenn ein gütiger Mensch seine Hand auftut und uns hilft. Nicht nur im Jüdischen, auch in anderen semitischen Sprachen klingt der warme Mutterleib in den Wörtern des Erbarmens fort, beispielsweise im Arabischen:

Bismillah rachmani rachim!
Im Namen Allahs, des barmherzigen, mitleidvollen!

Die nachdrückliche Verdoppelung des Wortes, das an den Leib der Mutter erinnert, versetzt die Gläubigen in eine umgreifende Geborgenheit letzter Instanz. Fünfmal am Tag, zu den Gebetszeiten, dürfen sie sich ihr überlassen.

Der handgeschriebene Koran aus Kabul, den die Paranoikerin ihrem Gastgeber schenkte, als sie eine andere Bleibe gefunden hatte, steht auf einem kleinen geschnitzten Holzgestell in Holls Wohnung. Paranoia war früher einmal in Kabul. Den Koran hat sie bei einem Händler erstanden. Die ersten beiden Seiten in Paranoias Koran sind mit bunten Malereien verziert. Auf ihnen steht die erste Sure geschrieben. Jeder Muslim kennt sie auswendig. Sie ist eine Lobpreisung Gottes, des barmherzigen, mitleidvollen.

Wenn ich ein theologisches Buch schreiben wollte, dann wäre es jetzt an der Zeit, eine Frage zu stellen. Warum hat der Allmächtige und Barmherzige gegen die Leiden Epis und Paranoias nichts unternommen?

Wenn ich ein politisches Buch schreiben wollte, dann wäre es jetzt an der Zeit, die Gegensätze zwischen den Israelis, den Moslems und den Christen im Nahen Osten zu analysieren, ohne dabei die Interessen der Amerikaner und der Russen zu vergessen.

Aber mein Buch wird weder theologisch noch politisch sein. Am liebsten würde ich es, entsprechend seinem Platz auf der Liste meiner Buchproduktionen, so nennen:

Nr. 14. Dann hätte ich kein Problem mit dem Titel.

Die beiden meistverbreiteten Bücher, die Bibel und der Koran, haben keine Titel. In ihnen ist, unter anderem, vom Mitleid und vom Erbarmen die Rede. Immer wieder werden die Leser darauf aufmerksam gemacht, daß Gott barmherzig und mitleidig ist, zu allen Menschenkindern, ohne Unterschied, weil er sie «nach seinem Bilde» erschaffen hat. So sollen die Leser der heiligen Bücher dazu erzogen werden, auch ihrerseits schrankenlos gütig und liebevoll zu sein.

Ein Schriftsteller, der sich einbildet, ein erfolgreicheres Rezept zur Erziehung des Menschengeschlechtes zu haben als die Bibel und den Koran, muß schon ganz schön arrogant sein. Der Philosoph Schopenhauer war so einer. Er schrieb sein Hauptwerk im Alter von dreißig Jahren und lebte danach als Privatier mit Pudel und Haushälterin in Frankfurt am Main von den Erträgnissen eines umsichtig angelegten Erbteils. Er empfahl seinen Lesern einen desillusionierten Blick auf «eine hinschwindende Welt», auf die leidende Menschheit und Tierheit, auf alles Lebende als endlose Qual. Die Unterscheidung zwischen dem eigenen und dem fremden Ich hielt Schopenhauer für eine Illusion, die Aufhebung dieses Unterschieds im Mitleid galt ihm als Grundlage aller Moral.

Für Schopenhauers Verlag (Brockhaus) war «Die Welt als Wille und Vorstellung» zu Lebzeiten des Autors ein schlechtes Geschäft, was den Philosophen nicht sonderlich anficht. Er konnte es sich leisten, die Wirkung seiner Gedanken in Ruhe abzuwarten. Die Verehrung, die ihm im Alter zuteil wurde, hat er durchaus genossen.

Hundert Jahre später wirkt die besserwisserische Pose des nachdenklichen Autors, der die Welt mit abgerücktem Blick aus dem Fenster betrachtete, eher komisch, wie Wickelgamaschen oder ein Monokel. Der Typ des Privatgelehrten ist ebenso verschwunden wie der des vermögenden Rentiers, der gelegentlich in philosophischen Wälzern herumschmökert, weil er sonst nichts zu tun hat.

Nicht verschwunden hingegen ist die Ungleichheit zwischen Hungrigen und Satten, Kranken und Gesunden, Armen und Reichen.

Paranoia ist da und Epi, auch Riki, Fips und Herr O.

Ab und zu melden sie sich telefonisch bei Holl, weil sie ihn irgendwie brauchen, vielleicht sogar mögen. Manchmal kommen sie auch zu Besuch, einzeln, um sich ein wenig auszusprechen, und bei solchen Gelegenheiten benimmt sich Holl zuvorkommend und höflich. Er braucht nur freundlich zuzuhören und von sich selbst nichts herzugeben.

Er ist, ohne es sich einzugestehen, weit davon entfernt, diese Menschen als seinesgleichen zu betrachten.

3. Die Mitleidsfeinde und die Mitleidsfreunde

Am Steinhof, wo Fips im Jahr 1982 weilte, entstanden einige Texte, aus denen in der Folge zitiert werden soll. Es handelt sich um Gespräche, die Fips mit einem Psychologen führte und vom Tonband abschrieb, um Reflexionen über den Schauspieler Ernst Waldbrunn (1907–1977) und den Architekten Adolf Loos (1870–1933) sowie um persönliche Gedanken von Fips über seine Erlebnisse im Pavillon 2, Am Steinhof, seine Wünsche und Sehnsüchte. Die Texte wurden vervielfältigt und von Fips an Freunde und Bekannte verteilt. Vor seiner Einlieferung in die Nervenheilanstalt hatte Fips Psychologie studiert und als Schauspieler gearbeitet, beides in Wien.

Bei der Auswahl aus den Texten von Fips lasse ich mich leiten von dem vermuteten Zusammenhang zwischen Theaterspielen, Wahnsinn und Mitleid. Dieser Zusammenhang bestand bereits im alten Griechenland vor zweieinhalbtausend Jahren.

FIPS: Ich hab vor, Theater zu spielen, und das strengt mich aber sehr an, weil ich es ganz groß herausbringen will.

PSYCHOLOGE: Ja. Das ist ja nicht Ihr einziges Vorhaben.

FIPS: Ja, ich bin sehr überlastet. Ich brauche die Ruhe. Ich will mich jetzt zur ruhe besinnen. Na ja, so ganz stimmt das auch wieder nicht. Gestern habe ich eine Rauferei gehabt. Habe ich mir die Ruhe zerstört. Oder ist mir die Ruhe durch diese leidige Rauferei zerstört worden. Das ist die Frage. Zerstöre ich die Ruhe oder zerstört die Ruhe mich? Schaun Sie, ich hab ja so viel Kraft. Ich habe doch so viel Anstrengungen erlebt. Ich habe doch immerhin die Watschen gekriegt, schlafen habe ich nicht können, ich habe am Anfang Todesangst gehabt, Liebesangst habe ich gehabt am Anfang, eine große Beziehungsangst, Angst vor Autoritäten. Vor dem Oberarzt, vor Ihnen, wenn ich ehrlich bin.

PSYCHOLOGE: Das Problem, wie ich es sehe, und so sehen es andere auch: Auf der einen Seite geht es Ihnen sehr gut, und auf der anderen Seite glaube ich auch, daß Sie Probleme haben. Auf der anderen Seite spielen Sie offenbar unheimlich viel Theaterrollen.

FIPS: Liegt die Betonung auf unheimlich oder auf viel? Ist es unheimlich, daß ich so viele Rollen spiele? Spiele ich unheimlich viele Rollen? Ist es wirklich unheimlich? Es ist unheimlich, daß ich so viele, viele Rollen spiele. Ich spiele viele Rollen, ich will ja Schauspieler werden. Ich habe unheimlich viel vor hier. Ich will mit meinen Schwierigkeiten fertig werden, den Film drehen, das Theater machen und mein Leben hier am Steinhof auch als Theater begreifen. Es ist mir mit allen diesen Dingen sehr ernst. Ich spiele Patient und nehme mir unheimlich viele Dinge vor, und gleichzeitig leide ich darunter, daß es zuviel ist. Da ich auf unheimlich vielen Ebenen agiere, frage ich mich, ob diese Ebenen übereinander gestaffelt sind oder ob sie vielleicht nebeneinander liegen. Nebeneinander, übereinander, durcheinander. Es ist ein großes Durcheinander in meinem Leben. Auf der einen Seite will ich einen Film machen, gleichzeitig will ich das größte Theater der Welt hier aufmachen. Auf der dritten Ebene sage ich, daß das ganze Leben hier sowieso ein Theater ist. Steinhof ist ein Theater.

PSYCHOLOGE: Das war ja letzte Woche schon ein Problem bei Ihnen. Auf der einen Seite haben Sie gesagt, Sie opfern sich für die anderen auf, auf der anderen Seite haben Sie gesagt, jetzt wollen Sie zumindest einen Tag auch egoistisch sein und aggressiv sein, was Sie ja auch wollen.

FIPS: Sie machen ja eine Arbeit auch, wo Sie für andere was tun. Das bringt Ihnen auch manchmal was, wenn's gelingt. Sie haben das Gute, Sie verdienen Ihr Geld damit. Sie können sagen, das ist meine Arbeit. Aber ich habe ja keinen Beruf. Ich bin Patient am Steinhof.

PSYCHOLOGE: Das Geld ist ja dann auch eine vorgeschobene Entschuldigung, wenn man drauf angewiesen ist, daß andere einen brauchen.

FIPS: Das bin ich. Ich bin darauf angewiesen, daß mich andere brauchen. Ich hab das gern. *(Lachen)* Dann glaub ich, ich leb. Verstehen Sie das?

PSYCHOLOGE: Ich versteh das, ja.

FIPS: Dann habe ich das Gefühl, ich wirke irgendwie. Ich verlange von mir und von den anderen alles, und ich gebe ja auch alles. Für viele ist der liebe Gott nur eine Illusion. Ich erwarte ihn jederzeit, überall, auch auf der menschlichen Ebene. Direkt werde ich den lieben Gott erst nach meinem Tod sehen, indirekt sehe ich ihn, indem ich in den Himmel schaue. Was ich im Himmel sehe, ist der liebe Gott. Man glaubt mir meistens nicht, daß ich auf Gottessuche bin, weil ich in jedem Menschen einen ganzen Gott haben will.

FIPS: Mitleid, also manche sind lieb zu mir, aber mitleidig lieb. Das will ich nicht, ich will ein echtes Gefühl. Das Mitleid ist ja auch Sentimentalität, nicht?

Die Kinder, wie lieb die sind. Die sind gleich zu mir gekommen: Onkel Fips! Gleich von vornherein und haben mich gehalten, haben mich geführt. Ich hab das ausprobiert, ich hab die Augen zugemacht, die haben mich geführt wie einen Idioten, an der Hand, aber so lieb, so stark.

Ich vergesse oft die Leute, meine Freunde. Die hab ich nicht andauernd im Kopf. Den André Heller, der mir so wichtig ist, den Adolf Holl, den Rudolf Jusitz. Das ist von den Männern, die ich kenne, der wichtigste, und den vergeß ich auch, manchmal. Dann denk ich nicht an ihn, dann wieder weiß ich nicht, mach ich mir Sorgen. Was ist jetzt? Lebt der jetzt allein? Also braucht der mich nicht mehr?

PSYCHOLOGE: Es wäre ja gar nicht so angenehm, wenn wir einen so klaren Weg wissen würden für Sie.

FIPS: Ich bin selber hilflos, so daß ich drauf komm, daß wir alle auf demselben Boot der Hilflosigkeit daherschwimmen. Weil Sie haben halt die Psychologie gelernt, ich weiß nicht was alles. Das ist mir auch Wurst jetzt. Meine Psychologie, also die hilft mir nicht, die Psychologie, die ich gelernt hab. Ich hab ja auch studiert, aber das, was ich studiert hab, war ein Blödsinn.

Fips zum Thema «Improvisieren»:

Können Sie, lieber Leser, gut improvisieren, oder ziehen Sie einen fix festgelegten Plan vor, nach dem Sie vorgehen können? Was ist überhaupt Ihr Vorhaben? Diese drei Fragen richtet der Autor natürlich auch an sich selbst zur eigenen Warnung, aber auch an den Leser, damit dieser das Genie und das Scheitern des Ernst Waldbrunn besser verstehen kann. Also noch einmal: Können Sie improvisieren? Wenn ja, dann haben Sie schon gewonnen.

Fips über diverse Probleme (Inhaltsangabe):

Tonbandschwierigkeiten wegen Müdigkeit der Sprecher, die über die Zukunft des Theaters sprechen. – Probleme des Mitspielens und des Diebstahls materieller und geistiger Dinge. – Probleme der Aktualität (Neuheit) und der Notwendigkeit, alte Hüte aufzuwärmen, was zuweilen Schlaflosigkeit erzeugt. – Allgemeine Problematik der Psychologie; ihre Angst vor der Unheimlichkeit der Psyche und vor der Mannigfaltigkeit der psychischen Zustände. – Sinn und Zweck der Selbstbescheidung in der Theaterwelt und in der Psychologenwelt. Weniger ist oft mehr. – Schwierigkeiten eines vielschichtigen Menschen, ein vielschichtiger Mensch zu sein; das ergibt ein großes Durcheinander, nach außen hin zumindest.

FIPS: Und dann gibt es eine Ebene, und die kommt manchmal heraus, daß es mir saudreckig geht.

Ich brauche eine Zweierbeziehung. Es ist eine dringende Notwendigkeit, daß ich eine Frau finde. Ich brauche eine Zweierbeziehung. Drei Leute stören mich schon. Wenn ich zu dritt bin, weiß ich schon wieder nicht, auf wen von den beiden ich mein Augenmerk richten soll, und so wird in einer Dreierbeziehung immer einer zu kurz kommen.

Ich suche eine Zweierbeziehung, weil ich sie dringendst benötige. Diese Zweierbeziehung suche ich nicht fix fürs Leben, sondern nur so als Sicherheit. Ende!

Wenn es mir jetzt gelingen würde, über Fips ohne Herablassung weiterzuschreiben, ohne wichtigtuerische Erklärungen, ohne diese wissenschaftliche theoretische Obergescheitheit, ohne diese gewisse Milde –

ja dann wäre das Thema meines Buches schon hier erledigt, dann könnten wir uns einem anderen Thema zuwenden. Weil nämlich dann die zwischenmenschlichen Beziehungen inklusive Mitleid so prima in Ordnung wären, daß niemand mehr auf den Gedanken käme, über sie noch ein Buch schreiben zu wollen.

So aber ist es nicht, wie man weiß, und so greife ich zunächst zu einem bewährten Beruhigungsmittel, sicherheitshalber sozusagen. Ich schreibe Geschichte, näherhin und in dem nun einmal gewählten Zusammenhang die Geschichte des Theaterspielens, des Wahnsinns und des Mitleids.

Das Beruhigende am Geschichteschreiben besteht darin, daß der lebendige, wilde, leidende, anstrengende Fips durch die geschichtlichen Zusammenhänge, in die wir ihn ohne besondere Schwierigkeiten hineintun können, an eine lange Kette von Ursachen und Wirkungen gelegt wird, die reicht von, sagen wir, Aristoteles bis Bertolt Brecht.

Also beruhige dich, Fips. Hör zu, laß dich an der Hand nehmen und ins antike griechische Theater führen, nach Athen und zum Gott Dionysos, dem Schutzherrn des Wahnsinns und des Theaters, mit verbundenen Augen wie einen Idioten, lieb und stark sei geführt, vielleicht lernst du was aus der Geschichte.

Zuerst stellen wir die Mannschaften auf, die Mitleidsfeinde und die Mitleidsfreunde. Es handelt sich durchwegs um verstorbene Männer, die in den Texten, die wir von ihnen und über sie besitzen, weiterleben und weiterkämpfen.

Die antiken Mitleidsfeinde lebten als Philosophielehrer im alten Griechenland. Die Denkschule und Weltanschauung, die sie lehrten, nannte man «Stoa», weil ihr Begründer Zenon den Lehrbetrieb in einer bestimmten Säulenhalle (griechisch: Stoa) Athens organisierte, um das Jahr 300 vor unserer Zeitrechnung. Die Philosophiestudenten von damals strebten meist eine öffentliche Laufbahn an, als Politiker oder als Anwälte. In der Gerichtspraxis, auf die sie sich vorbereiteten, spielte das Mitleid (griechisch: Eleos) eine große Rolle. Wenn es dem Angeklagten gelang, das Mitleid des Richters zu wecken, hatte er schon viel erreicht. Aber der Richter, so lehrten die Stoiker, soll sich nicht von Gefühlsregungen leiten lassen, sondern die Gesetze zur Anwendung bringen, in unparteiischer und sachlicher Weise. Dem weisen und besonnenen Manne, der auf verantwortungsvollem Posten steht, ziemt Gelassenheit, ja Leidenschaftslosigkeit. So lehrten die Stoiker und überließen das Mitleid den Frauen. Die unerschütterlichen, kühlen Typen, die auf diese Weise erzogen wurden, haben später im römischen Weltreich Karriere gemacht, nüchterne Burschen mit geschorenen Köpfen und sorgfältig rasierten Kinnbacken. Wenn man ihre Toga durch einen Nadelstreifenanzug ersetzt, kann man ihnen in der Direktionsetage einer großen Bank ohne weiteres über den Weg laufen.

Stoisch gestimmt war auch der Philosoph Baruch de Spinoza, der die Leidenschaften nach der geometrischen Art abhandeln wollte, so als ob es sich um Linien, Flächen und Körper handeln würde. Bei einem Menschen, der nach der Leitung der Vernunft lebt, ist Mitleid an sich schlecht und unnütz, Spinoza zufolge, der vor 300 Jahren lebte und wegen seiner Auffassungen aus der jüdischen Gemeinde Amsterdams feierlich ausgestoßen wurde, vollkommen zu Recht.

Als Mittelstürmer in der Mannschaft der Mitleidsfeinde wird zweifellos Friedrich Nietzsche aufgestellt werden müssen, während sich Bert Brecht als Linksaußen empfiehlt. Kant hütet das Tor, Horkheimer und Adorno verteidigen es. Der Marquis de Sade sitzt, wegen seiner Neigung zu Regelverstößen, meist auf der Bank der Reservespieler.

Im Verein der Mitleidsfreunde finden sich, neben der ebenfalls vorhandenen Prominenz, alle Theaterleute der älteren Schule. Sie glauben an die Lehre des Aristoteles, der die Tragödie als einen Nachvollzug von Ereignissen auffaßte, die in den Zuschauern Furcht und Mitleid erregen sollen, mit reinigender («kathartischer») Wirkung. Die besten Spieler aus dieser Gruppe sind Gotthold Ephraim Lessing und Georg Büchner.

Zu nennen sind ferner einige scharfsinnige Philosophen aus England und Schottland, unter ihnen der weltberühmte Adam Smith, der Klassiker der neuzeitlichen Nationalökonomie. Er begründete die moralischen Gefühle aus dem Mitleid (*compassion*), der Sympathie.

In der Stürmerreihe erblicken wir Jean-Jacques Rousseau, Arthur Schopenhauer und Lew Tolstoi, Charles Dickens und Richard Wagner. Henri Dunant und Albert Schweitzer agieren im Mittelfeld, als Linksverbinder wird gelegentlich Fürst Kropotkin eingesetzt.

Buddha und Jesus sind die beiden Ehrenpräsidenten des Vereins der Mitleidsfreunde.

Welchem Verein sollen wir die Daumen halten?

Die Frage ist deshalb schwer zu beantworten, weil das Match in unseren Köpfen ausgetragen wird, mit einem unberechenbaren und zerstreuten Schiedsrichter, endlos. Wir sind Spieler und Zuschauer zugleich und außerdem unsere eigenen Gegner. Gespielt wird das gute alte bürgerliche Trauerspiel.

In England, Frankreich und Deutschland stand es vor 200 Jahren auf den Theaterzetteln, am Beginn jener Epoche (der kapitalistischen), die uns heute ein gewisses Kopfzerbrechen verursacht.

Ist es nicht, lieber Fips, ein seltsames Zusammentreffen, daß just zu der Zeit, als die Volkseinkommen der Engländer und der Holländer unaufhaltsam zu wachsen begannen, das Trauerspiel eine neue Blüte erlebte, nachdem es während der tausendjährigen christlichen Ära von den Bühnen verschwunden war? Daß sich der alte Lessing plötzlich auf den noch älteren Aristoteles besann und im Mitleid das eigentliche Ziel der Tragödie erblickte? Was hat das Mitleid mit dem Kapitalismus zu tun?

Die Philosophen Horkheimer und Adorno wußten eine Antwort auf diese Frage. In ihrem Buch «Dialektik der Aufklärung» schrieben sie, daß die neuzeitliche Mitleidsmoral das Werk der «Lakaien des Bürgertums» sei. Das Mitleid, so fuhren sie fort, bestätigt die Regel der Unmenschlichkeit durch die Ausnahme, die es praktiziert.

Den letzten Satz wird Fips zwei- oder dreimal lesen müssen. Die Idee dahinter ließe sich auch einfacher ausdrücken. Indem man die armen Teufel mit einer Klostersuppe oder einem Care-Paket abspeist, aus Mitleid oder Nächstenliebe oder Humanität, verschiebt man die Beseitigung der Zustände, in denen es arme Teufel gibt, auf jeweils den nächsten Tag.

Das ist der gegenwärtige Stand der Mitleidsdebatte.

Man könnte meinen, daß die Beschäftigung mit dem alten Lessing und dem noch älteren Aristoteles für die heutigen Probleme deshalb unerheblich ist, weil sich die Zeiten eben doch geändert haben. Weder kennen wir die Sklaverei, wie sie im Griechenland des Aristoteles üblich war, noch brauchen wir uns wie Lessing über die Aristokraten zu ärgern.

Aber wir spielen weiterhin Lessing, und sogar die eine oder andere griechische Tragödie taucht gelegentlich auf den Spielplänen unserer Theater auf. Fipsens Frage nach der Notwendigkeit, alte Hüte aufzuwärmen, ist berechtigt.

Die Geschichte des Theaterspielens, des Wahnsinns und des Mitleids ist eine Geschichte der Umgangsformen mit dem Schrecklichen. Der Schauspieler, der Wahnsinnige, der Mitleidige sind dem Schrecklichen begegnet. Diese Begegnung stellen sie dar. Holl spielt den Mitleidigen, Fips spielt den Wahnsinnigen. Im Sommer 1982, fünf Jahre nach dem Tod des österreichischen Volksschauspielers Ernst Waldbrunn, wollte Fips ebendiesen Waldbrunn wieder zum Leben erwecken, am Steinhof, der Nervenheilanstalt Wiens, indem er Texte verfaßte und vervielfältigte und an Freunde und Bekannte schickte. Außerdem spielte Fips Am Steinhof Theater und empfing den Besuch Holls. Die beiden saßen auf den Stufen vor der großen Jugendstilkirche, welche die Nervenheilanstalt überragt, in der Sonne. Ernst Waldbrunn hatte ein trauriges Dakkelgesicht und spielte komische Rollen. In dem nunmehr folgenden kurzen Dialogstück, das dem «Phaidros» des Philosophen Platon nachempfunden ist, wird ihm die Rolle des Sokrates zugedacht, während Fips sich selber spielt.

SOKRATES: Trefflich ist deine Schrift, lieber Fips, die du im Hause des Wahnsinns verfaßtest. Seltsam allerdings wirkt es auf mich, daß man bei euch die vom Wahnsinn Ergriffenen in trübselige Häuser bringt, während sie bei uns als Weissagende oder Dichter in hohem Ansehen stehen. Werden uns doch die größten Güter aus jenem Wahnsinn zuteil, welcher durch göttliche Gunst verliehen wird. Viel Gutes hat nämlich die Prophetin von Delphi im Wahnsinn sowohl in privaten wie auch in öffentlichen Angelegenheiten unserer Hellas zugewendet, während sie bei Verstande nur Kümmerliches oder gar nichts von sich gab. Wollten wir auch noch die Sibylla anführen und was für andere sonst noch durch begeistertes Wahrsagen vielen vieles für die Zukunft vorhersagend geholfen, so würden wir langweilen durch Erzählung allgemein bekannter Dinge. Wert ist es hingegen anzuführen, daß auch unsere Alten und Weisen, welche den Dingen ihre Namen verliehen, den Wahnsinn nicht für etwas Schändliches oder für einen Schimpf hielten, sondern für etwas Schönes, wenn er durch göttliche Schickung entsteht. Wisse denn, bester Fips, daß deine gelungene Rede jener Art göttlich verfügter Eingeistung und Wahnsinnigkeit sich zuschreiben läßt, welche den Musen dient. Sie ergreift eine zarte und heilig geschonte Seele aufregend und befeuernd, und in festlichen Gesängen und anderen Werken der Dichtkunst tausend Taten der Urväter ausschmückend, bildet sie die Nachkommen. Wer ohne diesen Wahnsinn der Musen in den Vorhallen der Dichtkunst sich einfindet, meinend, er könne durch Kunst allein ein Dichter werden, ein solcher ist selbst ungeweiht, und auch seine Dichtung wird von der des Wahnsinnigen in den Schatten gestellt. Hat nicht auch unser Euripides, befeuert von jenem Rasenden, den wir im März alljährlich ehren durch festlichen Umzug und fünftägiges Spiel im Theater, den Gott auf die Szene gestellt als den Hüter heiligen Wahnsinns und frommer Enthusiastik?

FIPS: Wohl, du prächtiger Sokrates, dies war vortrefflich gesprochen. Aber jener Dionysos, den du andeutungsweise in deine Rede geflochten hast, muß er uns nicht eher Furcht und Schrekken einjagen ob seiner Wildheit und wahnsinnigen Ausgelassenheit, die ihn mit den entblößten Frauen durch die Wälder ziehen ließ, kleines Getier mit den Händen erjagend, um es roh und noch dampfend vom Blut zu verschlingen?

SOKRATES: Wisse, o Fips, daß solcher Schrecken nur uns Männer ergreift, wenn uns die ungebändigte vorzeitliche Weiblichkeit etwa begegnet und sei es im Traum. Jener Pentheus, Sohn des

Echion und der Agaue, König von Theben, ist uns als warnendes Beispiel von dem vorhin genannten Euripides im Theater vor Augen geführt worden. Der erzürnte Gott, dessen waldursprüngliche Umgänge der König untersagt hatte, schlug den Pentheus mit Wahnsinn, der daraufhin ins Gebirge eilte, um die wilden Frauen zu schauen, und von ihnen zerrissen wurde. So ergeht es dem Manne, der sich dem göttlichen Wahnsinn des Eros nicht überlassen mag.

FIPS: Unsere Ärzte, teurer Sokrates, haben für diese Art von Zerreißung den Namen der Schizophrenia erfunden. Und in dem König von Theben, der so kläglich zugrunde ging, mögen wir ohne viel Umstände einen zweideutigen Ordnungshüter erblicken.

SOKRATES: So wird es wohl sein, du wunderbarer Fips. Wir behaupten ja, vom Wahnsinn gebe es zwei Arten, die eine aus menschlicher Krankheit, die andere aus göttlicher Umwechslung des gewöhnlichen alltäglichen Zustands.

FIPS: Ja, in der Tat.

SOKRATES: Und den göttlichen Wahnsinn wiederum teilen wir in vier Teile nach vier Göttern, indem wir den weissagenden Anhauch dem Apollon zuschreiben, dem Dionysos den mysterienhaften, den Musen den dichterischen, der Aphrodite aber den erotischen, welchen wir im übrigen als den besten erklären.

FIPS: Ich räume ein, was du sagst, himmlischer Sokrates. Aber was wäre, wenn mein Wahnsinn gar kein göttlich verursachter wäre, sondern lediglich aus menschlicher Krankheit erwachsen?

SOKRATES: Ein gar lieber Mensch bist du mir, Fips, wenn du meinst, deine Begierde nach dem Theater erfließe aus menschlicher Krankheit, während sie doch in Wahrheit von musischer Art ist. Längst müßtest du wissen, daß ein und derselbe Enthusiasmus den Dichter, die Schauspieler und die festliche Gemeinde umfaßt, wenn unser Geschick in verschiedenen Gestalten die Szene betritt und die Seelen zur Mitempfindung bewegt. Geh nun und opfere, Lieber, wie es nach diesem Gespräch schicklich sein möchte, den Himmlischen einen Hahn, sei es dem Apollon, dem Dionysos, den Musen oder der lieblichen Aphrodite oder auch allen von ihnen, damit niemand gekränkt sei, und sprich dabei also: Ihr Götter, verleiht mir, schön zu werden im Innern! Daß mein Äußeres dem Inneren befreundet sei! Für reich möge ich den Weisen halten und nach jenem Gold trachten, wie es nur der Besonnene bei sich führt.

Das Theaterspielen stellte für die Patientengruppe, bei der Fips mittat, eine Art Beschäftigungstherapie dar. Auch der Psychologe war manchmal anwesend. Er fragte Fips nach dem Grund seiner Vorliebe für die Schauspielerei. Ich will Schauspieler sein, sagte Fips, um nicht ich selbst sein zu müssen. Ich will Schauspieler sein, um mehrere Menschen sein zu können. Was Sie da sagen, ist höchst interessant, sagte der Psychologe. Dann ging man zum Mittagessen. Am Steinhof ist das Essen gar nicht so schlecht. Fips wählte seine Leibspeise, Schwammerlreis. Er war traurig, weil das Theaterspielen zu Ende war.

Während Fips in der Heil- und Pflegeanstalt Am Steinhof weilte und die Gelegenheit nutzte, dortselbst eine Theatergruppe zu organisieren, tat sich Paranoia mit einem eher miesen Ganoven zusammen. Gelegenheitseinbrecher ohne professionellen Hintergrund, lungert wochenlang mit noch einem weiteren Typ seiner Art in der Wohnung herum, trinkend und Reden führend, Pläne schmiedend, Paranoia am Leben bedrohend und gelegentlich gegen sie handgreiflich werdend, nimmt ihr das Geld weg, verbietet ihr das Telefonieren, pflegt seinen Körper nur oberflächlich, stinkt mürrisch vor sich hin, wenn er nicht gerade einen Wutanfall hat.

Die Aufgabe, Paranoia aus der Gewalt dieses Negativo zu befreien, wird Holl übertragen. In solchen Notfällen ist er unübertrefflich, präzise wie ein Uhrwerk, umsichtig, von schneller und doch wohlüberlegter Entschlußkraft.

Tatsächlich. Wieder einmal läutet das Telefon, Holl hebt ab, und schon klagt Paranoia ihr Leid, seit zwei Monaten hat sie die erste Chance, eine telefonische Verbindung zur Außenwelt herzustellen, der Unhold ist für ein paar Stunden abgehauen, sie möchte weg aus der Wohnung, aber wohin, darf sie vielleicht kurzfristig wieder bei Holl schlafen, aber schnell müßte das alles gehen, weil ja der Kerl in ein, zwei Stunden wieder zurück sein wird.

Nein, bei mir nicht, diesbezüglich ist Holl ganz entschieden. Holl möchte in Ruhe sein Buch über das Mitleid schreiben. Ich werd nachdenken, sagt Holl, ich ruf zurück, wie ist die Telefonnummer. Am liebsten möchte ich weit fort aus Wien, sagt Paranoia, ich hab Angst. Holl überlegt, wo er Paranoia schnell unterbringen soll, schon ist der richtige Einfall da. Paranoia braucht Ruhe, im Ausland womöglich, also käme vielleicht jenes Meditationszentrum in Frage, wo Holl einmal zu Besuch war. Warum nicht, sagt der Leiter des Meditationszentrums am Telefon, da haben wir schon ganz andere Fälle gehabt. Rückruf bei Paranoia, sie soll den Paß nicht vergessen. Der Zug fährt um 19 Uhr 40, es bleibt noch ein wenig Zeit, um Paranoia zu sagen, was sie im Meditationszentrum erwartet.

Inständig hat Paranoia gebeten, ihren Aufenthaltsort nicht zu verraten, wegen ihres Lebensgefährten nämlich, der soll sie unter keinen Umständen finden. Weshalb ich, ähnlich wie bei Epi, wiederum auf viele Details verzichten muß. Wo sich das Meditationszentrum befindet, wie es entstanden ist, wie der Swami heißt, der es leitet. Lediglich ein Wort bleibt von alledem übrig, es steht in dem Brief von Paranoia an Holl, worin sie sich für alles bedankt: Om!

Warum hat Paranoia sich mit dem kleinen Gauner zusammengetan, was ist ihr da eingefallen?

Ich bin eine Außenseiterin, sagt Paranoia, er ist auch ein Außenseiter, also könnten wir beide ja eigentlich ganz gut zusammenpassen, hab ich mir gedacht.

Paranoia ließ sich offensichtlich von der Hoffnung auf eine Art Solidarität unter den Ausgegrenzten leiten, aber da kann sie noch lange warten. Wenn alle gesellschaftlich Verfemten (Marginalisierten, das heißt an den Rand der Gesellschaft Gedrängten) zur Solidarität untereinander fähig wären, dann bliebe kein Stein auf dem andern. Aber sie sind dazu überhaupt nicht fähig, das zeigte schon das Gespräch zwischen Paranoia und Herrn O. In Wirklichkeit benötigen die Zukurzgekommenen einen Jemand, der nicht so kaputtgemacht ist wie sie, der sozusagen vom Himmel herabsteigt wie Jesus Christus oder Franco Basaglia (gest. 1980), der italienische Psychiatriereformer, welcher schrieb:

Unser Tun ist Kritik und politische Aktion. Wir verwenden bewußt die Ausdrücke «Revolution» und «Avantgarde», auch wenn sie als Worte inhaltsleer und abgegriffen klingen. Die harte Wirklichkeit, in der wir operieren, läßt uns vor dieser Gewalt nicht zurückschrecken, ja veranlaßt und zwingt uns, diese Begriffe zu gebrauchen. Der Psychiater macht sich entweder mitschuldig, oder er entschließt sich zur Tat und zerstört.

Nämlich die Irrenhäuser.

Paranoia hat gegen das Programm Franco Basaglias nichts einzuwenden. Sie hat ohnedies vor, aus ihrer dreijährigen Erfahrung mit Ärzten und Ämtern eine Dokumentation gegen Psychologie und Psychiatrie zusammenzustellen. Derzeit jedoch hegt sie eher friedvolle und freundliche Gedanken, an ihrem Zufluchtsort, wo man gut zu ihr ist. Sie vertieft sich in die Weisheiten Indiens, und die Feinde, die sie verfolgt haben, lassen von ihr ab. Ein Problem allerdings hat Paranoia im Meditationszentrum, wo man es nicht gern sieht, wenn geraucht wird. Paranoia ist Raucherin. Hie und da macht sie einen kleinen Spaziergang und zündet sich eine Zigarette an.

Om!

Und der Buddha lächelt Paranoia zu, mit diesen Worten:

Man füllt seinen Geist an mit selbstloser liebevoller Gesinnung gegenüber allen Wesen und läßt sie ausstrahlen nach den vier Himmelsrichtungen, nach oben und unten und ringsum, überallhin, man durchstrahlt die ganze Welt mit überströmender, großer, unermeßlicher, friedlicher und freundlicher Gesinnung. Dann durchstrahlt man die Welt ebenso mit Erbarmen, mit Mitfreude und mit Gleichmut.

Aber meine Feinde wollen mich töten!

Auch wenn man dich tadelt, antwortet der Erhabene, oder schlägt oder mit Steinen bewirft oder mit einem Stock prügelt oder mit einer Waffe verletzt, sollst du bei deinem Vorsatz bleiben. Kein böses Wort soll dir entfahren, freundlich und mitleidig sollst du bleiben, gütig gesinnt.

Ich hab immer noch Angst vor den Geheimdiensten!

Selbst wenn ihr Hauslosen, Räuber und Mörder mit scharfer Säge euch ein Glied nach dem andern abtrenntet und ihr darüber in eurem Gemüte ergrimmtet, dann würdet ihr keineswegs meine Weisung erfüllen. Auch in diesem Falle müßtet ihr zu euch sprechen: Kein böses Wort soll uns entfahren, freundlich und mitleidig wollen wir bleiben, gütig gesinnt, ohne Haß. Auch den Feind wollen wir mit gütiger Gesinnung durchdringen, mit alles umfassender, grenzenlos friedlicher und freundlicher Gesinnung.

Im Meditationszentrum lebt Paranoia wie in einem Kloster, endlich kommt ihre Seele zur Ruhe. Unten im Tal lärmt der Verkehr, dort herrschen Gier, Haß und Verblendung. Paranoia schaut aus dem Fenster, sie weiß jetzt, was sie dieser verrückten Welt, in der sie selber verrückt wurde, entgegenzusetzen hat: Mitleid und Weisheit.

O die stille Heiterkeit der Mönche und Nonnen. O die Geräuschlosigkeit, mit der sie sich zu bewegen pflegen, ihre gemessenen Bewegungen, ihre Schweigsamkeit, ihre Milde. O die Blumen, die Kräuter in ihren Gärten.

Es wird berichtet, daß sich in China während der Zeit der Zerrissenheit der erste Kaiser der Liang-Dynastie so sehr nach dem klösterlichen Leben sehnte, daß er immer wieder als einfacher Mönch im Kloster der Hauptstadt seines Reiches verschwand. Jedesmal mußte er von der Beamtenschaft mit hohen Geldsummen freigekauft werden zur Weiterführung der Regierungsgeschäfte. Dies geschah zu der Zeit, als sich der Buddhismus im Reich der Mitte rasch auszubreiten begann. Klöster mit 10 000 Zellen waren keine Seltenheit, und viele von ihnen unterhielten Krankenhäuser und Armenausspeisungen. Das bizarre Betragen des Kaisers war wie eine zarte Ermüdung an höchster Stelle, Mitleid und Weisheit wurden für wichtiger erachtet als Einfluß und Macht.

Zur selben Zeit nahm auch in Europa die Klosterkultur ihren Anfang. Viele von denen, die früher eine Karriere als hohe Militärs oder Beamte angestrebt hätten, zogen damals eine Existenz als Einsiedler vor, wie Martin von Tours.

So sprechen allerlei Stimmen zu Paranoia, aus der Tiefe der

Zeiten, während sie aus dem Fenster blickt und heimlich eine Zigarette genießt. Die Stimmen kommen aus Weltgegenden mit jahrtausendelangen wechselvollen politischen Erfahrungen und Erinnerungen. Sie kommen weder aus Amerika noch aus Rußland. Die Stimmen Amerikas und Rußlands kommen aus dem Radio. Aber Paranoia hört kaum noch Nachrichten. Im übrigen lebt Paranoia jetzt vegetarisch.

Die Stimme des Martin von Tours, der durch mein Buch reitet, ist eher lakonisch. Von den wenigen Sätzen, die von ihm überliefert sind, sei folgender festgehalten:

Ich bin ein Soldat Christi, ich darf nicht kämpfen.

Also sprach Martin, als er noch beim Militär war, zu seinem obersten Kriegsherrn, dem Caesar Julian, der daraufhin einen Wutanfall hatte. Die Szene ereignete sich während einer Truppenschau in der Nähe von Worms, am Vorabend einer Schlacht gegen germanische Völker. Der Caesar schrie Martin an, er sei ein ganz gewöhnlicher Feigling. Das wiederum wollte Martin nicht auf sich sitzen lassen und bot an, sich am nächsten Morgen waffenlos in der vordersten Schlachtreihe aufstellen zu lassen. Der Caesar war einverstanden. Das Todeskommando kam dann aber nicht zur Ausführung, weil der Feind eine Friedensdelegation schickte. Bald darauf gelang es Martin, den Militärdienst zu quittieren.

Seinen Lebenskampf führte der christliche Pazifist Martin mit den Waffen des Fastens und Betens. Seine Feinde waren nicht aus Fleisch und Blut, sie hießen Jupiter und Merkur, Venus und Minerva. Immer wieder liefen sie ihm über den Weg, er schlug das Kreuz gegen sie, bis sie sich in Nebel auflösten. Beschrieben wurde Martin als ungewaschene und zerlumpte Erscheinung, mit wildem Haar und struppigem Bart. Am liebsten lebte er tief im Wald, in den er sich immer wieder zurückzog, auch als er bereits Bischof von Tours war. Dieser Waldmensch heilte die Kranken im Dutzend, umarmte und küßte die Aussätzigen auf die zerfressenen Wangen, warf sich der Länge nach über Totgeglaubte und betete sie ins Leben zurück. Seinen Besuchern pflegte Martin zunächst einmal die schmutzigen Füße zu waschen. Man kann sicher sein, daß sich nie eine Frau unter ihnen befand.

Die Klosterbrüder und Klosterschwestern, ob sie nun Jesus oder den Buddha zum Meister haben, üben sich in der Friedfertigkeit, in der Bedürfnislosigkeit und in der Keuschheit. Holl, der sich im Klosterwesen einigermaßen auskennt, spürte in dem Meditationszentrum, das zum Zufluchtsort Paranoias werden sollte, jene gewisse Atmosphäre einer weiblichen Nettigkeit und jüngferlichen Adrettheit, die er aus katholischen Nonnenklöstern kannte. Kein Kindergeschrei, kein Alkohol. Die wenigen Männer, denen er begegnete, wirkten sanft und nach innen gekehrt. In der Küche wurde anscheinend niemals Knoblauch verwendet. Ohne lange zu fragen, haben diese Menschen eine mittellose Paranoikerin bei sich aufgenommen. Hat das Mitleid etwas mit Weltflucht zu tun?

Tatsache ist, daß die Anfänge der organisierten Mildtätigkeit gegenüber Armen, Kranken, Fremden mit der Entstehung der buddhistischen und christlichen Klosterkultur in Ost und West zusammenfallen. Seit damals spricht das Volk der Mönche und Nonnen sein beharrliches Nein zum Bestehenden, zu Besitzgier und Familiensinn. Hinter den Mauern der Klöster beginnt eine andere Welt mit anderen Regeln. Während man draußen die Hunde auf den Vagabunden hetzt, wird ihm im Kloster eine warme Suppe gereicht.

Paranoia sitzt immer noch am Fenster ihres Zimmers im Meditationszentrum. Der Gedanke, daß niemand weiß, wo sie sich aufhält, erleichtert sie sehr. Früher hätte man gesagt, sie ist für die Welt gestorben. Paranoia steht auf, es ist Zeit für das Abendessen.

Paranoia ist also halbwegs gut aufgehoben. Auch von Fips, den Holl unlängst auf der Straße zufällig getroffen hat, gibt es erfreuliche Nachrichten. Er hat den Steinhof verlassen und arbeitet an der Renovierung der Wohnung, die er bezogen hat. Epi ist mit seiner Berufstätigkeit, die seit einiger Zeit eine günstige Wende genommen hat, durchaus zufrieden und hat seit längerer Zeit keinen Anfall gehabt. Riki bezieht eine Frühpension, nimmt regelmäßig ein Lithiumpräparat und hat einen festen Freund, der sehr an ihr hängt. Herr O. schließlich hat einen Nebenerwerb gefunden, was gut für sein Budget und sein Selbstvertrauen ist.

Ich wende mich dem nächsten Abschnitt meines Buches zu.

Zweiter Teil:
Philosophie und Humanität

Die Theoretiker des Mitleids haben die Bibliotheken Europas mit Texten versorgt, die den Gebildeten das Wesen der Güte erklärten. Im Mittelalter war es das Privileg der Geistlichen, Gedanken über die Nächstenliebe zu veröffentlichen. Später schrieben auch weltliche Philosophen über das Thema, im Zeitalter der bürgerlichen Aufklärung und der industriellen Revolution. Der letzte von ihnen, Max Scheler, starb im Jahr 1928 und rauchte 80 Zigaretten am Tag. Dann kam Hitler, die Moralphilosophie geriet in eine tiefe Krise und hat sich seither nicht mehr so richtig erholen können.

Mit den Gedanken Schelers bin ich seit meinen Vorlesungen über Religionsphilosophie an der Universität Wien, die ich vor fünfundzwanzig Jahren hielt, einigermaßen vertraut. Scheler hat, ähnlich wie ich, eine Zeitlang den katholischen Standpunkt verteidigt. Maria, seine dritte Frau, schrieb über ihn:

Einerseits ist er so voller Güte, Liebe, vertrauend, gut und weich wie ein Kind, voll Enthusiasmus für das Gute und Wahre. Das ist die Seite, die ich liebe. Aber dann gibt's etwas Dunkles in ihm, das mit diesem ersten nichts zu tun hat, etwas Unbewußtes, das Max hütet, sich allzu bewußt zu werden, nur dieses Dunkle ist grausam, hart, und dem Leben gegenüber lehrt es nichts als Klugheit; und es ist sehr schlau, raffiniert schlau.

Scheler hatte sich im Jahr 1919 in Maria verliebt, da war er noch mit Märit, geb. Furtwängler, verheiratet. Vier Jahre später, nach einem Herzinfarkt und kurz vor der Scheidung, schrieb Scheler an Märit:

Soll ich Dir das sich immer wieder automatisch, krankhaft automatisch einstellende Wunschbild sagen, das mich seit Wochen begleitet, auftaucht, sowie ich allein bin, vor jedem Einschlafen, beim

Aufwachen, das nur zeitweise durch Menschen vertrieben wird: Du bist allein in Tanneck – wie damals im Winter. Ich komme todkrank zu Dir und liege noch Wochen im roten Zimmer auf dem Sofa, auf dem wir einst so glücklich waren. Du pflegst mich, bist gut zu mir, und dann darf ich sterben in Deinen Armen. Daraus kannst Du sehen! Aber ich weiß auch: dies ist krank, ist nur die Unfähigkeit, einen entsetzlichen Conflict zu lösen.

Nie hat sich Scheler gestattet, seine privaten Zwangsvorstellungen in seiner philosophischen Prosa zu erörtern. In ihr ist vom «Liebesbegriff» die Rede, nicht vom roten Zimmer. Die Traumfabrik, in der sich die Geliebte von einst zur barmherzigen Schwester verwandelt, wird dem Publikum nicht zur Kenntnis gebracht, sie bleibt, als unaufgeräumte Produktionsstätte des Geistes, im Dunkel.

Die spärlichen Nachrichten über das Liebesleben des Philosophen setzen sich zum Schattenriß eines Mannes zusammen, der nicht weiß, was er mit den Frauen im Sinn hat. Gleich nach dem Abitur stürzte sich Scheler in eine Liaison mit der schönen und hochnervösen Amélie von Dewitz-Krebs, die war sieben Jahre älter als er, lebte getrennt von ihrem morphiumsüchtigen Mann, stets begleitet von einer bigotten Mama. Als Amélie schwanger wurde, trat Scheler zum erstenmal in den Ehestand, ließ sich vorher katholisch taufen. Amélie, in Jena und später in München, wehrte sich gegen vermeintliche und wirkliche Eskapaden ihres Gatten, machte Skandal, bedrohte eine Rivalin mit der Pistole. Scheler kam in die Zeitung, verlor seine Lehrbefugnis als Philosophiedozent, trennte sich von Amélie, heiratete Märit.

Man hat Scheler «unersättliche Sexualität» attestiert. An seinen Freund und Kollegen Dietrich von Hildebrand, genannt Gogo, schrieb Scheler: Ich ertrage es nicht, ständig befleckt zu sein.

Scheler war religiös. Von der Mutter her Jude, spürte er schon als Gymnasiast die Faszination des katholischen Kultwesens, und seine schließliche Konversion ist nicht leichtfertig geschehen.

Im April 1920, Scheler schwankte zwischen Märit und Maria,

wurde eine Wallfahrt gemacht. Ein mit Scheler befreundeter Priester an Märit: Gestern war ich mit ihm in Kevelaer, das heißt, er nahm mich mit. Er hat fast eine Stunde in tiefster, ergreifendster, kindlicher Hingabe vor dem Gnadenbild gelegen. Solch einer Ergriffenheit wäre ich gar nicht fähig. Ich war ganz gedemütigt von einer so starken religiösen Leidenschaft.

Gegen Ende des Ersten Weltkriegs war Scheler, laut Korrespondenz des deutschen Auswärtigen Amtes, eine «bekannte katholische Persönlichkeit». In Vorträgen, Vorlesungen, Aufsätzen, Büchern hat er eine Ethik und Weltanschauung vorgetragen, in der die christliche «Liebesidee» gegen den «gottfremden Humanitarismus» der bürgerlichen Aufklärung im Kampfe liegt. Ich lasse es mir besonders angelegen sein, so Scheler bereits im Jahr 1906, diesen Begriff der Liebe, den ich mit dem christlichen Liebesbegriff für eng verschmolzen halte, scharf von den modernen Begriffen der Sympathie, des Mitleids (Schopenhauer), des Altruismus (Comte etc.) zu sondern und seinen total verschiedenen Inhalt aufzuzeigen.

1917 wurde Scheler deutlicher: Ein stark revolutionärer, ein aufständischer Affekt ist diese moderne sogenannte Liebe zur Menschheit – ein Wort, das die christliche Sprache nicht kennt. Sie ist nicht ein geistiger Akt der Seele, sondern ein siedendes wallendes sinnliches Pathos. Als solche lebt sie vor allem in Rousseau, und also wüten in ihrem Namen die Robespierres und Marats der Französischen Revolution.

Scheler mußte Sinnlichkeit mit Blutvergießen zusammendenken, in seinem Kopf umtanzte der rasende Pöbel die Guillotine.

Und das rote Zimmer, das Sofa, auf dem wir einst so glücklich waren?

Scheler weigerte sich, Liebe und Revolution miteinander zu verheiraten. Die Stunden auf dem Sofa bleiben für ihn eine gefährliche Erinnerung, der besinnungslose Gewaltakt der Vereinigung mit der Geliebten, ohne Korsett und steifen Kragen, mußte im nachhinein seine Ordnung haben, die «Ordnung der Liebe».

Schelers Liebesordnung lädt zum Bergsteigen ein, der Zug zum Höheren ist vorausgesetzt. In der Ebene breitet sich die sinnliche

Natur aus: Nützlichkeitswerte, Industrie und Technik, Lust und Schmerz. Ein Stück weiter oben siedelt der Held, in der Sphäre des Edelmuts und des Widerstands gegen alles Gemeine. In der würzigen Almluft der hochgelegenen Matten trifft man sodann den Typ des Künstlers und des Philosophen, hingegeben dem geistigen Fühlen des Wahren, Guten und Schönen. Erst jenseits der Baumgrenze, wo die Luft dünner und kälter wird, betritt man schließlich das Reich der höchsten Werte, der Liebe zu Gott, wie sie der Heilige vorlebt.

Auf die katholischen Kreise Deutschlands blieb diese Wertrangordnung nicht ohne Wirkung. Scheler wurde als Vortragender eingeladen, sprach über religiöse Erneuerung, die christliche Liebesidee, die Ursachen des Deutschenhasses, den kulturellen Wiederaufbau Europas, immer geistvoll und anregend, ohne Sakristeigeruch, ein anerkannter Vertreter der neuesten philosophischen Richtung, genannt Phänomenologie.

Im Januar 1919 kam Scheler nach Köln, als Direktor am neugegründeten Institut für Sozialwissenschaften und als Universitätsprofessor für Philosophie und Soziologie. Seine Berufung verdankte er dem damaligen Oberbürgermeister von Köln, Konrad Adenauer.

Scheler revanchierte sich mit einer Religionsphilosophie, unter dem Titel «Vom Ewigen im Menschen». Dem fachkundigen Blick konnte allerdings nicht verborgen bleiben, daß sich im «katholischen Nietzsche», wie Scheler bereits genannt wurde, ein Wandel seiner religiösen Überzeugungen vorbereitete. Die ersten Striche für ein Bild der Welt ohne Erlösung waren schon da, die Realität eines persönlichen Gottes schien in Frage gestellt.

Später hat Scheler auch noch seine Liebesordnung in einer Idee verschwinden lassen, der des «ewigen Logos», und dafür die dionysische Liebe als Weg zu Gott anerkannt. Die Klerikalen waren befremdet, Scheler hatte sich von ihnen verabschiedet: Seit ich mich vom Consensus der Kirche entfernte, ist mir Spinoza besonders teuer geworden als einsamer Denker, der ich ja auch seit fünf Jahren bin.

Im Jahr 1927, als Scheler dies schrieb, erhielt er von Lew Trotzki eine Einladung, in Moskau und Petersburg Vorlesungen zu halten. Aber dazu kam es nicht mehr. Trotzki wurde im November dieses Jahres aus der kommunistischen Partei ausgeschlossen, auf Betreiben Stalins.

Auf den letzten Fotos, die es von ihm gibt, steht Scheler mit Bauch und Glatze da, mit 53 Jahren ein alternder Mann. So oft wie möglich verschwand er aus Köln, nach Ascona, dort schrieb er an einer philosophischen Anthropologie und einer Metaphysik.

Zwei Tage vor seinem Tod in einer Frankfurter Klinik erfuhr Scheler, daß seine Frau ein Kind von ihm erwarte.

Edith Stein, Philosophin und Nonne, 1942 in Auschwitz vergast, schrieb über Scheler:

Der erste Eindruck, den Scheler machte, war faszinierend. Nie wieder ist mir an einem Menschen so rein das Phänomen der Genialität entgegengetreten. Aus seinen großen blauen Augen leuchtete der Glanz einer höheren Welt. Sein Gesicht war schön und edel geschnitten, aber das Leben hatte verheerende Spuren darin hinterlassen. Scheler sprach mit großer Eindringlichkeit, ja mit dramatischer Lebendigkeit. Stritt er sich mit angenommenen Gegnern herum, so hatte er einen verächtlichen Ton. Im praktischen Leben war Scheler hilflos wie ein Kind. Ich sah ihn einmal in der Garderobe eines Cafés ratlos vor einer Reihe von Hüten stehen; er wußte nicht, welcher sein eigener war.

In den Vorlesungen, die Edith Stein besuchte, im Sommer 1913 in Göttingen, sprach Scheler über sein Buch «Zur Phänomenologie und Theorie der Sympathiegefühle», das gerade erschienen war. Das Thema des Mitgefühls ist darin ausführlich behandelt. Im selben Jahr hatte Scheler den ersten Teil einer umfangreichen Ethik veröffentlicht, im Vorjahr außerdem noch eine Abhandlung «Über Ressentiment und moralisches Werturteil». Mit diesen Arbeiten hatte sich Scheler als Autorität auf dem Gebiet der Moralphilosophie etabliert. Dann brach der Erste Weltkrieg aus, und das Interesse an den Sympathiegefühlen trat in den Hintergrund. Scheler fing an, regelmäßig den Gottesdienst zu besuchen.

Die Gedanken Schelers über Mitleid, Nächstenliebe, Sympathie, Humanität, Menschenliebe und Revolution sind in seinen katholisierenden Jahren zwischen 1910 und 1920 konzipiert worden. Danach wandte sich Scheler soziologischen und anthropologischen Fragestellungen zu.

Vom Gang der Menschheitsgeschichte hatte Scheler recht düstere Vorstellungen. Gegen Ende des Jahres 1920 äußerte er sich zu diesem Thema durchaus pessimistisch:

Die Welt ist nicht darauf angelegt, durch ihre eigenen Kräfte sich im Sinne steter Werterhöhung zu entwickeln. Der Gang der Geschichte wird gleichförmiger und langsamer; die Freiheitsspielräume des persönlichen Geistes, sie in ihrem Gange zu bestimmen, vermindern sich gegenüber den automatisch und zwangsläufig wirksamen kollektiven Mächten. Die kommenden demokratischen Jahrhunderte können niemals mehr Künste und edle formvolle Sitten hervorbringen, wie sie aristokratische Zeitalter und fürstliche Herrschaftsformen gekannt haben. Diese Tendenz ist aber für die ganze Menschheit als Art keine andere als diejenige, die wir beim Einzelorganismus Altern und Absterben nennen würden. Alle Fortschritte, Höherentwicklungen sind nur Zwischenprozesse, sind tragisch-ironische Szenen im Drama des Weltprozesses; die universale Grundtendenz zur Abnahme der Werte vermögen sie nicht aufzuhalten.

Man wird inzwischen bemerkt haben, daß Scheler ein konservativer Geist ist. Im Hungerwinter des Jahres 1920 klagte er um die entschwundenen Sitten der aristokratischen Zeitalter, und die zunehmende Beteiligung der Bevölkerung am Sozialprodukt galt ihm als «Verflachung der menschlichen Glückszustände».

Noch gab es ein großbürgerliches Milieu, in dem sich Scheler gerne bewegte, im Hause Koppel zum Beispiel, wo er seine Maria (geb. Scheu) kennenlernte. Von Zeit zu Zeit gab es bei den Koppels einen Salon, mit Malern, Musikern, Dichtern; man plauderte über Probleme der modernen Ästhetik. Aber die Inflation der Nachkriegszeit hatte die großbürgerlichen Vermögenswerte nicht ungeschoren gelassen. Der alte Glanz war vorbei, und zwar unwiderruflich.

So trauerte im tragischen Geschichtsbild Schelers eine verschwindende Klasse um ihre Vergangenheit und ihre «Freiheitsspielräume», während die alten Muttis im Bett bleiben mußten, sie hatten kein Geld, um Kohlen zu kaufen, im Winter des Jahres 1920 in Köln. Manchmal verhungerte eine alte Mutti im Bett, während Scheler über die großen Fragen der Menschheit nachdachte.

Die Artistik der Geschichtsdenker, am Trapez ihrer Gedanken über die Abgründe der Jahrhunderte zu turnen, ist als Darbietung nicht unelegant. Man genießt die schnellen Bewegungen, mit denen sie sich aus dem Altertum ins Mittelalter und in die Neuzeit schwingen. Unter den Akrobaten agiert Scheler ganz oben unter der Kuppel, von wo er einen guten Überblick hat. Unten klettert Martin eben vom Pferd. Sein Auftritt ist schon vorüber.

Zwischen 1874, dem Geburtsjahr Max Schelers, und 1940, dem Todesjahr Lew Trotzkis, wuchs das Streckennetz der Eisenbahnen auf der Welt von 350000 auf 1 Million Kilometer. Mit der Eisenbahn reisten auch die sozialistischen Ideen durch Europa, in der Gestalt von Gewerkschaftsfunktionären und Parteiführern. Die Eisenbahn machte es möglich, Druckschriften schnell zu versenden, Kongresse einzuberufen, Vereinsbeiträge prompt an eine Zentrale abzuführen. Bald lernten die Arbeiter, daß ein Streik wirksamer war als ein Appell an die christlichen Grundsätze der Unternehmer. Die Arbeiter wollten nicht Mitleid, sondern Gerechtigkeit. Oder, wie Herr O. es einmal ausgedrückt hat:
Jeder Mensch hat das Recht auf ein Minimum an Lebensglück.
Für Scheler war der Sozialismus eine «subalterne Sache», eine Angelegenheit der Kellner, die ihm in Ascona den Wein servierten. Richtig warm wurde Scheler erst, wenn es um die christliche «Liebesidee» ging. Gern blickte Scheler ins Mittelalter zurück, damals hatte die christliche Liebe ihre reinsten Blüten getrieben, in schöner Harmonie mit der feudalen und aristokratischen Standesordnung. Aber dann kam der «moderne Geist», wie Scheler das Ungetüm nannte, und verdrängte die christliche Liebesidee aus ihrer Führungsstellung in Europa. Die Barbarei des Ersten Weltkriegs schrieb Scheler auf das Konto dieser unheilvollen Verdrängung, und nur in der Rückbesinnung auf die Werte des Christentums sah er eine Chance auf Rettung der Menschheit vor der Doppelgefahr

des Kapitalismus einer- und des «furchtbaren» Bolschewismus andererseits.

Wenn man davon absieht, daß sich im Jahr 1953 ein damals unbekannter polnischer Priester namens Karol Wojtyla mit der Arbeit «Über die Möglichkeit, eine christliche Ethik in Anlehnung an Max Scheler zu schaffen», an der theologischen Fakultät der Universität Krakau habilitierte, ist den Gedanken Schelers keine sonderliche Nachwirkung beschieden gewesen. Nicht wegen der unvergleichlichen Kraft seiner Einsichten lasse ich ihn reden, sondern deshalb, weil er ein zweifelhafter Fall ist. Zur intellektuellen Linken mochte er sich nicht schlagen, aber die katholische Reaktion, der er sich eine Weile andiente, wurde ihm ebenfalls bald zuwider. Seine Frauengeschichten, seine hastige Lebensweise, seine nervöse Neugier, seine Lesewut, seine Unordentlichkeit rücken ihn in die Nähe des Bohemiens, der er als akademischer Lehrer nicht sein konnte. Den Kräften, die ihn beutelten, bürgerlichen, faschistischen, revolutionären, war er nicht wirklich gewachsen. Er mußte flüchten – auf das Sofa im roten Zimmer, in die Benediktinerabtei Maria Laach, nach Ascona und in die Metaphysik, ins Café. Scheler, der die christliche Liebesidee pries, bäumte sich schließlich gegen deren Lustfeindlichkeit auf, die seine Vitalkräfte fortwährend kränkte.

Als Scheler im Frühling des Jahres 1928 seinen letzten Urlaub in Ascona verbrachte, war Trotzki bereits nach Alma Ata verbannt. Zwischen Alma Ata und Ascona sind die Zugverbindungen nicht sehr bequem, man muß oftmals umsteigen. Auch die Flugverbindungen erfordern einen zweimaligen Wechsel der Maschine, in Moskau und Zürich. Für die Gedankenverbindungen gibt es noch nicht einmal einen Fahrplan.

4. Gegen den moralisierenden Standpunkt

Trotzki und Scheler sollen ihr verhindertes Gespräch nunmehr nachholen, im roten Zimmer, wo Scheler ohnehin mit der Liebe und dem Tod verabredet ist. Dort erwartet ihn Trotzki, mit dem Eispickel im Kopf. Er putzt seinen Zwicker und sagt:

Wir wollen mit der Geschichte nicht schmollen und nicht darüber beleidigt sein, daß sie ihren Gang auf komplizierten und verwirrten Wegen geht. Der humanitäre, moralisierende Standpunkt gegenüber dem historischen Prozeß ist der fruchtloseste. Ich fuhr im September 1912 gen Südosten. Als ich in den Straßen von Belgrad war, die langen Reihen der Reservisten erblickte, als ich mich mit meinen eigenen Augen überzeugte, daß es kein Zurück mehr gab, daß der Krieg kommen werde, kommen werde in wenigen Tagen, als ich erfuhr, daß einige mir gut bekannte Menschen bereits unter Waffen an der Grenze standen und daß sie als erste gezwungen sein würden, zu morden und zu sterben, da erschien mir der Krieg, mit dem ich in meinen Gedanken und Artikeln so leicht umgegangen war, unwahrscheinlich und unmöglich. Wie auf ein Gespenst blickte ich auf das Regiment, das in den Krieg ging, das 18. Infanterie-Regiment in feldgrauen Uniformen, in Bastschuhen an den Füßen und mit grünen Zweigen an den Käppchen. Die Bastschuhe an den Füßen und die Zweige an den Käppchen, bei voller Kriegsausrüstung, gaben den Soldaten das Aussehen von Opfergeweihten. Und nichts vom Wahnsinn des Krieges brannte in diesem Augenblick im Bewußtsein so unerträglich wie diese Zweige und Bastschuhe. Die Seele war erfüllt von einem unmittelbaren, nicht wiederzugebenden Gefühl der historischen Tragik: Ohnmacht vor dem Fatum, brennender Schmerz für die menschliche Heuschrecke.

Der Marxismus ist eine Unterdrückungsideologie, sagt Scheler, in Sowjetrußland ist er Staatsphilosophie. Allerdings büßt er seine religionsersetzende Stelle täglich immer mehr ein. Als Metaphysik, die er ja leider ist, dürfte er unter den echten Metaphysiken nur komisch wirken.

Das Schuljahr in Nikolajew 1896 wurde das Wendejahr meiner Jugend, sagt Trotzki, denn es stellte mich vor die Frage nach meinem Platz in der menschlichen Gesellschaft. Das Leben hatte in meinem Bewußtsein bereits einen hinreichenden Vorrat an sozialem Protest verankert. Worin bestand er? Im Mitgefühl für die Beleidigten und in Empörung über Ungerechtigkeit. Es ist bemerkenswert, daß ich anfangs in Gesprächen die sozialistischen Utopien entschieden zurückwies. Ich spielte den Skeptiker, der alles hinter sich hatte. Auf politische Fragen reagierte ich nicht anders als im Tone ironischer Überlegenheit. Ich war bestrebt, dem persönlichen Einfluß der jungen Sozialisten, mit denen mich das Schicksal zusammengebracht hatte, auszuweichen. Das Widerstreben dauerte insgesamt nur einige Monate. Die Ideen, die in der Luft lagen, waren stärker als ich. Um so mehr, als ich in der Tiefe meines Herzens nichts so sehnsüchtig wünschte, als mich ihnen zu unterwerfen. Schon nach einigen Wochen in Nikolajew hatte sich mein Benehmen gründlich verändert. Ich ließ die Pose des Konservativismus fallen und steuerte nach links mit einer Heftigkeit, die manchen meiner neuen Freunde abschreckte. Was ist denn mit Ihnen los, sagte meine Wirtin, da habe ich Sie ja ganz zu Unrecht meinen Kindern als Beispiel hingestellt.

Die allgemeine Menschenliebe der Neuzeit hat dazu geführt, sagt Scheler, daß in der Französischen Revolution im Namen der Menschheit Kopf um Kopf abgeschlagen wurde.

In meiner Zelle im Gefängnis von Odessa, sagt Trotzki, las ich mit Begeisterung zwei berühmte Abhandlungen des italienischen Hegelianer-Marxisten Antonio Labriola, des ersten europäischen Universitätslehrers, der sich offen zum Marxismus bekannte. Die Abhandlungen waren in französischer Sprache ins Gefängnis ge-

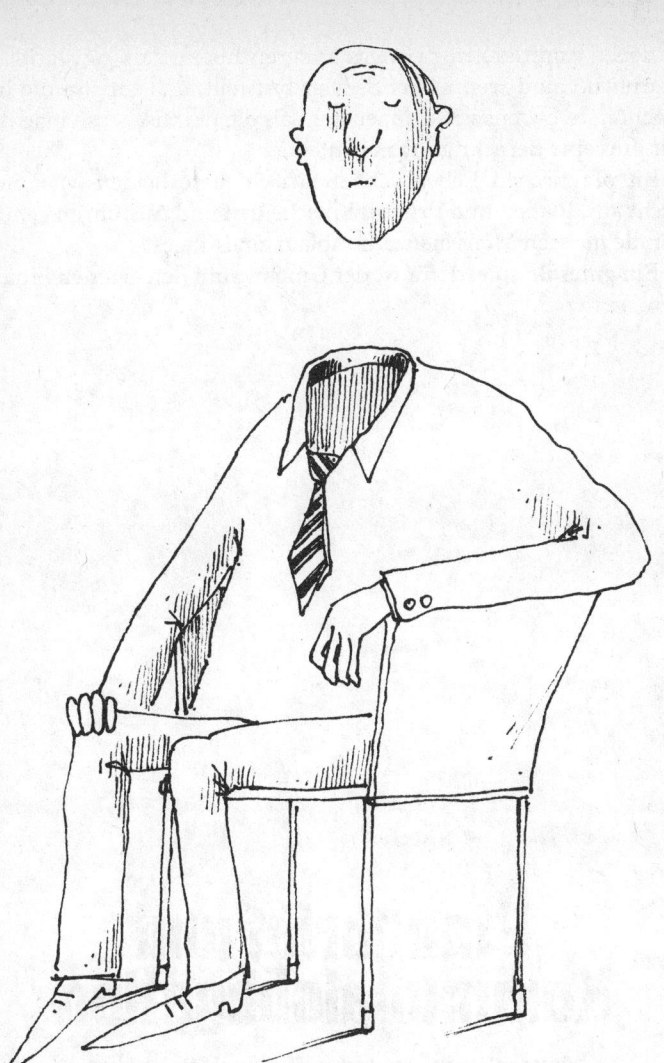

Philosophen...

... leben und denken in etwas anderen Ebenen als gewöhnliche Sterbliche, und wenn Max Scheler feststellt, daß für ihn die betrachtende Lebensweise höher steht als die praktische, so mag das für ihn seine Berechtigung haben.

Im praktischen Leben schließen sich diese beiden Maximen nicht aus. Planen und Prüfen, Entscheiden und Ausführen gehört für die meisten Menschen zum Ablauf eines Tages.

Ein gutes Beispiel dafür ist der Umgang mit den eigenen Finanzen.

schmuggelt worden. Mit der Theorie der vielfältigen Faktoren, die den Olymp der Geschichte bevölkern und von dort aus unsere Schicksale lenken, rechnet Labriola glänzend ab. Sein ständiger Refrain, daß Ideen nicht vom Himmel fallen, ist mir fest im Gedächtnis geblieben.

Ich selbst bin insofern Marxist, sagt Scheler, als ich alles Bewußtsein auf das Sein zurückführe, allerdings nicht wie Marx auf das nur materielle Sein, sondern auf das ganze Sein des Menschen.

Wie der Baum durch seine Wurzeln die Blätter ernährt, sagt Trotzki, wie die Blumen und Früchte sich von den Säften des Bodens ernähren, so findet die Persönlichkeit für ihre Gefühle und Gedanken, selbst für die sogenannten hohen, Nahrung im ökonomischen Fundament der Gesellschaft.

Ein strenger Determinismus, sagt Scheler, ist nur möglich unter der fiktiven Voraussetzung, es gäbe im Realen weder echt Vitales noch echt personhaft Geistiges.

Am Sonntag, dem 22. Januar 1905, sagt Trotzki, zogen 200 000 Menschen, darunter viele Frauen und Kinder, zum Winterpalais in Petersburg. Sie trugen Kirchenfahnen, Bilder des Zaren und Ikonen mit sich und wollten dem Zaren eine Bittschrift überreichen. Am 23. Januar kehrte ich von einer Vortragsreise nach Genf zurück, müde und zerschlagen nach einer schlaflosen, im Zuge verbrachten Nacht. Ein Junge hatte mir eine Zeitung vom vorigen Tage verkauft. Darin war in Zukunftsform von der Prozession der Arbeiter im Winterpalais die Rede. Ich schloß daraus, daß sie nicht stattgefunden hatte. Nach etwa zwei Stunden kam ich in die Redaktion der «Iskra». Martow war äußerst erregt. Sie hat nicht stattgefunden, fragte ich ihn. Wissen Sie denn nicht? Hier! Er hielt mir die Zeitung hin. Ich durchlief die ersten zehn Zeilen des telegraphischen Berichts über den blutigen Sonntag. Eine dumpfe brennende Welle schlug mir gegen den Kopf.

Die christliche Moral, sagt Scheler, verbietet den Klassenhaß, nicht aber ehrlichen und zielbewußten Klassenkampf.

Die Menge war unbewaffnet, sagt Trotzki. Der Zar hatte Petersburg verlassen, die vollziehende Gewalt lag bei seinem Onkel, dem Großfürsten Wladimir, dem Generalgouverneur von Petersburg. Wladimir erteilte den Befehl, in die Menge zu schießen. Die Zeitungsberichte sprachen von 4600 Toten und Verwundeten. Noch länger im Ausland zu bleiben, vermochte ich nicht. Ich reiste nach Wien. Mit dem Paß eines verabschiedeten Fähnrichs namens Arbusow traf ich im Februar in Kiew ein.

Die kontemplative Lebensform, sagt Scheler, steht mir höher als die praktische.

Die Arbeiter von Petersburg, sagt Trotzki, wollten Lohnerhöhungen, eine Verbesserung der Arbeitsbedingungen, die Einführung des Achtstundentages und des Dreischichtenbetriebs und die Ernennung einer dem Parlament verantwortlichen Regierung. Ihre Bittschrift an den Zaren hatte folgenden Wortlaut: Herrscher! Wir, die Arbeiter der Stadt Petersburg, unsere Frauen, Kinder und hilflosen greisen Eltern, sind zu Dir, Herrscher, gekommen, Wahrheit und Schutz zu suchen. Wir sind verelendet, wir werden unterdrückt, mit schwerer Arbeit überlastet, man beschimpft uns, man sieht in uns keine Menschen, man verhält sich uns gegenüber wie zu Feinden. Wir haben alles geduldig ertragen, aber wir werden immer tiefer und tiefer in den Abgrund des Elends, der Rechtlosigkeit und Unwissenheit gestoßen, uns würgen Despotismus und Willkür, und wir ersticken. Wir haben keine Kraft mehr, Herrscher, die Geduld hat ihre Grenzen erreicht. Für uns ist jener furchtbare Augenblick eingetreten, wo der Tod besser ist als die Fortsetzung der unerträglichen Leiden. Und nun haben wir die Arbeit niedergelegt und unseren Unternehmern erklärt, daß wir die Arbeit nicht eher wieder aufnehmen werden, bis sie unsere Forderungen erfüllt haben. Wir haben nicht viel verlangt. Wir wollen etwas, ohne das das Leben kein Leben, sondern ein Zuchthaus, eine ewige Qual ist. Dies, Herrscher, sind unsere Hauptnöte, mit denen wir zu Dir kommen. Befiehl und schwöre, sie zu erfüllen, und Du wirst Rußland glücklich und ruhmreich machen, und wir werden Deinen Namen in unsere Herzen und in die unserer

Nachkommen für ewige Zeiten einprägen. Befiehlst Du es aber nicht, so wollen wir hier auf diesem Platz vor Deinem Palast sterben.

In der christlichen Konzeption des Menschen, sagt Scheler, findet etwas statt, was ich die Bewegungsumkehr der Liebe nennen möchte. Denn die christliche Liebe soll sich gerade darin erweisen, daß das Edle sich zum Unedlen hinabneigt und hinabläßt, der Gesunde zum Kranken, der Reiche zum Armen, der Schöne zum Häßlichen, der Gute und Heilige zum Schlechten und Gemeinen, der Messias zu den Zöllnern und Sündern. Und dies alles in der eigentümlich frommen Überzeugung, im Aktvollzug dieses Beugens, in diesem Herabgleitenlassen, in diesem Sichverlieren das Höchste zu gewinnen, Gott gleich zu werden. Gottes Wesen wird Lieben und Dienen, er wird zum Schöpfer, der die Welt aus Liebe erschuf, er wird zum Erlöser, der spontan herab zu den Menschen kam und ein Knecht ward und am Kreuz den Tod des schlechten Knechtes starb! Nach der christlichen Vorstellung ist Liebe ein unsinnlicher Akt des Geistes, kein bloßer Gefühlszustand wie für die Moderne. Als reiner geistiger Akt richtet sie sich auf Freunde und Feinde, Gute und Böse, Edle und Gemeine ohne Unterschied. Man betrachte dagegen die Ethik des Aristoteles, die genau prüft, wieviel Liebe den einzelnen Klassen der Menschen gerechterweise zuzuwenden sei, den Eltern, Freunden, Kindern, Fremden und so weiter. So hat sich das Bild unermeßlich verschoben. Nicht mehr eine Schar zur Gottheit emporrennender und dabei sich überflügelnder Dinge und Menschen sehen wir nun, sondern eine Schar, deren jedes Glied auf das Gott fernere zurückschaut, ihm hilft und dient, und eben darin der Gottheit gleich wird, die ja selbst dieses eine große Lieben und Dienen und Sichherablassen zum Wesen hat.

Ein Aufstand der Massen wird nicht gemacht, sagt Trotzki, er vollzieht sich von selbst. Er ist das Produkt der sozialen Beziehungen und Bedingungen, und nicht das eines papierenen Planes. Ein Volksaufstand kann nicht geschaffen, sondern nur vorausgesehen werden.

Keine Literatur, sagt Scheler, ist von Ressentiments so erfüllt wie die junge russische. Unter den Helden Dostojewskis, Gogols, Tolstois wimmelt es von ressentimentgeladenen Helden. Dieser Tatbestand ist eine Folge der jahrhundertelangen Unterdrückung des Volkes und der durch Mangel eines Parlaments und einer Pressefreiheit bewirkten Unableitbarkeit der durch Autorität bewirkten negativen Affekte.

Im Leben Rußlands, sagt Trotzki, war die Revolution von 1905 die Generalprobe für die Revolution von 1917. Die gleiche Bedeutung hat sie auch in meinem persönlichen Leben gehabt. Die Ereignisse dieses stürmischen Jahres wechselten einander ab. Man mußte eine Position einnehmen, sofort, auf der Stelle. Die Proklamationen gingen aus der Feder in die illegale Druckerei. Die theoretischen Grundlagen, erworben im Gefängnis und in der Verbannung, die politische Methode, angeeignet in der Emigration, fanden jetzt zum erstenmal unmittelbare Anwendung im Kampfe. Ich fühlte mich den Ereignissen gegenüber sicher.

5. Der Kampf der Kranken gegen die Gesunden

Das bewegte Leben des Lew Dawidowitsch Bronstein, genannt Trotzki (1879–1940):

Die Kindheit auf dem ukrainischen Dorf Janowka. Die Realschule in Odessa, das Abitur in Nikolajew. Die erste politische Agitation, die Heirat im Gefängnis, die erste Verbannung, die erste Flucht ins Ausland, nach London, Paris, München, Genf. Die erste Rückkehr nach Rußland im Jahr 1905, die zweite Verbannung nach Sibirien, die zweite Flucht, die Emigrationsjahre in Wien, Zürich, Paris, New York. Die zweite Rückkehr nach Rußland im Jahr 1917, der Aufbau der Roten Armee, der Bürgerkrieg. Die Entmachtung im Jahr 1925, der Ausschluß aus der Partei im Jahr 1927, die dritte Verbannung im Jahr 1928, die endgültige Ausweisung aus Rußland im Jahr 1929. Die dritte Emigration: Türkei, Frankreich, Norwegen, Mexiko. Die falschen Papiere, die Goldstücke im Schuhabsatz. Die Gefängnisse, die Eisenbahnabteile, die Schiffskabinen, die Cafés. Der Zwicker auf der Nase, der Spitzbart. Die Schreibarbeit. Zuletzt der furchtbare Schrei, Natalia Sedowa läuft ins Eßzimmer, Trotzki liegt blutüberströmt am Boden, er sagt zu ihr: Natascha, ich hab dich so lieb.

Im Dezember 1900, während seiner ersten Verbannung, veröffentlichte Trotzki ein Feuilleton über Nietzsche, in der «Vostocnoje Obozrenije». Die Zeitung erschien in Irkutsk. Anlaß des Feuilletons war der Tod des Philosophen im August dieses Jahres. Der einzige Weg zu einer richtigen Auslegung und Beleuchtung der Philosophie Nietzsches, schrieb Trotzki, ist die Analyse des gesellschaftlichen Bodens, der dieses komplizierte soziale Produkt hervorgebracht hat; auch Nietzsche gehörte einer sozialen Gruppe an, jener der parasitären Außenseiter auf dem Territorium der Bourgeoisie, auf deren Kosten sie leben, ohne ihre Normen zu respektieren. Mit der Lage, schrieb Trotzki, in die ihn seine Krankheit versetzt hatte, konnte sich Nietzsche nicht abfinden, weil er ein außergewöhnlicher Mensch war. Da er gezwungenermaßen vom gesellschaftlichen Leben ausgeklammert war, mußte ihn dies zur Erzeugung einer Theorie veranlassen, die es ihm nicht nur ermöglichte, unter den gegebenen Umständen zu leben, sondern die dieses Leben obendrein mit Sinn erfüllte.

Nachts erfüllten die Schaben das Haus in dem Dorf Usti-Kut, in dem Trotzki mit seiner Frau lebte. Die Schaben krochen auf die Tische, sie kamen ins Bett, liefen den Schlafenden übers Gesicht. Fortwährend mußte sie Trotzki von den Seiten der Bücher verjagen, die er rastlos studierte. In seinen Artikeln schrieb Trotzki über Gerhart Hauptmann, Arthur Schnitzler, Ibsen, Maupassant, zu vier Kopeken für die Zeile, was ein gutes Honorar war. Was Nietzsche anbelangt, spürte Trotzki «sumpfigen Boden».

Auch Scheler setzte sich kritisch mit Nietzsche auseinander. Er schrieb: Friedrich Nietzsches Erklärung der christlichen Liebe ist so tiefsinnig, so ernstester Überlegung würdig wie nur je eine. Ich hebe das um so schärfer hervor, gerade weil ich sie im letzten Grunde für völlig falsch halte. Was Nietzsche ganz übersehen hat, sind die völlig verschiedenen Forderungen, wie sie von der modernen Menschenliebe einerseits und der christlichen Liebe andererseits ergangen sind. Das Verhalten zu den Armen, Kranken, sittlich Schlechten wird aus der modernen Humanität heraus ein von der christlichen Liebe völlig verschiedenes. Nicht die persönliche Liebestat von Mensch zu Mensch ist heute gefordert, sondern die unpersönliche Einrichtung, die Wohlfahrtseinrichtung des Staates. Ihren widerwärtigsten Ausdruck findet die sogenannte Menschenliebe im modernen realistischen sozialen Roman, in der ganzen Lazarettpoesie. Nietzsche lebte in einer Zeit, in der gerade diese derbsten Ausgeburten der sogenannten Humanität ihren Beifall fanden. Gegen diese Bewegung geht sein Kampf.

Es handelte sich für mich, schrieb Nietzsche, um den Wert der Moral, insonderheit um den Wert des Unegoistischen, der Mitleids-, Selbstverleugnungs-, Selbstopferungs-Instinkte, welche gerade

Schopenhauer so lange vergoldet, vergöttlicht und verjenseitigt hatte, bis sie ihm schließlich als Werte an sich übrigblieben, auf Grund deren er zum Leben, auch zu sich selbst, nein sagte. Ich verstand die immer mehr um sich greifende Mitleids-Moral, welche selbst die Philosophen ergriff und krank machte, als das unheimlichste Symptom unserer unheimlich gewordenen europäischen Kultur.

Der Zusammenbruch Nietzsches geschah am 3. Januar 1889 in Turin, auf der Piazza Carlo Alberto. Unmittelbar nach dem Verlassen seiner Wohnung, so wird erzählt, habe Nietzsche einen brutalen Droschkenkutscher beobachtet, der sein Pferd übel mißhandelte. Unter Tränen und Wehklagen habe sich Nietzsche dem Tier um den Hals geworfen und sei dann nicht mehr ansprechbar gewesen. Er wurde von seinem Freund Overbeck in eine Nervenklinik nach Basel gebracht. Dort notierte der Arzt, daß sich der Patient ungemein wohl fühle und über kein rechtes Krankheitsbewußtsein verfüge. Die Diagnose: Paralysis progressiva. Mitte Januar kam Nietzsche in die Klinik Professor Binswangers in Jena. Im März des darauffolgenden Jahres wurde Nietzsche in die häusliche Pflege seiner Mutter entlassen; nach deren Tod im Jahr 1897 übernahm die inzwischen verwitwete Schwester Nietzsches Betreuung.

In den Schriften Nietzsches, Schelers und Trotzkis lese ich Überzeugungen, von denen ich früher meinte, es seien meine eigenen. Sie widerstreiten einander. Mein Katholischsein, das ist Scheler, dies Hin und Her zwischen dem roten Lämpchen in der dämmrigen Kirche und dem roten Zimmer, wo endlich die Hüllen fallen. Nietzsche, das heißt Einsamkeit, Enttäuschung, hilflose Wut über die Verlogenheit der Pfaffen und Kulturbonzen, zugleich Stolz und Nichtdazugehörenkönnen. Die unsentimentale, praktische Revolte gegen erbärmliche Zustände in Permanenz, das ist Trotzki.

Vielleicht markiert der Eispickel, der Trotzki im Jahr 1940 tötete, das Ende einer Debatte, und danach gibt es nur noch Fernsehen und Atombomben, auf ewig. Schon beginnen die Worte des Revolutionärs unmittelbar nach dem Attentat ein wenig befremdlich zu wirken: Natascha, ich hab dich so lieb.

Noch einmal also der Hieb mit dem Eispickel in Mexico City. Noch einmal die warme Sonne Asconas für Scheler. Noch einmal Nietzsches Schreie auf der Piazza Carlo Alberto. Noch einmal zerschneidet Martin den Mantel.

Und ruhig blicken die Augen des Pferdes, auf dem Martin sitzt, und Sankt Petersburg heißt jetzt Leningrad.

Die Schriftstellerin Lou Andreas-Salomé (gest. 1937), die mit Nietzsche befreundet gewesen war, schrieb über ihn:

Einsamkeit – das war der erste, starke Eindruck, durch den seine Erscheinung fesselte. Dem flüchtigen Beschauer bot sie nichts Auffallendes; der mittelgroße Mann in seiner überaus einfachen, aber sehr sorgfältigen Kleidung, mit den ruhigen Zügen und dem schlicht zurückgestrichenen braunen Haar konnte leicht übersehen werden. Die feinen, höchst ausdrucksvollen Mundlinien wurden durch einen vornübergekämmten großen Schnurrbart fast völlig verdeckt. Er hatte ein leises Lachen, eine geräuschlose Art zu sprechen und einen vorsichtigen, nachdenklichen Gang, wobei er sich ein wenig in den Schultern beugte; man konnte sich diese Gestalt schwerlich inmitten einer Menschenmenge vorstellen, sie trug das Gepräge des Abseitsstehens, des Alleinseins. Wahrhaft verräterisch sprachen die Augen. Halbblind, besaßen sie dennoch nichts vom Spähenden, Blinzelnden, ungewollt Zudringlichen vieler Kurzsichtiger; vielmehr sahen sie aus wie Hüter und Bewahrer eigener Schätze, stummer Geheimnisse, die kein unberufener Blick streifen sollte. Einen ähnlichen Eindruck des Verborgenen und Verschwiegenen machte auch Nietzsches Benehmen. Im gewöhnlichen Leben war er von großer Höflichkeit und einer fast weiblichen Milde, er hatte Freude an vornehmen Formen im Umgang und hielt viel auf sie. Immer aber lag darin eine Freude an der Verkleidung – Mantel und Maske für ein fast nie entblößtes Innenleben.

Aufgewachsen war Nietzsche unter der Obhut von Großmutter, Mutter, zwei Tanten. Seinen Vater, einen evangelischen Pastor in der deutschen Provinz, hatte Nietzsche im Alter von fünf Jahren verloren. Danach Übersiedlung vom Dorf in die Stadt Naumburg an der Saale, dortselbst Besuch des Domgymnasiums, anschließend Zögling im angesehenen Schulpforta, Studium in Bonn und Leipzig. Noch vor seinem 25. Geburtstag wurde Nietzsche als Professor für klassische Philologie an die Universität Basel berufen. Bereits mit 35 Jahren mußte Nietzsche seine Lehrkanzel wegen schwerer und nahezu pausenloser Migräneanfälle aufgeben. Danach reiste er viel, sein Ruhegehalt betrug 3000 und später 4000 Franken. Besonders wohl fühlte sich Nietzsche im Ort Sils-Maria im oberen Engadin, wo er ab 1881 viele Sommermonate verbrachte, in einem kleinen Haus abseits der Straße, das Zimmer zu einem Franken pro Nacht. Im April 1882 lernte er in Rom Lou Salomé kennen.

Unvergleichlich schön und edel geformt, schrieb Lou später, so daß sie den Blick unwillkürlich auf sich zogen, waren an ihm die Hände, von denen er selbst glaubte, daß sie seinen Geist verrieten. Eine ähnliche Bedeutung legte er seinen selten kleinen und fein-modellierten Ohren bei, von denen er sagte, es seien die wahren Ohren für Unerhörtes.

Lou (Louise) von Salomé, verheiratete Andreas, hatte ihre Kindheit in Petersburg verbracht, als einzige Tochter eines zaristischen Generals hugenottischer Abstammung. Im Alter von zwanzig Jahren war sie in Begleitung ihrer Mutter nach Zürich gekommen, um dort zu studieren. Ihre Beziehung zu Nietzsche war nach wenigen Monaten schon wieder zu Ende. Zwischen 1897 und 1900 war sie viel mit Rainer Maria Rilke zusammen. Später studierte sie bei Sigmund Freud in Wien Psychoanalyse und praktizierte sie auch. In ihrem «Lebensrückblick» erinnert sie sich an die Worte, mit denen Nietzsche sie bei ihrer ersten Begegnung begrüßt hatte, in der Peterskirche in Rom: Von welchen Sternen sind wir hier einander zugefallen?

Zu diesem Zeitpunkt befand sich der Philosoph bereits auf dem Kriegspfad gegen die herrschenden Sitten. Im Jahr vor der Begegnung mit Lou war Nietzsches Schrift «Morgenröte» erschienen. Mit diesem Buche, so hat Nietzsche später notiert, beginnt mein Feldzug gegen die Moral.

Es war der Privatkrieg eines Enttäuschten. Man erinnert sich vielleicht, schrieb Nietzsche, zum mindesten unter meinen Freunden, daß ich als Hoffender auf diese moderne Welt losgegangen bin. Die Musik Wagners deutete ich mir als Ausdruck einer dionysischen Mächtigkeit der Seele, in ihr glaubte ich das Erdbeben zu hören, mit dem eine von altersher aufgestaute Urkraft von Leben sich endlich Luft macht, gleichgültig dagegen, ob alles, was sich heute Kultur nennt, damit ins Wackeln gerät.

Wagner hat, schrieb Nietzsche, sein halbes Leben lang an die Revolution geglaubt. Er suchte nach ihr in der Runenschrift des Mythus, er glaubte in Siegfried den typischen Revolutionär zu finden. Wagners Schiff lief lange lustig auf dieser Bahn.

Im Januar 1878 hatte Richard Wagner den «Parsifal» an Nietzsche geschickt. Nach der Lektüre wußte Nietzsche, daß seine Freundschaft mit dem Komponisten zu Ende war.

Was bedeutet es, schrieb Nietzsche, wenn ein Künstler wie Wagner in seinen alten Tagen der Keuschheit eine Huldigung darbringt? Was ging ihn eigentlich jener arme Teufel und Naturbursch Parsifal an, der von ihm mit so verfänglichen Mitteln schließlich katholisch gemacht wird? Wagner hat in seinen alten trüben Tagen, einen Geschmack vorwegnehmend, der inzwischen Politik geworden ist, den Weg nach Rom zu predigen angefangen.

Nietzsches Attacken gegen die Mitleidsphilosophie seiner Zeit, wie er sie in der «Genealogie der Moral» vortrug, vier Jahre nach Wagners Tod, sind eine rücksichtslose Abrechnung mit dem reaktionär gewordenen Deutschland Bismarcks.

Als Bismarck vom Kaiser in Pension geschickt wurde, im März 1890, wurde Nietzsche eben aus der Nervenklinik in die häusliche Pflege entlassen.

Nietzsches Krankheit, die progressive Paralyse, ist eine Form der Syphilis. Deren Erreger, die 1905 entdeckte Syphilis-Spirochäte, dringt durch feinste Hautabschürfungen in den Körper ein. Die Übertragung erfolgt meist durch Geschlechtsverkehr, ist aber auch durch Kuß möglich. Etwa drei bis vier Wochen nach der Ansteckung entwickelt sich an der Infektionsstelle, meist an den Geschlechtsteilen, der syphilitische Primäraffekt, eine unbedeutende Abschürfung oder ein Knötchen, das sich in ein scharfrandiges, dunkelrotes, feuchtes, fast schmerzloses Geschwür umwandelt. Nachdem der Primäraffekt sechs bis acht Wochen bestanden hat, bilden sich zahlreiche fleck- oder knötchenförmige Krankheitsherde an der Haut des ganzen Körpers. Diese sekundäre Syphilis dauert ungefähr fünf Jahre an. Die tertiäre Syphilis tritt oft erst nach jahrelanger, völlig erscheinungsfreier Pause an Haut, Knochen oder inneren Organen auf, meist in Form von Geschwüren. Schließlich können die Erreger im Gehirn die progressive Paralyse hervorrufen; sie bewirken im Gehirn zunächst Entzündungs-, später Entartungsvorgänge in den Ganglienzellen. Die Behandlung der progressiven Paralyse ist erst seit der Einführung des Heilfiebers (Wagner von Jauregg, 1917) und neuerdings durch Penicillin erfolgreich.

Wann und wo die Syphilis zuerst beobachtet wurde, ist nicht bekannt. In Europa trat sie ab dem Jahr 1495 plötzlich und epidemieartig auf, verbreitet durch die Soldaten Karls VIII. von Frankreich. Wann und wo sich Nietzsche die Syphilis zuzog, konnte nicht ermittelt werden.

Elisabeth Nietzsche heiratete 1885 den Berliner Oberlehrer Bernhard Förster und wanderte bald danach mit ihm nach Paraguay aus. Nach dem Tod ihres Mannes kehrte sie nach Deutschland zurück, pflegte Nietzsche in seinen letzten drei Jahren und machte sich an die Sichtung und Sammlung seiner nachgelassenen Schriften, um deren Veröffentlichung sie sich unermüdlich und skrupellos kümmerte. Sie schrieb drei Bücher über ihren Bruder und erhielt als alte Dame, höchst geschmeichelt, den Besuch Hitlers, der ein Verehrer Nietzsches war.

In diesem Zusammenhang drängt sich die Vorstellung von der wöchentlichen Reinigungszeremonie auf, wie sie Elisabeth mit dem apathischen Nietzsche veranstaltet. Nachdem er sich mit ihrer Hilfe entkleidet hat und in die Wanne gestiegen ist, beginnt ihn Elisabeth einzuseifen. Sie ist mit einem schwarzen Mieder bekleidet, ihre Beine stecken in schwarzen Strümpfen, sie trägt hohe Schnürschuhe, allmählich rötet sich ihr Gesicht. Langsam richtet sich Nietzsches Glied empor. Sein buschiger Schnurrbart beginnt zu zucken.

Nietzsches Geist aber ist weit weg. Er wandert über die Almen des oberen Engadin, wo er seine große Erleuchtung empfing. Auf der Alm gibt es bekanntlich keine Sünde.

Noch einmal betrachtet Nietzsche die endlose Prozession durch die Peterskirche in Rom, wo er Lou zum erstenmal traf. Ein unabsehbarer Zug unter schwankenden Kreuzen, angeführt von violetten und schwarzen Kutten. Es sind die Schlechtweggekommenen aller Art, die Krüppel, Lahmen und Blinden, die Kranken, Armen und Leidenden, denen die Liebe des Nazareners galt. Schon erscheint auch der alte große Zauberer aller Zeiten, auf dem Kopf die dreifache Krone, mit verhängtem Blick, kranker Hirte kranker Herden, geschmeidig und kalt wie der Tiger, bärenhaft ernst und ehrwürdig überlegen, trickreich wie der Fuchs. Hinter ihm strömen die Scharen der Geißler, die Haufen der Bauernerhebungen, die Meuten der Revolution.

Wie konnte es nur geschehen, sagt Nietzsche zu Lou, daß die stolzen Römer sich vor drei Juden und einer Jüdin gebeugt haben, vor Jesus, Petrus, Paulus und Maria? Nicht nur Rom hat sich gebeugt, fast auf der halben Erde ist dies der Fall, überall dort, wo der Mensch zahm geworden ist. Überall munkelt und zischelt es, murmelt von Güte und Demut, Gehorsam, Geduld und Verzeihung. Sie verstehen das nicht? Sie haben keine Augen für etwas, das zwei Jahrtausende gebraucht hat, um zum Siege zu kommen? Das Volk hat gesiegt, die Sklaven oder der Pöbel oder die Herde, oder wie Sie es zu nennen belieben. Die Herren sind abgetan, die Moral des gemeinen Mannes hat gesiegt. Alles verjüdelt und verchristlicht oder verpöbelt sich zusehends. Der Gang dieser Vergiftung, durch den ganzen Leib der Menschheit hindurch, scheint unaufhaltsam. Der Plebejismus des modernen Geistes, die moderne Demokratie, der noch modernere Anarchismus und namentlich jener Hang zur Kommune, zur primitivsten Gesellschaftsform, der allen Sozialisten Europas jetzt gemeinsam ist, brach einmal wieder heraus, wie ein schlammichter Vulkan und mit jener versalzten, überlauten, gemeinen Beredsamkeit, mit der bisher alle Vulkane geredet haben.

Der religiöse Grundzug unserer Naturen, sagt Lou zu Nietzsche, ist unser Gemeinsames. Wir sind Freigeister im extremsten Sinn. Im Freigeiste kann sich das religiöse Empfinden auf kein Göttliches und keinen Himmel außer sich beziehen, es wird gleichsam auf sich selbst zurückgeworfen, zur heroischen Kraft seines Wesens. Wir erleben es noch, daß Sie als Verkünder einer neuen Religion auftreten, welche Helden zu ihren Jüngern wirbt.

Unsere Intelligenzen und Geschmäcker, sagt Nietzsche zu Lou, sind im Tiefsten verwandt. Von welchen Sternen sind wir einander zugefallen?

Was mich betrifft, sagt Lou, so bin ich aus Zürich hierher gekommen.

Ich muß reinen Himmel monatelang haben, sagt Nietzsche zu Lou, gute Luft, dünn, klar, frei, trocken, kühl, gesund. Man müßte nach den Hochebenen von Mexiko am Stillen Ozean gehen, zum Beispiel nach Oaxaca, mit tropischer Vegetation. Ganz Europa beginnt zu stinken. Eine Weile noch müssen wir uns gegen die zwei schlimmsten Seuchen verteidigen, gegen den großen Ekel am Menschen, gegen das große Mitleid mit den Menschen. Man blicke in die Hintergründe jeder Familie, jeder Körperschaft, jedes Gemeinwesens: überall der Kampf der Kranken gegen die Gesunden, ein ganzes zitterndes Erdreich unterirdischer Rache. Diese physiologisch Verunglückten und Wurmstichigen, unersättlich in ihren Ausbrüchen gegen die Glücklichen, wenn es ihnen gelänge, ihr eigenes Elend, alles Elend überhaupt den Glücklichen ins Gewissen zu schieben, so daß diese sich eines Tages ihres Glückes zu schämen begännen!

Mein eigenes Leben nach mir selber bilden, sagt Lou, das werde ich ganz gewiß, mag es damit gehn, wie es mag. Damit vertrete ich kein Prinzip, sondern etwas viel Wundervolleres, etwas, was in einem selber steckt und ganz heiß von lauter Leben ist und jauchzt und heraus will.

Die Träger der niederdrückenden und vergeltungslüsternen Instinkte, sagt Nietzsche, die Nachkommen alles Sklaventums, sie stellen den Rückgang der Menschheit dar. Zwischen Christ und Anarchist darf man eine vollkommene Gleichung aufstellen. Beider Zweck und Instinkt geht nur auf Zerstörung. Paulus, der fleischgewordene Haß gegen Rom, dieser ewige Jude par excellence, hat begriffen, wie man alles Unterliegende, alles heimlich Aufrührerische, die ganze Erbschaft anarchistischer Umtriebe im Reich zu einer ungeheuren Macht aufsummieren könne. Diese heiligen Anarchisten haben sich eine Frömmigkeit daraus gemacht, die Welt, das heißt das Imperium Romanum, zu zerstören. Die ganze Arbeit der antiken Welt – umsonst! Dann die Renaissance – ein Ereignis ohne Sinn, ein großes Umsonst! Wen hasse ich unter dem Gesindel von heute am meisten? Das Sozialistengesindel, welches das Genügsamkeitsgefühl des Arbeiters untergräbt, ihn neidisch macht, ihn die Rache lehrt.

Ich möchte, sagt Lou zu Nietzsche, im Juli nach Bayreuth fahren.

Was Bayreuth betrifft, sagt Nietzsche zu Lou, so bin ich ganz zufrieden damit, nicht dort sein zu müssen. Und doch, wenn ich ganz geisterhaft in Ihrer Nähe sein könnte, dies und jenes in Ihr Ohr raunend, so sollte mir sogar die Musik zum Parsifal erträglich sein, was sie mir sonst nicht ist.
    Leise wird das Parsifal-Motiv hörbar, gesungen von den vier Knappen im ersten Akt des Bühnenweihfestspiels: Durch Mitleid wissend, der reine Tor. Ruhig wandelt Wagner vorüber, zur lang ausgehaltenen Es-Dur-Fermate. Nietzsche macht eine abwehrende Geste. Ich meinte, sagt Wagner zu Nietzsche, Sie müßten heiraten oder eine Oper komponieren. Eines würde Ihnen so gut und schlimm wie das andere helfen. Das Heiraten halte ich aber für besser.

Ich wußte, sagt Lou zu Nietzsche, daß wir uns bald genug, über alles kleinliche Geschwätz hinweg, in unseren tiefverwandten Naturen finden würden.

Den entzückendsten Traum meines Lebens, sagt Nietzsche zu Lou, danke ich Ihnen. Ich sehe eine Möglichkeit vor mir von einem vollkommen überirdischen Zauber und Farbenreiz, eine Kunst so göttlich, so teufelsmäßig göttlich, daß man Jahrtausende umsonst nach einer zweiten solchen Möglichkeit durchsucht. Ich sehe ein Schauspiel so sinnreich, so wunderbar paradox zugleich, daß alle Gottheiten des Olymps einen Anlaß zu einem unsterblichen Gelächter gehabt hätten. Cesare Borgia als Papst, verstehen Sie mich? Das wäre der Sieg gewesen, den ich verlange, damit war das Christentum abgeschafft! Nicht das Christentum auf dem Stuhl des Papstes, sondern das Leben! Der Triumph des Lebens, das große Ja zu allen hohen, schönen, verwegenen Dingen! Wie gesund war dieser Cesare Borgia, wie unsterblich heiter und wohlgeraten.

Hingerissen betrachtet Nietzsche ein junges Paar, das dem Ausgang der Peterskirche zustrebt, Cesare und Lukrezia Borgia. Er ist mit zwanzig Jahren ein Kardinal, sie ist fünfzehn und mit dem Grafen von Pesaro verheiratet. Lukrezia schlägt ihre Augen auf, feucht schimmern sie und versinken in denen des Bruders. Von einem Seitenaltar, wo eine Messe gelesen wird, erklingt ein silbernes Glöckchen. Die Kinder des Papstes sind auf dem Weg zum Mittagessen, der heilige Vater hat zu frischen Austern gebeten.

Und was geschah? Ein deutscher Mönch, Luther, kam nach Rom. Dieser Mönch, mit allen rachsüchtigen Instinkten eines verunglückten Priesters im Leibe, empörte sich in Rom gegen die Renaissance, statt mit tiefster Dankbarkeit das Ungeheure zu verstehn, die Überwindung des Christentums an seinem Sitz! Ah diese Deutschen, sagt Nietzsche, was sie uns schon gekostet haben. Seit einem Jahrtausend beinahe haben sie alles verfilzt und verwirrt, woran sie mit ihren Fingern rührten. Alle Halbheiten, an denen Europa krank ist, haben sie auf dem Gewissen.

Die deutsche Mystik, sagt Lou, langte gerade in ihrer höchsten Ekstase bei grobreligiöser Sinnlichkeit an.

Die letzte politische Vornehmheit, sagt Nietzsche, die es in Europa gab, die des siebzehnten und achtzehnten Jahrhunderts, brach bereits unter den volkstümlichen Ressentiment-Instinkten der Französischen Revolution zusammen. Wie ein letzter Fingerzeig zum andren Wege erschien Napoleon, erscholl gegenüber der alten Lügen-Losung vom Vorrecht der meisten die furchtbare und entzückende Gegenlosung vom Vorrecht der wenigsten. Die Schwachen und Mißratenen sollen zugrunde gehen, und man soll ihnen noch dazu helfen.

Wir alle sind fortwährend Mörder, sagt Lou, an uns selbst und aneinander.

Das Tier muß wieder heraus, sagt Nietzsche, muß wieder in die Wildnis zurück. Alle vornehmen Rassen sind sich in diesem Bedürfnis gleich. Römischer, arabischer, germanischer, japanischer Adel, homerische Helden, skandinavische Wikinger, auf dem Grunde aller dieser vornehmen Rassen ist das Raubtier, die prachtvolle, nach Beute und Sieg lüstern schweifende blonde Bestie nicht zu verkennen. Man mag im besten Rechte sein, wenn man vor der blonden Bestie die Furcht nicht los wird und auf der Hut ist. Aber wer möchte nicht hundertmal lieber sich fürchten, wenn er zugleich bewundern darf, als sich nicht fürchten, aber dabei den ekelhaften Anblick des Mißratenen, Verkleinerten, Verkümmerten, Vergifteten nicht mehr loswerden kann! Wir haben die schlechten Instinkte, die christlichen, irgendwie noch im Leibe. Ich widerlege die Ideale nicht, ich ziehe bloß Handschuhe vor ihnen an.

Die Brüder Karamasow von Dostojewski, sagt Lou, besonders die Geschichte vom Großinquisitor darin, haben mich doch sehr ergriffen.

Die seltsame und kranke Welt, sagt Nietzsche, in die uns die Evangelien einführen, ist wie aus einem russischen Roman, wo sich Auswurf der Gesellschaft, Nervenleiden und kindliches Idiotentum ein Stelldichein geben. Man könnte, mit einiger Toleranz im Ausdruck, Jesus einen freien Geist nennen. Man bedauert, daß nicht ein Dostojewski in seiner Nähe war, um den ergreifenden Reiz einer solchen Mischung von Sublimem, Krankem und Kindlichem zu empfinden. Jesus macht sich aus allem Festen nichts, jede Art Wort, Formel, Gesetz, Glaube, Dogma widerstrebt ihm. Er steht außerhalb aller Religion, aller Kultbegriffe, aller Historie, aller Welterfahrung, aller Kenntnisse, aller Politik, aller Bücher, aller Kunst. Die Kultur ist ihm nicht einmal vom Hörensagen bekannt, er hat keinen Kampf gegen sie nötig, er verneint sie nicht. Dasselbe gilt vom Staat, von der ganzen bürgerlichen Ordnung und Gesellschaft, von der Arbeit, vom Kriege. Erst wir, die freigewordenen Geister, haben die Voraussetzung dafür, etwas zu verstehn, das neunzehn Jahrhunderte mißverstanden haben. Im Grunde gab es nur einen Christen, und der starb am Kreuz. Dieser heilige Anarchist, der das niedrige Volk innerhalb des Judentums zum Widerspruch gegen die herrschende Ordnung aufrief, mit einer Sprache, falls den Evangelien zu trauen ist, die auch heute noch nach Sibirien führen würde, war ein politischer Verbrecher, dies brachte ihn ans Kreuz. Er starb, wie er lebte, wie er lehrte, nicht um die Menschen zu erlösen, sondern um zu zeigen, wie man zu leben hat. Er widersteht nicht, verteidigt nicht sein Recht, er bittet, er leidet, er liebt mit denen, in denen, die ihm Böses tun. Das Vorbildliche dieser Art zu sterben war die Freiheit, die Überlegenheit über jedes Gefühl von Ressentiment. Man sieht, was mit dem Tod am Kreuz zu Ende war, ein neuer, durchaus ursprünglicher Ansatz einer Friedensbewegung zu einem tatsächlichen, nicht bloß verheißenen Glück auf Erden.

Ob wir in Anbetung oder in Wollust vergehen, sagt Lou, ob wir steigen oder fallen, macht nur für den Betrachter von außen einen Unterschied.

Sie sind scharfsichtig wie ein Adler, sagt Nietzsche zu Lou, und mutig wie ein Löwe. Aber genug! Die Erde war zu lange schon ein Irrenhaus.

6. Zyklon wirkt schnell

Am Sonntag, dem 2. August 1942, kamen zwei SS-Männer an die Pforte des Karmeliterklosters im holländischen Echt, wo Edith Stein als Nonne lebte. Es war fünf Uhr am Nachmittag. Edith und ihre Schwester Rosa, die ebenfalls im Karmel Aufnahme gefunden hatte, durften eine Decke, einen Becher, einen Löffel und Proviant für drei Tage mitnehmen. Sie mußten in ein Überfallauto steigen, in dem bereits mehrere Personen saßen. Dann fuhr das Auto weg, nach Roermond zur Ortskommandantur. Dann nach Amersfoort, dann mit dem Zug nach Hooghalen, dann mit Lastautos ins Sammellager Westerbork, dann mit dem Zug nach Auschwitz.

Vielleicht verzehren die beiden SS-Männer gegenwärtig ihre Pension, als rüstige Sechziger. Ob sie sich noch an den 2. August 1942 erinnern? Damals waren sie mitleidlos.

Nicht alle SS-Männer waren blond. SS ist die Abkürzung für «Schutz-Staffel».

Zyklon wirkt schnell. Es besteht aus Zyanwasserstoff in gebundener Form. Wenn man die Büchsen ausschüttet, entweicht den Körnern das Blausäuregas. Nach etwa zwei Minuten ebben die Schreie ab und gehen in ein summendes Stöhnen über. Das im Krematorium arbeitende Häftlingskommando öffnet, nachdem einige Zeit später das Gas durch den Exhauster abgesaugt worden ist, die Tür zur Gaskammer. Mit weit aufgerissenem Mund lehnen etwas in sich zusammengesackt die Leichen aneinander. Es ist schwer, die ineinander verkrampften Leichen aus der Kammer zu zerren, weil durch das Gas die Glieder steif geworden sind.

Die Karmeliterinnen sind ein beschaulicher Orden; ihr Lebensinhalt ist die Liebe zu Gott. Ihr Kloster verlassen die Nonnen nur in dringenden Ausnahmefällen. Wenn es sich nicht umgehen läßt, Besuch zu empfangen, sprechen sie mit ihm durch ein Gitter. Unterkunft, Nahrung und Kleidung sind auf die lebensnotwendigen Dinge beschränkt. Der Tagesablauf wird von den Stunden der gemeinsamen Gebete, der Meditation, der Lektüre sorgfältig ausgewählter Bücher und den Arbeiten im Hause bestimmt. Die wenigen Minuten des Tages, während denen die Nonnen sich zwanglos miteinander unterhalten dürfen, sind genau begrenzt. Jede Nonne verfügt über eine Zelle, die sonst niemand betritt. Was sie dort erlebt, wird als entscheidend angesehen; kein anderer Mensch soll sie bei ihrem Unternehmen stören.

Im Sommer des Jahres 1921 war Edith Stein zu Gast bei Freunden auf dem Land. Eines Abends hatte sie einen Lesestoff gesucht und war im Bücherschrank auf die Autobiographie der heiligen Teresa von Ávila (1515–1582) gestoßen. Sie las die ganze Nacht hindurch. Als sie die Lektüre beendet hatte, stand ihr Vorsatz fest. Sie wollte Karmeliterin werden. Ein halbes Jahr später war sie katholisch getauft.

In ihrem Buch «Aus dem Leben einer jüdischen Familie» hat Edith Stein ihre Kindheit und Jugend erzählt. Eine Mutter, die nach dem Tod des Gatten das Holzgeschäft allein weiterführt, in Breslau. Sieben Kinder, die gottesfürchtig erzogen werden. Geschichten von Schulfreundinnen und Lehrerinnen, Theateraufführungen, Familienfesten, von Strebsamkeit, Fleiß, Sparsamkeit. Mit 25 Jahren war Edith Stein ein Fräulein Doktor, arbeitete dann als Gymnasiallehrerin und Dozentin für Pädagogik, hielt Vorträge über Frauenfragen, übersetzte Thomas von Aquin. Im Oktober 1933 trat sie in das Karmelkloster in Köln ein, im Alter von 42 Jahren. Ende 1938 flüchtete sie vor den Nazis zu den Karmeliterinnen in Echt.

Wer ins Kloster geht, auf abendländische oder asiatische Weise, sucht und findet eine andere Identität. Deren Ausdruck: ein neuer Name. Als Nonne trug Edith Stein den Namen Teresia Benedicta a Cruce. Für die Nazis zählte nur eine Identität, nämlich die jüdische, wenn es um die «Endlösung» ging. Im Mai 1940 marschierten die Deutschen in Holland ein. Im Juni dieses Jahres begannen die Arbeiten zur Errichtung des Konzentrationslagers Auschwitz. Im August wurde Trotzki mit einem Eispickel erschlagen, im Auftrag des sowjetischen Geheimdienstes.

Ich war damals zehn Jahre alt und stand vor dem Eintritt ins Gymnasium. Meine Mutter hatte mich vorschriftsmäßig ins «Jungvolk» der Hitlerjugend einschreiben lassen. Ich bekam eine Uniform. Braunhemd, kurze schwarze Schnürlsamthose, Fahrtendolch. Die Erziehungsgrundsätze der Hitlerjugend lauteten: Hart wie Kruppstahl, zäh wie Leder, flink wie die Windhunde. Sie gefielen mir. Später lernte ich einen anderen Spruch kennen: Edel sei der Mensch, hilfreich und gut. Er gefiel mir nicht besonders.

Meine Mutter schickte mich außerdem in die katholische Pfarrei zur Glaubensunterweisung, als Gegengewicht zur Hitlerjugend. Allmählich begann ich, einen Konflikt zwischen der Pfarrjugend und der Hitlerjugend zu spüren, die Unvereinbarkeit zweier Identitäten, der des Pimpfs und der des Ministranten. Meine Unterweisung als Meßdiener fiel in die Zeit der deutschen Niederlagen an den diversen Fronten. Ich frage mich, wie sich mein Leben entwickelt hätte, wenn Hitler siegreich geblieben wäre. Ob dann nicht aus dem Pimpf ein strammer Hitlerjunge und danach vielleicht ein SS-Mann geworden wäre, mit blondem Haar und blauen Augen und einer tiefen Verachtung für Juden, Zigeuner, Homosexuelle, Asoziale.

Das sind unerquickliche Gedanken, peinlich für das Selbstwertgefühl und somit brauchbar zur Anstellung nützlicher Überlegungen über die Menschenfreundlichkeit. Nützliche Überlegungen pflegen mit unerquicklichen Gedanken zu beginnen. Daß man ein anständiger Mensch sei, aus eigenem Verdienst selbstverständlich, ist ein erquicklicher Gedanke. Wer ihn verabschiedet, sieht ein Stückchen weiter.

Mit Edith Stein sind die fünf Personen dieses Abschnittes meines Buches vollzählig. Alle waren sie schriftstellerisch tätig, sie kannten das stille Glück der kratzenden Feder, der gelungenen Formulierung. Persönliche Bekanntschaften gab es zwischen Lou Salomé und Nietzsche, zwischen Edith Stein und Scheler, Scheler und Lou.

Trotzki hat einen Brief an Scheler unterschrieben und ein Feuilleton über Nietzsche verfaßt. Scheler hat sich eingehend mit Nietzsches Gedanken beschäftigt. Alle haben in ihren Veröffentlichungen Gedanken über die Beziehungen unter den Menschen verbreitet. Ihre Lebensschicksale kennzeichnen sie, in unterschiedlicher Weise, als gesellschaftliche Außenseiter. Sie Nonkonformisten zu nennen wäre schon allzu pathetisch. Ihre Distanz zu den alltagsüblichen Verbindlichkeiten wirkt wie angeboren, sozusagen konstitutionell, jedenfalls absichtslos, da ist keine Pose zu bemerken.

Waren es tatsächlich nur äußere Umstände, die Trotzki dazu zwangen, die Hälfte seines erwachsenen Lebens als Emigrant zu verbringen, oder kann diese permanente Flucht auch wie eine Geheimschrift gelesen werden, die langsam erst sichtbar wird, wenn man sie in die Nähe einer Kerze bringt?

Wenn dieser Vergleich stimmt, dann wäre Edith Stein schon von Hause aus eine Klosterexistenz, die dann allmählich Gestalt gewinnt, nicht ohne Schübe von außen, bis sie zur Selbstgewißheit des Subjekts, zu dessen Identifikation, sich verdichtet.

Trotzki hat die Sache, um die es hier geht, so ausgedrückt: Die absolute organische Unabhängigkeit von der offiziellen Meinung, stets und unter allen Umständen.

Die Unverbindlichkeit, die am Revolutionär und an der Nonne sich zeigt, wird vom Typus des Intellektuellen, wie ihn Nietzsche, Lou Salomé und Scheler darstellen, weniger schroff verkörpert. Da ist Scheler, mit seinem Schwanken zwischen Boheme und Akademia, Sinnlichkeit und Geist, Genialität und Anpassung, seinen Herzinfarkten und Depressionen. Lou ist entschiedener, pfeift früh auf die Konventionen, erobert sich eine Freiheit, von der die übrigen jungen Damen ihrer Gesellschaftsschicht nur träumen. Nietzsche spielt, vor einem zunächst sehr kleinen Publikum, sich selbst inbegriffen, den einsamen Wanderer von Sils-Maria, und seine schließliche Umnachtung wirkt wie ein sorgfältig einstudierter Abgang.

Lou Salomé lebte seit dem Jahr 1903 in Göttingen, wo ihr Mann eine Professur für Orientalistik innehatte. Sie war häufig auf Reisen. Im

Oktober 1912 fuhr sie für ein halbes Jahr nach Wien, um bei Sigmund Freud zu studieren. Auch Trotzki war damals in Wien, von 1907 bis 1914.

Im Juni 1913 hielt Scheler jene Vorlesungen in Göttingen, die auf Edith Stein einen so starken Eindruck machten. Lou war damals bereits wieder zu Hause, in ihrer Villa am Hainberg, von wo man einen schönen Blick über das Göttinger Tal hat.

Ende September 1913 besuchte Lou, in Begleitung des Psychologen Gebsattel, Max Scheler in Tegernsee. Seine Philosophie, schrieb Lou, wird anziehend durch ihren durchsichtigen Charakter als Selbstanalyse und Selbstheilung, aber sie wird auch brüchig dadurch.

7. Das fremde Ich

Im Gesellschaftszimmer des Caféhauses in Göttingen, wo Scheler liest, erregt jedes neue Gesicht Aufmerksamkeit. Lou, die ein wenig zu spät gekommen ist, kümmert sich nicht um die verwunderten Blicke und setzt sich ohne weiteres auf einen freien Platz. Scheler, den der Anblick der eleganten Dame sofort animiert, beginnt anzuschwellen. Er ist eben dabei, die Beobachtung eines englischen Offiziers im indischen Urwald mitzuteilen:

Ein weißes Eichhörnchen ist durch den Blick einer auf dem Baum hängenden Schlange so konsterniert, daß es sich in Abständen ihr immer mehr entgegen als von ihr wegbewegt. Schließlich springt es von selbst in den geöffneten Rachen hinein. Es ist hier gleichgültig, ob es sich um eine Wachsuggestion handelt oder um eine hypnotische Einschläferung der sonst wachsamen höheren Zentren des Eichhörnchens. Dessen Selbsterhaltungstrieb wird durch einen ekstatischen Mitvollzug des Ziels der Schlange, nämlich das Verschwinden der Beute im Rachen, offenbar überwunden. Das Eichhörnchen steht in Einsfühlung mit der Schlange und wird spontan dadurch auch körperlich eins mit ihr, indem es in ihrem Rachen verschwindet.

Scheler hebt kurz die Augen vom Manuskript und begegnet Lous Blick.

Blaugraues Kleid aus Rohseide, hochgewachsene Gestalt, elastischer Gang, silberblondes Haar, in einem lockeren Knoten arrangiert. Hellblaue Augen: Tigerblick. Männer sind seinetwegen in den Tod gegangen, nachdem sie erkennen mußten, daß sie auf ihn kein exklusives Recht hatten.

Scheler fährt fort: Die von Sigmund Freud aufgeführten Fälle sind wohl als echte, aber pathologische Einsfühlungen anzusprechen. Zu dem Fall, da ein Pensionsmädchen einen Brief vom geheim Geliebten erhielt, der ihre Eifersucht erregt und auf den sie mit einem hysterischen Anfall reagiert, einige ihrer Freundinnen aber durch psychische Infektion diesen Anfall übernehmen, bemerkt Freud: Es wäre unrichtig zu behaupten, sie eignen sich das Symptom aus Mitgefühl an. Im Gegenteil, das Mitgefühl entsteht erst aus der Identifizierung beziehungsweise Einsfühlung. Das von Freud gegebene Beispiel von dem Kind und dem verstorbenen Kätzchen gehört hingegen mehr in die Psychologie des kindlichen Seelenlebens als in die Pathopsychologie. Was beim Erwachsenen Einfühlung ist, ist beim Kind Einsfühlung. Wenn das kleine Mädchen mit seiner Puppe Mama spielt, so besteht der Spielcharakter wohl nur für den erwachsenen Zuschauer. Das Kind selbst fühlt sich im Augenblick des Spiels durchaus eins mit der Mama und durch die Puppe eins mit sich selbst.

Freud hat nie das Wort Einsfühlung verwendet, sagt Lou halblaut. In der Hauptsache gebraucht er den Begriff der Identifikation. Das Kind, dessen Beispiel er anführt, war über den Verlust seines Kätzchens so unglücklich, daß es frischweg erklärte, es sei jetzt selbst das Kätzchen; es kroch auf allen vieren und wollte nicht mehr am Tisch essen. Die Identifizierung mit einem aufgegebenen oder verlorenen Objekt zum Ersatz desselben nennt Freud Introjektion.

Scheler ist es nicht gewohnt, während seiner Vorlesung unterbrochen zu werden, und auch die Studenten sind verwundert. Edith Stein blickt zu Lou hinüber und bemerkt erst jetzt, wie schön die Dame ist.

Scheler kann nicht umhin, Lou zu fragen, ob sie mit der Psychoanalyse vertraut sei. Ich war kürzlich bei Freud in Wien, sagt Lou. Aber ich wollte nicht unterbrechen.

Jetzt ist es um Scheler geschehen. Die geheimnisvolle Fremde ist nicht nur reizvoll, sie ist auch souverän und gebildet, kennt Freud persönlich. Scheler streckt sich ein wenig, dämpft seine Zigarette aus und fährt fort:

Ich habe nicht die Absicht, Freuds Theorie hier im einzelnen zu entwickeln und einer Kritik zu unterwerfen. Wäre sie wahr, dann müßte ich alles von mir Gesagte als illusorisch betrachten. Nach Freud hat der Säugling beim Lutschen, desgleichen bei allen zufälligen oder sonstigen Reizungen derjenigen Zonen seines Körpers, die Freud die erogenen Zonen der Frühzeit nennt, Wollustempfindungen. In diesen Empfindungen soll nun gleichsam das letzte Aufbaumaterial für alle faktischen, im Alter der Reife vorfindbaren Arten sympathischer Gefühle und Arten der Liebe gelegen sein, bis zu den höchsten, sublimiertesten und geistigsten Formen hinauf. Den Triebimpuls, solche Empfindungen herzustellen, nennt Freud Libido. Libido ist also nicht gleichbedeutend mit Geschlechtstrieb. Wie soll es nun weiter zur Ausbildung der verschiedenen Arten der Liebe kommen? Darauf antwortet Freud mit zwei erklärenden Grundbegriffen. Erstens dem der Verdrängung der Libido, zweitens dem der Sublimierung der Libido. Es sei mir erlaubt, diese ontogenetische Theorie der Liebesarten, so jung sie ist, den naturalistischen Liebestheorien zuzuweisen und die Axt der Kritik an ihren Kernpunkt zu legen. Dieser Kernpunkt besteht in ihrem völligen Übersehen der Ursprünglichkeit der geistigen und heiligen Liebe ebensowohl wie der beseelten Individualliebe. Sähe die naturalistische Theorie die Phänomene der heiligen und seelischen Liebe, sofort würde sie auch sehen, daß man sie aus keinem Tatbestand, der zur vitalen Sphäre und Liebe gehört, verständlich machen und herleiten kann.

Scheler braucht jetzt eine Zigarette. Nachdem er sie angezündet hat, blickt er zu Lou hinüber und sagt: Wenn heiligmäßige Menschen, um die Glut ihrer Liebe zu den geistigen und göttlichen Dingen anderen verständlich zu machen, nach Bildern, Ausdrücken, Gleichnissen greifen, die aus einer Sphäre stammen, in welcher auch der Alltagsmensch jene Glut der Liebe empfindet, die sie für jene geistigen Dinge haben, so meint man gleich, das sei ein verhüllter, maskierter oder feiner sublimierter Geschlechtstrieb!

Scheler sucht einen Zettel, zieht ihn schließlich aus seinen Papieren hervor und zitiert eine Passage aus den Schriften der heiligen Teresa von Ávila: Nahe bei mir schaute ich einen Engel, mir zur Linken, in leiblicher Gestalt. Er war nicht groß, sondern zierlichen Wuchses und unaussprechlich schön. Sein Antlitz glühte von

Feuer. In seiner Hand sah ich einen langen, aus Gold gefertigten Speer, an dessen Spitze ein kleines Feuer zu leuchten schien. Es war mir, als stieße er ihn mir ins Herz und bohrte ihn tief in meine Eingeweide. Wenn er ihn wieder herauszog, so hatte ich das Gefühl, er zöge auch sie mit heraus und ich selber stünde ganz in Flammen da, von großer Liebe zu Gott erfüllt. Der Schmerz war so gewaltig, daß er mich stöhnen machte, und dennoch. Die Süßigkeit dieses maßlosen Schmerzes war so selig, daß ich nicht wünschen konnte, seiner ledig zu werden.

Eine Frau, die liebt, sagt Lou jetzt, ist wie ein Baum, der den Blitz erwartet, der ihn spaltet. Das Weib stirbt nicht an der Liebe. An Liebesmangel stirbt es ab.

Lou ist aufgestanden, sie hat genug gehört. Ich erwarte Sie morgen zum Tee, sagt sie zu Scheler und gibt ihm eine Visitenkarte.

Der schwedische Psychotherapeut Poul Bjerre schrieb über Lou: Sie hatte einen ungewöhnlich starken Willen und Freude daran, über Männer zu triumphieren. Zwar konnte sie entflammen, aber nur für Augenblicke und in einer seltsam kalten Leidenschaftlichkeit. Sie hat Ehen und Menschenleben zerstört. Im Geistigen wirkte ihre Nähe befruchtend und schöpferisch. Man fühlte den Funken der Genialität in ihr. Als ich sie im Jahr 1913 in München wieder traf, war sie völlig verändert, hatte sich gänzlich von mir abgewandt und war zu Freud übergegangen. Sie brauchte eben einen anderen Namen für ihre Galerie.

Scheler eilt in die nächste Buchhandlung, Lous letztes Buch ist tatsächlich vorrätig. Es heißt «Die Erotik», erschienen 1910 bei Rütten & Loening. Scheler liest: Das natürliche Liebesleben in all seinen Entwicklungen, und in den individualisiertesten vielleicht am allermeisten, ist aufgebaut auf dem Prinzip der Untreue. Zwar brauchen wir einen Lebensgefährten, der unserer Einsamkeit Bruder, Hüter und Stütze ist. Aber wir brauchen auch die verjüngende Kraft der Liebe, ohne sie wird unser Leben leer und öde. Von denen, die wir lieben, mögen wir ewige Treue verlangen. In Wirklichkeit stirbt die erfüllte Liebe an Sättigung.

Sie würden sich wundern, sagt der Buchhändler zu Scheler, wie oft ich die «Erotik» von der Frau Professor schon verkauft habe, sogar an Damen der besseren Gesellschaft. Aber ich habe das Buch immer sehr gut einwickeln müssen. Die Frau Professor lebt in Göttingen sehr zurückgezogen, wenn sie nicht ohnehin auf Reisen ist. Angeblich soll sie mit Nietzsche etwas gehabt haben und auch mit Rilke. Wer soll sich schon auskennen bei diesen russischen Gräfinnen.

Die Haushälterin serviert den Tee auf dem großen Balkon, im vollen Nachmittagslicht. Der Professor läßt sich nicht blicken, er sitzt über seinen persischen Manuskripten, im Parterre. Lou zeigt Scheler einige Briefe von Nietzsche: Warum fehlte bisher unserem Verkehr alle Heiterkeit? Weil ich mir zuviel Gewalt antun mußte. Ich mache Ihnen heute nichts zum Vorwurf, als daß Sie nicht zur rechten Zeit über sich gegen mich aufrichtig gewesen sind. Nehmen Sie sich in acht, wenn ich Sie jetzt von mir weise, so ist das eine fürchterliche Zensur über Ihr ganzes Wesen! Adieu meine liebe Lou, ich werde Sie nicht wiedersehen.

Sexuelle Liebe, künstlerisches Schöpfertum und religiöse Inbrunst, sagt Lou zu Scheler, sind nur drei Aspekte derselben Lebenskraft. Diese Lebenskraft war es, der Nietzsche letztlich huldigte.

Wunderbar war ein Pflanzenfilm, sagt Scheler zu Lou, in dem je 24 Stunden Pflanzenleben auf eine Sekunde zusammengezogen sind: Man sieht die Pflanze atmen, wachsen und sterben. Der Eindruck, die Pflanze sei unbeseelt, verschwindet vollständig. Man schaut die ganze Dramatik des Lebens, die unerhörten Anstrengungen. Am schönsten waren Ranken, die sich an vier nebeneinander gestellten Stangen aufreihen. Das stürmische Suchen nach Halt, die Befriedigung, wenn sie die Stange gefunden. Oft sucht die Ranke an einer anderen Ranke Halt, die ebenso haltlos ist, so daß beide zusammenbrechen.

An dieser Stelle entdeckt Scheler eine Träne in den Augen seiner Gastgeberin, er greift über den Tisch und legt seine Hand über ihre.

Wenn die Ranke die letzte Stange erreicht hat, fährt Scheler fort, dann sucht sie und sucht, greift verzweifelt ins Leere, bis sie sich umwendet und zurückkehrt. Das erschütterte mich so, daß ich mit Mühe die Tränen zurückhielt. Wie ist das Leben überall gleich süß, zuckend und schmerzhaft. Wie ist alles, alles Leben eins.

Ich habe vor, sagt Lou, im August nach Wien zu reisen.

In Wien bin ich bisher noch nicht gewesen, sagt Scheler.

Ihre Umarmung war hinreißend, elementar, archaisch. Mit einem strahlenden Ausdruck in ihren blauen Augen sagte sie: Das höchste Lustgefühl ist für mich das Empfangen des Samens. Sie hatte eine unstillbare Sehnsucht danach. Wenn sie liebte, war sie völlig rücksichtslos. Was alle Männer faszinierte, waren das Elementare ihrer weiblichen Leidenschaft und die Spontaneität ihrer Hingabe, die dennoch gekoppelt war mit einem fast männlichen Willen. Diese Verbindung übte einen so unwiderstehlichen Reiz aus, daß ein Mann, den Lou einmal geliebt hatte, in den Armen einer anderen Frau keine Befriedigung mehr fand.

Man kann Scheler nicht böse sein, schrieb Edith Stein, auch wenn er Dinge tut, die man bei anderen Menschen verurteilt hätte. Selbst die Opfer seiner Verirrungen pflegen sich für ihn einzusetzen. Ich weiß nicht, in welchem Jahr er zur katholischen Kirche zurückgekehrt ist. Es kann nicht sehr lange zurückliegen. Jedenfalls war er ganz erfüllt von katholischen Ideen und verstand es, mit allem Glanz seines Geistes und seiner Sprachgewalt für sie zu werben. Das war meine erste Berührung mit dieser mir bis dahin völlig unbekannten Welt. Sie führte mich noch nicht zum Glauben, aber die Welt des Glaubens stand plötzlich vor mir.

Scheler und Lou sind in einer kleinen, eher versteckt liegenden Bar in der Innenstadt von Wien gelandet. Sie nippen an einem Tom Collins. Das Lokal ist nach den Plänen von Adolf Loos gestaltet. Jetzt kommen zwei Heilsarmisten herein, ein Mann und eine Frau, und bitten von Tisch zu Tisch um eine Spende. Einen Augenblick lang kann man die Schreie hören, die aus der äußeren Finsternis kommen. Die peinliche Zusammenmischung der christlichen Liebesidee mit der modernen Menschenliebe, sagt Scheler zu Lou, hat mit Recht Nietzsches Ekel erweckt. Ihre charakteristische Form fand diese trübe Vermischung in allen Arten und Abarten des sogenannten christlichen Sozialismus und der christlichen Demokratie. Alle Versuche, der christlichen Moral irgendwelche sozialpolitischen Programme zu entlocken, sind aus dieser Verquickung von Utilismus und christlicher Moral herausgeflossen. Wie hoch erhaben hingegen stehen diejenigen Formen des Sozialismus da, die ihren Sieg weder von Humanität noch von Liebe, sondern von einseitigster Organisation der puren Wirtschaftsinteressen und ehrlichem Kampfe der Klassen untereinander erwarten.

Die Bolschewiken verraten die Sehnsucht des russischen Volkes nach sozialer Gerechtigkeit, sagt Lou.

Die beiden Heilsarmisten haben ihre Sammlung beendet und verlassen die Loos-Bar. Die geöffnete Tür gibt einen Augenblick lang den Blick auf Trotzki frei, der mit Karl Renner auf dem Heimweg ist, nach einem Gespräch im Café Central. Die letzte Straßenbahn nach Hütteldorf, wo Trotzki wohnt, ist längst abgefahren. Renner hat Trotzki eingeladen, bei ihm zu übernachten.

Während der Hungerverzweiflung, sagt Lou, liefen die kleinen Kinder aus den Wolgadörfern fort in die Wälder, um nicht gegessen zu werden.

Lesen wir in der Zeitung, sagt Scheler, daß tausend Japaner ertrunken oder selbst zwanzig Millionen Russen verhungert sind, so erregt dies unser Mitgefühl weniger, als wenn sich unsere Frau in den Finger schneidet oder das Söhnchen Magendrücken hat.

Ein Tom Collins besteht aus zwei Einheiten Gin, dem Saft einer halben Zitrone, zwei Teelöffeln Zucker und zerkleinerten Eiswürfeln. Aufgespritzt wird mit Soda. Zur Dekoration verwendet man Cocktailkirschen. Gut umrühren.
    Tom Collins war der Schriftstellername von Joseph Furphy (Australien, gest. 1912). Eines seiner Bücher trägt den Titel: «Such

is Life». Furphy verfügte über einen wilden Humor und sympathisierte mit dem Sozialismus.

Der kurze Blick, den Trotzki durch die geöffnete Tür in die Loos-Bar geworfen hat, ist unfreundlich. Die Klientel, die in derartigen Lokalen verkehrt, kann er sich vorstellen. Börsianer, Finanzabenteurer, Skandaljournalisten, sagt Trotzki zu Renner, alle solche Übermenschen verschiedener Art reißen die fettesten Brocken aus dem bourgeoisen Fond des Mehrwerts an sich, ohne sich im mindesten an dessen Produktion zu beteiligen. Auch wenn die Mehrzahl von ihnen höchstwahrscheinlich von der Existenz Nietzsches keine Ahnung hat, haben sie in seiner Person ihren zynischen Apostel gefunden.

Die Loos-Bar gibt es noch immer. In der Silvesternacht des Jahres 1969 ist Holl mit einer Frau dort gesessen. Die Frau war seine Geliebte und mit einem anderen Mann verheiratet. Dieser Holl, mit allen rachsüchtigen Instinkten eines verunglückten Priesters im Leibe, empörte sich gegen Rom. Das bürgerliche Liebesleben ist aufgebaut auf dem Prinzip der Untreue.

Die Frage nach dem fremden Ich, als Problem der Einfühlung in Fremdseelisches, ist laut Scheler für alle Wissenschaften entscheidend, die sich mit menschlichen Angelegenheiten befassen. Mit welchem Recht, fragte Scheler, setzt ein bestimmtes Individuum – Psychologe, Psychiater, Soziologe, Sprachforscher etc. – die Existenz a) bestimmter Gemeinschaften überhaupt, b) eines bestimmten anderen Ich in Form eines Realurteils? Was sind die Wesens-, Daseins- und Erkenntnisgründe der Verknüpfung von Menschenichen und Menschenseelen? Jede Art von Mitfreude oder Mitleid, schrieb Scheler, setzt irgendeine Form des Wissens um die Tatsache fremder Erlebnisse überhaupt voraus. Man kann den Kopf eines sich blau schreienden Kindes, fuhr Scheler fort, nur als körperlichen Kopf sehen, nicht als Ausdrucksphänomen eines Schmerzes oder Hungers. Und man kann den Kopf zwar normal sehen, nämlich als Ausdrucksphänomen eines Schmerzes oder Hungers, aber gleichwohl kein Mitleid mit dem Kinde haben.

Die Kunst, den Kopf eines sich blau schreienden Kindes nur als körperlichen Kopf zu sehen, durch «Ausschaltung» jener Ausdrucksqualitäten (Schmerz, Hunger), wie sie in der Alltagswahrnehmung mitgegeben sind, konnte man in Göttingen lernen, beim Philosophen Edmund Husserl, dem Begründer der «phänomenologischen» Bewegung, der Scheler angehörte. Die Kunst der «Ausschaltung» wird auch phänomenologische Reduktion genannt. Wer sie anzuwenden versteht, gelangt zu den puren Tatsachen.

Heute ist diese Kunst über den ganzen Globus verbreitet, durchs Fernsehen. Zwei oder drei Sekunden lang erscheint der Kopf eines sich blau schreienden Kindes während der Abendnachrichten auf dem Bildschirm. Ehe man Zeit gehabt hat, Mitleid zu empfinden, erscheint ein anderes bewegtes Bild auf dem Schirm des Fernsehgerätes. Die Bilder signalisieren pure Tatsachen. Sie erziehen zur Mitleidlosigkeit.

Die Minuten und Stunden, die jemand im Alter von zwanzig Jahren vor dem Fernsehgerät verbracht hat, in einem Industrieland, summieren sich in der Regel zu einer Gesamtzeit von zwei Jahren. Diese zwei Jahre dienen der Übung in der Kunst der phänomenologischen Reduktion beziehungsweise der Mitleidlosigkeit.

Auch in der «Wesensschau», wie sie in der phänomenologischen Philosophie genannt wird, bringt es das Fernsehvolk ohne weiteres zur Meisterschaft. Die Wesensschau achtet nur auf das Sosein der Dinge, ihr Dasein bleibt außer Betracht. Das Dasein der Dinge, schrieb Scheler, bleibt den intellektuellen Funktionen verschlossen. Man erfährt es nur, wenn die Dinge Widerstand leisten, zum Beispiel wenn man sich den Kopf anschlägt. Die Fernsehbilder bieten keinen Widerstand. Die Dinge, die sie darstellen, sind so, wie sie sind, aber sie sind nicht da. Im Fernsehen ist Donald Duck so wirklich oder unwirklich wie der Präsident der USA.

Wie seltsam. Die Gedanken, die sich einige deutsche Philosophen vor dem Ersten Weltkrieg machten, betreffen heutige Zustände. Das fühllose Auge als Lebensprinzip, man kann Phänomenologie dazu sagen oder auch Wissenschaftlichkeit, repräsentiert als «Objektiv» der Fernsehkamera eine allgemein gewordene Einstellung zu Dingen, Lebewesen, Menschen.

Scheler meinte zu seiner Zeit, die schrankenlose Neugier und Wißbegier, den Erkenntnisdrang der Menschen mit dem Wort «Liebe» etikettieren zu dürfen. Der Wissenschaftler als Liebhaber der Natur. Mittlerweile werden Atome zertrümmert, und nicht einmal Scheler würde in einem Teilchenbeschleuniger die Liebe entdecken.

Im Fernsehzeitalter erscheinen Scheler und Nietzsche wie Clowns, sie wecken nostalgische Gefühle. Nietzsche stellt einen Irren dar, der unbeweglich in seinem Sessel sitzt. Scheler, als Krankenschwester gekleidet, bringt einen Tisch und verschiedene Speisen. Immer wieder versucht er, Nietzsche zum Essen zu bewegen, deutet auf die Gerichte, lüftet den Deckel des Suppentopfes, drückt Nietzsche den Löffel in die Hand, streicht ihm liebevoll übers Haar, bindet ihm eine Serviette um. Plötzlich beginnt Nietzsche zu toben und stülpt Scheler, der sich flehend vor ihm niedergekniet hat, die Suppenschüssel über den Kopf. Aber Scheler denkt gar nicht daran, sich zu befreien. Er sitzt auf dem Boden und versucht mit den Fingern die Suppenreste auf seinen Kleidern irgendwie in den Mund zu bekommen, der unter der Schüssel verborgen ist, unter Schmatzen und Schlürfen. Nietzsche zeigt sich verblüfft und beginnt nun seinerseits, die Brühe zu kosten, indem er mit der Zunge über Schelers Rücken fährt. Es scheint ihm zu schmecken, und schließlich lüftet er die Schüssel vom Kopf Schelers, kratzt mit dem Löffel darin herum, beginnt verzweifelt zu weinen. Eng umschlungen verlassen beide die Manege, schluchzend und einander liebevoll tröstend.

Von Trotzki existieren ein paar Dutzend Meter Film aus der Zeit der russischen Revolution. Man erblickt Trotzki, wie er gerade eine Rede hält, mit heftigen Gesten. Er steht in der Tür eines Eisenbahnwaggons, in Uniform. Es könnte sich um den Zug handeln, mit dem Trotzki als Oberbefehlshaber der Roten Armee an die Fronten fuhr, während der Revolutionskämpfe zwischen 1918 und 1920.

Trotzki war ein hervorragender Redner. In seinem Buch «Mein

Leben», das er im Jahr 1929 auf Einladung des deutschen Verlegers Samuel Fischer schrieb, hat er sich an den «Zirkus Modern» in Petersburg erinnert, in dem er während der entscheidenden Wochen der Revolution häufig sprach:

Ich habe nur eine Sprache, die Sprache des Revolutionärs. Die Gegner betrachteten den Zirkus als meine Festung und versuchten niemals, dort aufzutreten. Ich sprach im Zirkus gewöhnlich des Abends, manchmal auch in der Nacht. Die Zuhörer waren Arbeiter, Soldaten, werktätige Mütter, die Jugend der Straße, die bedrücktesten Schichten der Großstadt. Jeder Quadratzoll war besetzt, jeder menschliche Körper zusammengedrängt. Knaben hockten auf den Rücken der Väter. Säuglinge lagen an den Brüsten der Mütter. Niemand rauchte. Die Galerien drohten jeden Augenblick unter der schweren Menschenlast einzustürzen. Ich konnte das Podium nur durch einen schmalen Gang zwischen den Körpern, manchmal nur von den Armen der Stehenden gehoben, erreichen. In der von Atem und Erwartung gespannten Luft explodierten Schreie, das eigenartige, leidenschaftliche Geheul des Zirkus Modern. Um mich, über mir waren dicht aneinandergedrückte Ellenbogen, Brüste, Köpfe. Ich sprach gleichsam aus einer warmen Höhle menschlicher Leiber. Keine Müdigkeit konnte der elektrischen Spannung dieser leidenschaftlichen Menschenmenge widerstehen. Sie wollte wissen, begreifen, ihren Weg finden. Es gab Augenblicke, in denen die fordernde Wißbegier der zur Einheit verschmolzenen Masse direkt mit den Lippen zu spüren war. Dann traten alle vorher erwogenen Argumente und Worte zurück, sie schwanden vor dem gebieterischen Druck des Mitempfindens. Aus der Tiefe stiegen in voller Rüstung andere Worte, andere, für den Redner selbst unerwartete, für die Masse aber notwendige Argumente. So war der Zirkus Modern, er hatte sein eigenes Antlitz, feurig, zärtlich, besessen. Die Säuglinge sogen friedlich an den Brüsten, denen sich Schreie der Zustimmung oder Drohung entwanden. Die Masse selbst glich einem Säugling, der mit ausgetrockneten Lippen an den Zitzen der Revolution sog. Aber dieser Säugling wurde schnell mannbar.

Die warme Höhle menschlicher Leiber, in der Trotzki spricht, erzeugt einen Druck, den des Mitempfindens. Im Gegensatz zur faschistischen Masse gibt es im Zirkus Modern keinerlei Zeremoniell der Blockbildung, dafür stillende Frauen. Die Distanzlasten zwischen den Menschen sind für die Dauer der Veranstaltung aufgehoben. Der Vergleich mit den gepanzerten Rittern, die aus der Tiefe steigen, steht in einem starken, aber nicht unversöhnlichen Gegensatz zum Höhlengleichnis, das an das Innere des Mutterleibs denken läßt, an die Eingeweide des Mitleids. Die Prosa Trotzkis drückt aus, daß er in dieser gleichsam organischen Verfassung ein Wohlbefinden erlebt hat, das mit privatem Glück nicht vergleichbar ist.

Nachher dauerte es lange, bis die Menschen den Mut fanden, wieder für sich zu sein. Die Menge, schrieb Trotzki, wollte ihre Verschmolzenheit nicht aufgeben.

Schließlich erblickt man den erschöpften Revolutionär, der nach einer letzten Besprechung im Palais der Ballerina Kschessinskaja, wo der Zentralstab der Bolschewiki sein Quartier hatte, durch die leeren nächtlichen Straßen geht, heimwärts. In seiner Manteltasche hat er einen Browning. Man kann nie wissen. Die Frage nach dem fremden Ich ist noch nicht zufriedenstellend beantwortet.

In der heutigen Sozialpsychologie heißt Mitleid «prosoziales Verhalten». Der Ausdruck wurde, wo sonst, in den USA erfunden, im Jahr 1967, und seither schreiben ihn die Gelehrten voneinander ab. In den USA marschierten in den sechziger Jahren die Neger hinter Martin Luther King, die Studenten protestierten gegen den Krieg in Vietnam. Bürgerrechtsbewegung, Friedensbewegung, Antiatomkraftbewegung – das alles begann in den USA, vor dreißig Jahren. Im April 1964 wurde eine junge Frau namens Catherine Genovese frühmorgens bei ihrer Heimkehr vom Nachtdienst auf offener Straße im Wohnviertel Kew Gardens, einer sonst ruhigen und behaglichen Nachbarschaft New Yorks, überfallen. Längere Zeit hindurch schrie sie um Hilfe, bis sie, mit vielen Messerstichen im Leib, tot war. Später gaben 38 Passanten und Nachbarn zu Protokoll, die Metzelei gesehen zu haben. Niemand eilte der Frau zu Hilfe, niemand rief die Polizei. Der Fall Genovese alarmierte die Sozialpsychologen, und man begann in der Fachliteratur Wörter wie *altruism*, *aiding*, *charity*, *friendship*, *helping*, *sharing*, *trust* zu verwenden – was vorher als unwissenschaftliche Redeweise verpönt gewesen war. Das Wort *compassion*, das auch in diese Reihe gehört, war bereits durch John F. Kennedy wieder zu Ehren gebracht worden. Seither gibt es Untersuchungen zum Verhalten gegenüber älteren Menschen, Umfragen über die Bereitschaft, Blut zu spenden oder sich in der Entwicklungshilfe zu engagieren. Experimente mit Zuschauern bei Unfällen, Studien zur Entwicklung moralischer Urteile bei Kindern. Die Prosa dieser Arbeiten erzeugt beim wissenschaftlich nicht speziell gebildeten Leser zunächst einmal Langeweile. Nicht selten sind die Ergebnisse so trivial, daß man sich nach dem Grund all des gelehrten Aufwandes fragt. Zum Beispiel liest man in einer Studie der National Foundation for Educational Research in England and Wales aus dem Jahr 1972, daß einfühlendes Verstehen für Krankenschwestern, Psychotherapeuten, Sozialarbeiter und Lehrer unerläßlich sei. Die Studie bringt auch die Ergebnisse einer Untersuchung über die Fähigkeit zu einfühlendem Verstehen bei Lehrern. Auf einer fünfstufigen Skala erreichten die Lehrer nicht mehr als zwei Grad, was nicht besonders überraschend ist.

Gelegentlich tauchen in neueren sozialpsychologischen Aufsätzen über prosoziales Verhalten die Namen Schopenhauers, Nietzsches und Schelers auf. Auch das eine oder andere Zitat aus den Schriften dieser Philosophen kann man mitunter finden, zum Beispiel ein Bonmot Nietzsches: Gott ist tot; an seinem Mitleiden mit den Menschen ist Gott gestorben.

Erfahrungswissenschaftlich läßt sich diese Behauptung nicht ohne weiteres überprüfen. Dafür vergißt man sie nicht so leicht wie viele sozialpsychologische Untersuchungen. Deren prinzipielle Fühllosigkeit, erworben im beinharten Konkurrenzkampf unter den Universitätslehrern in den USA und anderswo, muß einen Mann wie Martin Luther King wie ein seltenes Insekt beobachten. Offenbar ist es kein Zufall, daß sich die sogenannten Humanwissenschaften dem «prosozialen Verhalten» eher zögerlich nähern, während sie jedes Jahr Millionen Wörter über Aggression, Gewalttätigkeit, Sadismus etc. produzieren. In der Welt der Wissenschaft geht es ähnlich mitleidlos zu wie im Geschäftsleben, was sich der Natur der Sache nach auf die Forschungsinteressen auswirken muß. Im übrigen ist die Hälfte aller Wissenschaftler auf der Welt gegenwärtig mit der Entwicklung militärischer Waffen beschäftigt. Das prägt den Stil.

Im Vergleich zur heutigen Wissenschaft erwecken die Zeiten, in denen Lou Salomé sich mit der Psychoanalyse zu beschäftigen anfing, den Eindruck der Gemütlichkeit. Zu dem Kongreß der Internationalen Psychoanalytischen Vereinigung in Weimar im September 1911, an dem Lou Salomé teilnahm, fanden sich etwa 55 Mitglieder und Gäste ein. Als Lou, die weder Medizin noch Psychologie studiert hatte, Freud um Zulassung zu den Wiener Mittwochabenden bat, dem Diskussionskreis des Seelenarztes, erhielt sie von ihm ohne weiteres die Genehmigung. Dort saß sie dann, zusammen mit ihrer jungen Freundin Ellen Delp, einer Schauspielerin, zuhörend und gelegentlich auch strickend. Immerhin war Lou damals bereits eine bekannte Schriftstellerin, mit zehn Büchern und mehreren Dutzend Aufsätzen in angesehenen literarischen Zeitschriften. Freuds Bereitwilligkeit, Lou mit der Psychoanalyse vertraut zu machen, wirkt trotzdem recht locker, verglichen mit den Zunftbräuchen jetziger Psycho-Doktoren. Zehn Jahre nach ihrer Einweihung in Wien führte Lou bereits Lehranalysen durch, mit fünf Ärzten der Klinik für innere Medizin in Königsberg. Sie hatte außerdem eine psychoanalytische Praxis in Göttingen, die sie mehr interessierte als das Bücherschreiben. Für Freuds Zeitschrift «Imago» verfaßte sie eine Reihe von Aufsätzen. Ein derart unkomplizierter Übergang von der Literatur zu den «helfenden Berufen» ist heute undenkbar.

Die Ungemütlichkeit des Ersten Weltkriegs veranlaßte Freud zu einer bissigen Bemerkung. Im Jahr 1915, in dem Aufsatz «Zeitgemäßes über Krieg und Tod», schrieb er: Die stärksten kindlichen Egoisten können die hilfreichsten und aufopferungsfähigsten Bürger werden; die meisten Mitleidsschwärmer, Menschenfreunde,

Tierschützer haben sich aus kleinen Sadisten und Tierquälern entwickelt.

Freud hielt die ganz kleinen Kinder ohnehin für Wesen, die zur Grausamkeit disponiert sind. Diese Auffassung teilte er mit dem englischen Schriftsteller Samuel Johnson (1709–1784), von dem folgender Ausspruch überliefert ist: *Pity is not natural to men. Children are always cruel. Savages are always cruel. Pity is acquired and improved by the cultivation of reason.*

Die düsteren Gedanken Freuds über die Anfänge unserer Gesittung, gattungsgeschichtlich und beim einzelnen Menschen, sind bekannt. In beiden Fällen, also sowohl im Dämmer der Frühzeit vor einer Million Jahren wie bei den bürgerlichen Babies, sah Freud recht wilde Triebe am Werk, Mordlust und Haß. Demzufolge wiederholen die lieben Kleinen in den ersten Monaten und Jahren ihres Lebens eine Entwicklung, die aus keulenschwingenden Neandertalern freundliche Oberkellner gemacht hat. Die «Schranken», welche die kleinen Bestien allmählich zähmen, heißen Scham, Ekel, Reinlichkeit, Gewissenhaftigkeit, Mitleid.

Freud mochte Lou. In der Inflationszeit nach dem Ersten Weltkrieg, als Lou in Geldverlegenheit war, schickte er ihr beträchtliche Summen. In seinem Arbeitszimmer hing ein Foto von ihr. Im Jahr 1931 erschien dann «Mein Dank an Freud» von Lou Andreas-Salomé im Internationalen Psychoanalytischen Verlag in Wien. Zum letztenmal haben die beiden einander im Herbst 1928 gesehen, in Berlin. Lou war 67, Freud 72 Jahre alt. Sie gingen im Tegeler Park spazieren. Freud mußte eine große Prothese im Mund tragen, die ihn beim Sprechen hinderte. Er war wegen Kieferkrebs operiert worden, der ganze Oberkiefer und die rechte Hälfte seines Gaumens hatten entfernt werden müssen. In Deutschland gab es zwei Millionen Arbeitslose. Im Tegeler Park blühten die Stiefmütterchen, Reihe um Reihe, rote und blaue und purpurne. Freud bückte sich, pflückte einen Strauß und überreichte ihn seiner Begleiterin, in der Haltung eines Herrn der alten Schule, der einer geliebten Frau huldigen will.

Noch einmal spazieren Freud und Lou durch den herbstlichen Park mit den leuchtenden Stiefmütterchen. Ich habe auf Nietzsches Gefühle keine Rücksicht genommen, sagt Lou, mich interessierte seine Gedankenwelt.

Als ich vor fünf Jahren das Es als Terminus von Groddeck übernahm, sagt Freud, war mir klar, daß dieser Ausdruck für das Unpersönliche und sozusagen Naturnotwendige in unserem Wesen bereits von Nietzsche gebraucht wurde. Nietzsche war es auch, der in den Träumen ein uraltes Stück Menschentum spürte, zu dem man auf direktem Wege kaum mehr gelangen kann.

Die Geschichte unserer Kindheit, sagt Lou, wäre dann eine abgekürzte Wiederholung der Entwicklung des Menschengeschlechtes.

Ja, sagt Freud, wenngleich beeinflußt durch die zufälligen Lebensumstände.

Die ewige Wiederkehr des Gleichen, sagt Lou, hat Nietzsche bereits beschäftigt, als ich ihn kennenlernte. Ach, rief er einmal aus, der Mensch kehrt ewig wieder! Der kleine Mensch kehrt ewig wieder!

Der Übermensch, sagt Freud, den Nietzsche erst von der Zukunft erwartete, er stand bereits am Eingang der Menschheitsgeschichte, in der Gestalt des Vaters der Urhorde. Seine intellektuellen Akte waren in der Vereinzelung stark und unabhängig, sein Wille bedurfte nicht der Bekräftigung durch den anderer. Er liebte niemand außer sich, und die anderen nur, insoweit sie seinen Bedürfnissen dienten. Seine Ermordung durch die Söhne war der Anfang von Religion und Moral. Die Wiederkehr dieses bedeutsamen Vorgangs im Völkerleben wage ich dem Seelenleben des einzelnen gleichzustellen. Der Gedanke der ewigen Wiederkehr des Gleichen hat etwas Unheimliches.

Es wird kühl, sagt Lou.

Als ich einmal an einem heißen Sommernachmittag, sagt Freud, die mir unbekannten Straßen einer italienischen Kleinstadt durchstreifte, geriet ich in eine Gegend, über deren Charakter ich nicht lange in Zweifel bleiben konnte. Es waren nur geschminkte Frauen an den Fenstern der kleinen Häuser zu sehen, und ich beeilte mich, die enge Straße durch die nächste Einbiegung zu verlassen. Aber nachdem ich eine Weile führerlos herumgewandert war, fand ich mich plötzlich in derselben Straße wieder, in der ich nun Aufsehen zu erregen begann, und meine eilige Entfernung hatte nur zur Folge, daß ich auf einem neuen Umweg zum drittenmal dahingeriet. Dann aber erfaßte mich ein Gefühl, das ich nur als unheimlich bezeichnen kann, und ich war froh, als ich unter Verzicht auf weitere Entdeckungsreisen auf die kürzlich von mir verlassene Piazza zurückfand.

Man könnte Nietzsches Begriffe, sagt Lou, als Kategorien des Unbewußten auffassen. Der Wiederholungszwang der Kinder und der Neurotiker weist uns in diese Richtung.

Sie haben recht, sagt Freud, es wird kühl, liebste Lou. Ich habe immer nur Prosa geschrieben, während Sie eine Dichterin sind. Und noch einmal beugt sich Freud über Lous Hand und berührt sie mit seinen Lippen. Noch einmal winkt Lou aus dem davonfahrenden Taxi, noch einmal zieht Freud seinen Hut und geht langsam davon, in die beginnende Dämmerung.

Sehr viel ist Freud zum Thema Mitleid nicht eingefallen. Auch über Hitler hat er sich nur andeutungsweise geäußert. Erich Fromm (gest. 1980), Psychoanalytiker der zweiten Generation, hat beide Lücken zu füllen versucht, mit unterschiedlichem Erfolg. Sein Buch «Die Kunst des Liebens» stand lange Zeit auf den deutschen Bestsellerlisten, während sein Hitler-Psychogramm, das er verfaßte, weniger Resonanz fand. Fromm mußte, wie viele europäische Psychoanalytiker seines Alters, emigrieren. Er hat 40 Jahre in den USA gelebt und gearbeitet. In den fünfziger Jahren, als er «Die Kunst des Liebens» schrieb, glaubten humanistisch und fortschrittlich eingestellte Wissenschaftler wie Fromm an die verändernde Kraft der Sozialwissenschaften, an deren reformerische und erzieherische Wirkung auf die Menschen. Damals schrieb Fromm: Die Liebe, die allen Arten der Liebe zugrunde liegt, ist die Nächstenliebe. Damit meine ich das Gefühl der Verantwortlichkeit, der Fürsorge, des Respektes und des Wissens gegenüber allen anderen menschlichen Wesen, also den Wunsch, das Leben des anderen zu fördern. Das ist auch jene Art von Liebe, von der die Bibel spricht, wenn sie sagt, liebe deinen Nächsten wie dich selbst. In der Nächstenliebe liegt das Erlebnis der Vereinigung mit allen Menschen, das Erlebnis der menschlichen Solidarität und der menschlichen Einheit.

Und: Wenn ich einen Menschen wirklich liebe, liebe ich alle Menschen, liebe ich die ganze Welt und liebe ich das ganze Leben.

Der Swami in dem Meditationszentrum, wo Paranoia ihre Zuflucht fand, schreibt eine ähnliche Prosa. Die Wirkung, die von ihr ausgeht, ist eine beruhigende, eine Art Verzauberung durch Positivität. *All You Need Is Love*, um die Beatles zu zitieren.

OM!

Fromms Meditationen über Hitler, in dem Buch «Anatomie der menschlichen Destruktivität», sind im nüchternen Ton wissenschaftlicher Analysen gehalten. Der Charakter Hitlers ist laut Fromm von der Liebe zum Toten geprägt, von der «Nekrophilie». Fromm übernahm den Ausdruck von dem spanischen Philosophen Miguel de Unamuno (gest. 1936). Dieser Gelehrte mußte als Rektor der Universität von Salamanca, ein halbes Jahr vor seinem Tod, als der spanische Bürgerkrieg losging, einer Rede des Generals Millán Astray lauschen. Das Lieblingsmotto des Generals lautete: *Viva la muerte* – es lebe der Tod!

Als der General zu reden aufgehört hatte, stand Unamuno auf und protestierte gegen das «nekrophile und sinnlose» Schlagwort. Der Protest des alten Herrn ging im Geschrei der Falangisten unter.

25 Jahre später begann Fromm, die Nekrophilie als Charaktereigenschaft zu studieren, an Patienten mit seelischen Problemen. Manche Menschen, schrieb Fromm, fühlen sich leidenschaftlich von allem angezogen, was tot, vermodert, verwest, krank ist; vom rein Mechanischen sind sie fasziniert; Lebendiges irritiert sie, weshalb sie es gerne zerstückeln und zerstören möchten. Sie können nicht richtig lachen, nur eine Art Grinsen gelingt ihnen.

So einer war Adolf Hitler, laut Fromm. Schwer pathologische Charakterzüge werden diagnostiziert, der Mann war ein klinischer Fall, ein durch und durch kalter Bursche, ein Sadomasochist ohne Mitgefühl. Für eine politische Laufbahn war Hitler offenbar hervorragend geeignet.

Die Liebe zum Leben oder die Liebe zum Toten, schrieb Fromm, ist die fundamentale Alternative, mit der jedes menschliche Wesen konfrontiert ist. Im Gegensatz zu Freud, dessen Pessimismus bekannt ist, glaubte Fromm an die Unbesiegbarkeit des Guten Prinzips im Menschen, der Liebe zum Lebendigen. Er hielt sie für biologisch fundiert, während er unsere destruktiven Tendenzen der gesellschaftlichen Entwicklung zuschrieb, wie sie seit 5000 Jahren abgelaufen ist. Vom Kapitalismus und von der Konsumgesellschaft war Fromm nicht begeistert. Er vermochte in ihnen keine lebensbejahenden Kräfte zu entdecken.

Um einen derartigen Befund niederschreiben zu können, muß man sich für einen Augenblick auf den Mond setzen, um aus gehöriger Distanz auf die Welt blicken zu können. Man muß sich einen Augenblick lang so vorkommen, als ob man nicht Teil des Prozesses sei, den man kritisiert. Darin liegt das Problem der Theoretiker, ihre Tragikomik, ihr Kassandratum. Immer werden sie daneben stehen, immer werden sie die Klügeren gewesen sein, während die nekrophilen Geschäftsleute, Politiker und Generäle eine Dummheit nach der anderen machen.

Das geht nun schon eine gute Weile so dahin, seit die ersten Philosophen, Propheten, Einsiedler, Gelehrten auftraten und die Menschen aufforderten, Liebe und Vernunft walten zu lassen. Einige dieser ehrwürdigen Gestalten hatten das Glück, friedlich im Bett sterben zu dürfen, betrauert von einer treuen Gefolgschaft. Andere wurden kurzerhand umgebracht. Die menschenfreundlichen Lehren all dieser Weisen und Heiligen kann man in der nächsten Buchhandlung kaufen, und trotzdem sind die Zeitungen voll von Nachrichten über Kriege, Folterungen, Hunger, Not und Verbrechen.

Warum?

Würdevoll stehen die Pinguine auf ihrer Eisscholle, gekleidet wie zu einem Staatsempfang. Sie scheinen ein ernstes Problem zu diskutieren. Ab und zu bekommt einer Hunger, taucht ins Wasser und kommt mit einem Fisch im Schnabel zurück. *Primum vivere, deinde philosophari*. Zuerst muß man leben, dann kann man philosophieren.

Meine Mutter, sie ist im Jahr 1975 gestorben, wäre von dem, was ich bis jetzt geschrieben habe, nicht besonders begeistert. Sie würde sagen: Du schreibst so sprunghaft, wie soll sich denn der Leser auskennen? Kannst du nicht einfacher schreiben, der Reihe nach? Deine früheren Bücher waren lesbarer als das, was du jetzt schreibst. Warum machst du es dir und dem Leser so schwer?

Mein Buch hat auch mit dir zu tun, Mama, mit deiner Liebe zu mir, deiner Zärtlichkeit, deiner Fürsorge, ohne die ich nicht gelernt hätte, was Güte ist und wie sie geübt wird. Warum habe ich, als ich schon ein Mann war, diese Bangigkeit empfunden, wenn du mich besonders liebevoll anblicktest? Warum sah ich mich außerstande, die Gebärden deiner Zuneigung unbefangen zu erwidern? Wovor hatte ich Angst? Einzugestehen, daß die Liebe eines Sohnes mit Ängstlichkeit gemischt ist, fällt nicht besonders schwer, das steht auch in den Psychologiebüchern geschrieben. Schwierig wird die Geschichte erst dann, wenn ich mich frage, woher meine Kritiklust kommt, die gewisse Kälte im Umgang mit den Menschen, jene Distanz, ohne die es keine Schriftstellerei gibt, keine Politik und keine Nächstenliebe. Wenn ich so frage, kommt mir deine Distanz zur Männerwelt in den Sinn, Mama, deine diesbezügliche Scheu, die nur mit meinem Vater eine Ausnahme machte, und der war mit einer anderen Frau verheiratet. Danach hast du keine Männergeschichten mehr gehabt, wie du sagtest, und ich überlege, was diese Zurückhaltung mit mir zu tun haben könnte.

Das geht doch niemanden was an, würde meine Mutter sagen.

Ich weiß nicht, Mama. Ich bin nicht der einzige Mann, der sich eine Art Panzer zugelegt hat (zulegen hat müssen), wie die alten Stoiker vor zweitausend Jahren, die das Mitleidigsein den Frauen überließen. Die Frau, die meine Geliebte war, hat mir vor zwanzig Jahren geschrieben: Damals bei dem Spaziergang, da hab ich fast nicht glauben können, daß so ein Stein wie du ein wenig schmelzen kann. Und ein Schimmer von Liebe war es auch bei dir.

Ein Text, den ich 1965 schrieb und bislang noch nicht veröffentlicht habe, geht so:

Nimm einen Agenten. Er soll unauffällig wirken, keine besonderen Kennzeichen oder Eigenschaften haben. Nicht zu jung und nicht zu alt. Ohne Anhang, aber kein Menschenfeind. Die für seine Aufgabe erforderlichen Kenntnisse muß er sich angeeignet haben, er soll sich ihrer, ohne nachdenken zu müssen, bedienen können. Keinen Intellektuellen, auch keinen Weltverbesserer mit Pfadfinderideen. Einen Mann, der mit seinen Gefühlen und Gedanken so vorsichtig umgehen kann wie mit einem geladenen Gewehr. Nimm den Mann und schicke ihn ins Ausland, wo niemand ihn kennt. Gib ihm einen anderen Namen, einen unauffälligen Beruf, in dem er nicht zuviel und nicht zuwenig verdient. Sag ihm, daß er völlig mit seiner neuen Umgebung verschmelzen muß, daß seine Bekannten ihn nett finden sollen. Laß ihn regelmäßige Lebensgewohnheiten annehmen. Sag ihm, daß er zu allen Menschen freundlich sein, aber niemanden lieben soll. Wenn er verschwinden sollte, darf ihn niemand lange vermissen. Nach einiger Zeit kannst du dem Mann eine Aufgabe stellen. Sie wird nicht zu schwierig sein. Nach einer Zeit wird er soweit sein, komplexere Aufträge durchzuführen. Über seinen genauen Platz im Netzwerk der anderen Agenten brauchst du deinen Mann nicht aufzuklären, und auch der Gesamtplan, von dem seine Aktionen ein Teil sind, wird ihm besser verborgen bleiben. Achte darauf, daß dein Mann sich nicht langweilt. Sollte er beginnen, seine Tätigkeit unbefriedigend zu finden, dann ist er für dich untauglich geworden. In diesem Fall kannst du ihn an die Kirche abtreten.

Nimm einen unzufriedenen Agenten und weihe ihn zum Priester. Du brauchst ihn nicht ins Ausland zu schicken, denn fremd ist er ohnehin überall. Laß ihn die Messe lesen und predigen. Gib ihm Zeit, zu lernen, daß es sonst für ihn nichts Nennenswertes zu tun gibt. Das Schwierigste soll nicht verschwiegen werden. Dein Mann soll lernen zu lieben, ohne sich nach Liebkosungen zu sehnen. Warne ihn vor der Gefahr, sich selbst zu bemitleiden.

Das Ideal des harten, einsamen Mannes im höheren Auftrag, dem verpflichtet fühlte, läßt eine Bruderschaft sichtbar werden, zu der Lohengrin ebenso gehört wie James Bond. Die Frauen an der Seite jener Männer, die immer im Dienst sind, müssen verwechselbar sein, ihre Rolle ist unweigerlich eine dienende. Ihr Stichwort: Es ist Mitternacht, Doktor Schweitzer!

Die moralische Differenz zwischen dem Menschenfreund und dem Killer wird innerhalb einer Gattung Mann angewendet, die in der Distanz zu Menschen, Lebewesen, Dingen, Naturkräften ihr Selbstbewußtsein gewinnt. Sachlichkeit, Unpersönlichkeit, Objektivität sind ihr allgemeines Verhaltensmuster geworden, am Fahrkartenschalter, vor Gericht, bei der Stellenbewerbung, in der Pensionsversicherung. Darüber zu klagen, wie Scheler es tat, ist fruchtlos. Nützlich dagegen wäre es, dem verborgenen Geheimnis dieser Männerwelt, die das Mitleidigsein wie einen Anachronismus erscheinen läßt, hinter die Maske zu blicken.

Damit sind wir wieder bei Fips gelandet, bei seiner Leidenschaft für die Schauspielerei, für Rollen, für Kostüme und Masken. Er will auf die Bühne, um nicht er selbst sein zu müssen. Er hält sich selber nicht aus, das zwitschert durcheinander auf vielen Ebenen, bis die erlösende Stimme des Regisseurs dazwischen fährt: Fips spielt den Millionär!

Und schon ist diese gesammelte Ruhe da, das unbeschreibliche Glück des Auftritts, da stimmt jede Bewegung, das kalte Glitzern in den Augen, der energische Gang, die herrische Geste des Unterarms. Keine Rede mehr von Vielschichtigkeit, alle Mann sind an Deck, alle hören sie auf ein Kommando, wie es die Rolle verlangt.

Ich kenne mich aus, Fips, ich habe mich jahrelang auf meinen ersten Auftritt vorbereitet. Ich habe die kleinen Hilfsdienste geleistet, die farbigen Roben bereitgelegt, rot für die Märtyrer, violett für die Fastenzeit. Der langsam keimende Wunsch, eines Tages selber mit ihnen bekleidet zu werden. Ich habe den Schaltkasten bedienen gelernt, Wochentagsbeleuchtung, Sonntagsbeleuchtung, Festtagsbeleuchtung. Die roten Wandbehänge zu Ostern und Weihnachten mußten angebracht, Teppiche aufgerollt werden. Später dann schon die höheren Dienste in der Kathedrale, die großen Prozessionen, das ganze heilige Schauspiel einer höheren Wirklichkeit, die Mysterien vor dem versammelten Volk. So habe ich mich langsam daran gewöhnt, im Zentrum der allgemeinen Aufmerksamkeit zu agieren, und ich wußte: Einmal werden aller Augen auf mich gerichtet sein.

Unsereiner hat allerhand Möglichkeiten, Fips, Theater zu machen. Es ist überhaupt nicht wahr, daß unsere Wünsche sich auf die Millionärsrolle beschränken würden, auf die *upward mobility*, wie die amerikanischen Soziologen das nennen. Was ist mit dem Abenteurertum, dem Fernweh, den Entdeckungsreisen, dem Aussteigen, diesem horizontalen Zirkus? Was ist mit der Entwicklungshilfe, dem Entschluß, in den Slums von Lima zu wirken, dem Zug nach unten, zu den Erniedrigten und Beleidigten? Du kannst nicht du selber sein, und so wirst du Millionär oder Revolutionär, Gangster oder Sozialarbeiter, Abgeordneter oder Vagabund, Priester oder Zuhälter, Künstler oder Beamter, Irrenarzt oder Wahnsinniger. Die Kostüme hängen bereit, das Publikum wartet, dieses unersättliche Auge, stets wirst du so zu agieren gezwungen sein, als ob alle anderen dich beobachten würden.

Zwischen dir und ihnen befindet sich ein Graben, wie im Dionysostheater am Südostabhang der Akropolis im alten Athen. Er war mit Wasser gefüllt. Er stellt die Distanz her, er markiert deine Einsamkeit, dein Glück und deine Verdammnis.

Die Geschichte des europäischen Theaters ist eine Männergeschichte. An ihrem Anfang, um 500 vor unserer Zeitrechnung in Athen, gab es keine Schauspielerinnen; auch die weiblichen Rollen wurden von Männern gespielt. Das theaterfeindliche Christentum hat diese Tendenz noch verschärft, indem es den Priester zum einzigen Akteur seiner Repräsentationsräume machte. Die Idee, Darsteller zu sein, zu repräsentieren, Rollen zu spielen, ist männlichen Ursprungs. Im alten Rom bezeichnete ein und dasselbe Wort die Maske des Schauspielers und den Status des rechtsfähigen Bürgers: Persona.

Eine besonders beliebte Männerrolle ist die des Herrn und Gebieters. Ihr verdankt sich zum Beispiel das hohe Prestige des Dirigenten, auf dessen Winke das ganze Orchester zu achten hat. In der Regel hat der Herr streng, aber gerecht zu sein. Höchst ergreifend ist es daher, wenn der Herr ausnahmsweise Gnade, Huld und Erbarmen walten läßt. Wenn dann, während der Todgeweihte bereits das Gerüst zur Hinrichtung besteigt, der reitende Bote im letzten Augenblick eintrifft, mit dem Gnadenakt in der hocherhobenen Hand, wenn der Vater den verlorenen Sohn in die Arme schließt, statt ihn mit einem Fluch davonzujagen, wenn der Gott dem Sünder verzeiht, statt ihn auf ewig in die Hölle zu stürzen, dann ist etwas Unerhörtes geschehen, und man greift nach dem Taschentuch. Die allerhöchste Herablassung, die Menschwerdung des Gottes, vermochte den frommen Sinn nur deshalb viele Generationen hindurch zu beglücken, weil sie in der erfahrbaren Alltagswirklichkeit keine Entsprechung hatte. Das christliche Mittelalter, die Zeit der Feudalherren und Fronbauern, war mitnichten von Güte und Mitleid bestimmt. Die Mildtätigkeit einer Landgräfin, der Elisabeth von Thüringen, wirkte dermaßen sensationell, daß die Heiligsprechung der freigebigen Aristokratin bereits vier Jahre nach ihrem Tod erfolgen konnte.

Man weiß, daß das patriarchalische Rollenfach so alt ist wie die sogenannten Hochkulturen in Babylonien und Ägypten. Ehe König Ödipus erstmals in Athen die Bühne betrat, um 425 vor unserer Zeitrechnung, hatten Pharaonen und sonstige Monarchen längst die Herrschergebärden fleißig geübt, mit stehenden Heeren, Palästen und planmäßiger Versklavung der Nachbarvölker. Der Einfall, diese fürchterlichen Despoten in ihrer desparaten Häuslichkeit darstellen zu lassen, ihre familiären Katastrophen als intimes Theater aus der Perspektive des heimlich lauschenden Dienstpersonals aufzuführen, könnte als Beginn einer Respektlosigkeit gefeiert werden, einer plebejischen, deren hohes Alter diesfalls zuversichtlich stimmt. Ist das Publikum in Athen tatsächlich so ernst geblieben wie unsere Gymnasialprofessoren im Griechischunterricht, wenn die Nachricht verkündet wurde, der wackere Agamemnon sei von seiner trauten Gattin und derem Liebhaber in der Badewanne umgebracht worden? Warum finden wir, vielleicht unter dem Einfluß Doktor Freuds, das Schicksal des Ödipus gar so tragisch, warum lassen wir den armen Teufel im Königsmantel, der sozusagen alles verkehrt macht, nicht zur Abwechslung einmal von einem Komiker spielen?

Das männliche Pathos, diese permanente Ernsthaftigkeit und Vollbärtigkeit im Guten wie im Bösen, macht uns zu Pinguinen, die auf ewig dazu bestimmt sind, auf der Bühne des Lebens feierlich herumzuwatscheln, nicht nur als Heerführer und Staatsoberhäupter, auch als Autorennfahrer, Terroristen, Rotkreuzhelfer, Musiker. Eine beständige Aufgeregtheit unter dem Panzer der Würde quält uns mit der Frage, ob wir auch eine gute Figur machen, läßt uns verbissen an unseren nächsten Einsatz denken. Daß einem dabei das Lachen vergehen kann, wird nicht verwundern.

Niemand hat ihn je lachen gesehen, schrieb der Biograph des heiligen Martin von Tours und fuhr fort: Güte, Friedfertigkeit, Mitleiden waren die alleinigen Regungen seines Herzens.

Irgend etwas stimmt da nicht, wenn der Biograph richtig beobachtet hat. Einen gütigen Mann ohne Lachfältchen möchte man sich ungern vorstellen. Außerdem müßte er den Frauen nicht so verbissen aus dem Weg gehen wie Martin, und seine Bedürfnislosigkeit sollte einladend wirken und nicht wie ein Vorwurf.

So einen Mann wirst du lange suchen müssen, würde meine Mutter sagen.

Deshalb hab ich es auch so schwer mit meinem Buch, Mama. Ich möchte am liebsten alles Lebensfreundliche, Warme auf die eine Seite schreiben und auf die andere alles Starre und Kalte, so wie Erich Fromm es tat und die alten Chinesen mit ihrem Yin und Yang. Auf die eine Seite kämen die Liebe, als Erotik und Menschenfreundlichkeit und revolutionärer Elan, die Neugier und das Lachen. Auf die andere Seite kämen die strengen asketischen Greise mit dem stechenden Blick, die Nekromanten von altersher, die Schwarzen. Aber die Wirklichkeit, Mama, ist ein Durcheinander, nicht einmal du bist für mich eindeutig, die Revolution wurde verraten, aus dem Nazarener haben sie einen Christkönig gemacht, die Vernunft legt sich mit jedem ins Bett, der gut zahlt, die schöne Physik der Kernforschung ist zur Atomrüstung verkommen, und womöglich gehen wir alle demnächst endgültig in die Luft.

Du solltest endlich einmal erwachsen werden, höre ich die Mutter jetzt sagen, und einen Augenblick lang fürchte ich mich vor ihr.

Dritter Teil
Psychologie und Mitempfinden

Den Harvard-Professor Robert Freed Bales (geb. 1916) habe ich im August 1982 in der Wohnung einer wohlhabenden Zürcher Bekannten kennengelernt. Bales befand sich in Begleitung seiner Frau, die eine Musikpädagogin ist. Die Aperitifs nahm man auf der Terrasse, gegessen wurde im Speisezimmer. Ich erzählte Bales, daß mir sein Buch «Personality and Interpersonal Behavior» bereits vor zehn Jahren nützlich gewesen sei, was ihn freute. Es war ein netter Abend.

Bales soll mir helfen, Ordnung in meine Gedanken über Mitleid, Nächstenliebe, Humanität, prosoziales Verhalten, Einfühlung, Sympathie, Mitgefühl, helfende Berufe, Erbarmen, Menschenfreundlichkeit, Revolution, Mutterliebe, Wohlfahrtswesen, soziale Gesinnung, Identifikation mit den Leidenden und Unterdrückten, Altruismus, Menschenliebe, Solidarität zu bringen. Für Bales habe ich mich entschieden, weil ich seine Arbeiten einigermaßen kenne, weil er in seinem Fach der beste Mann ist, weil er im Dschungel der Soziologie und der Psychologie Bescheid weiß und weil er originell ist. Er arbeitet seit dreißig Jahren an der Erforschung des menschlichen Benehmens in kleinen Gruppen. Die kleinen Gruppen bestehen aus fünfzehn Studenten, die in einem Zimmer sitzen und reden. Hinter einem Spiegel, der vom Nebenraum als Fenster benutzt werden kann, sitzen Beobachter und registrieren alles, was sich abspielt, nicht nur die Art und Zahl der Gesprächsbeiträge, auch die Körpersprache und Mimik der Versuchspersonen, ihren Eifer oder ihre Langeweile.

Das Training der Beobachter beginnt mit drei Fragen, die der Reihe nach für jede Person in der beobachteten Kleingruppe gestellt werden. Sie lauten:

Erstens. Besteht der Eindruck, daß die beobachtete Person eine beherrschende Stellung in der Gruppe einnehmen will? Wenn die Antwort Ja ist, dann schreibe ein großes U. (U bedeutet *upward* = nach oben.) Wenn die Antwort Nein ist, dann schreibe ein großes D. (D bedeutet *downward* = nach unten.)

Zweitens. Besteht der Eindruck, daß die beobachtete Person die meisten anderen Personen in der Gruppe mag? Wenn die Antwort Ja ist, dann schreibe ein großes P. (P bedeutet *positive* = positiv.) Wenn die Antwort Nein ist, dann schreibe ein großes N. (N bedeutet *negative* = negativ.)

Drittens. Besteht der Eindruck, daß die beobachtete Person sich in Übereinstimmung mit den geltenden gesellschaftlichen Normvorstellungen befindet? Wenn die Antwort Ja ist, dann schreibe ein großes F. (F bedeutet *forward* = nach vorn.) Wenn die Antwort Nein ist, dann schreibe ein großes B. (B bedeutet *backward* = rückwärts.)

Achtung! Wenn man sich in dem einen oder anderen Fall weder für Ja noch Nein entscheiden kann, unterläßt man die Kennzeichnung.

Jetzt kommt ein Beispiel. Angenommen, die beobachtete Person erhält auf Frage 1 ein U, auf Frage 2 ein N, auf Frage 3 ein F. Dann besteht eine gewisse Wahrscheinlichkeit, daß er oder sie unter den Nazis eine Blitzkarriere gemacht hätte. Warum das so ist, erklärt Professor Bales in dem vorhin erwähnten Buch, auf den zehn Seiten, die er dem Typ UNF widmet. Selbstverständlich ist UNF nicht der einzige Typ, den man in Kleingruppen finden kann. Der Professor hat insgesamt 26 solcher Typen gefunden. Er hat seinen Einfall, die drei Fragen zu stellen, im Lauf der Zeit mit einer ganzen Batterie von Tests, wie sie in der Psychologie üblich sind, geprüft. Unter anderem hat er einen Fragebogen zusammengestellt, aus 143 bewertenden Sätzen, wie sie in Gruppendiskussionen geäußert werden. Zum Beispiel: Kriegführen gehört zur menschlichen Natur. Oder: Nur durch mitfühlende Liebe wird das menschliche Leben sinnvoll. Der erste Satz ist ein UNF-Satz, der zweite drückt die Überzeugungen des Typs PF aus, der altruistisch denkt.

Bei der Untersuchung der Art und Weise, wie UNF und PF miteinander umgehen, der faschistische und der nächstenliebende Typ, ist Bales auf eine überraschende Paradoxie gestoßen. Es stellte sich heraus, daß der PF-Typ, dem sehr an Güte und Milde gelegen ist, mit besonderem Eifer den autoritären Rülpsern des UNF-Typs Beifall zollt. Wenn UNF die Auffassung vertritt, daß der Respekt vor den Obrigkeiten das wichtigste Ziel bei der Erziehung von Kindern sein müsse, pflegt PF verständnisvoll zu nicken.

In der Regel wird PF, so meint der Professor, eher dem weiblichen Geschlecht angehören, während UNF sich häufiger unter Männern als unter Frauen findet. Das entspricht in etwa unserem gewohnten Bild von der geschichtlichen Rollenverteilung zwischen Frauen und Männern in Orient und Okzident während der letzten paar tausend Jahre. Der Mann muß hinaus ins feindliche Leben, drinnen waltet die züchtige Hausfrau. Das PF-Ideal ist hausfraulich familiär in seinem Ursprung, nicht Liebesleidenschaft brennt darin, es will zärtliche Fürsorge. Seid nett zueinander, im Kamin knistern die Scheite, das Süppchen siedet auf dem Herd, die Katze schnurrt auf der Ofenbank. Die Kinder sollen den Papa nicht ärgern, wenn er müde von der Arbeit nach Hause kommt, sie sollen artig und folgsam sein. Wenn Besuch kommt, reden in der Hauptsache die Männer. Die Frauen hören zu. Wenn die Männer sagen, in der Welt gehe es drunter und drüber, da müßte endlich eine starke Hand her, die den Russen den Herrn zeigt, dann nicken die Frauen.

Allerdings nicht alle. Gelegentlich kommt es vor, daß jemand sagt:

Die russischen Frauen sind genausowenig an einem Atomkrieg interessiert wie wir. Statt die Welt in feindliche Lager zu teilen, könnten wir uns ja einmal zur Abwechslung über die zwei Drittel der Menschheit unterhalten, die nicht wissen, ob sie am nächsten Tag genug zu essen haben werden.

Diese Bemerkung könnte vom Typ DPB gekommen sein. Bales beschreibt ihn als Anwalt der Zukurzgekommenen, der sich mit den Leidenden und Verfemten identifiziert. DPB tritt für Minderheiten ein, für Kriminelle, für Außenseiter und Abweichler, Arme und Alte, Behinderte, Alkoholiker, Irre. Das sind jene Gruppen der Gesellschaft, denen UNF am liebsten einen schnellen Gnadentod wünschen würde. Mit den PF-Typen versteht sich DPB nicht besonders gut, er hält ihnen vor, blind für die Gefahr des Faschismus zu sein, während sie unverdrossen die christliche Liebe predigen. Da sind mir energische Gewerkschaften lieber, pflegt DPB zu sagen, und wirksame Sozialgesetze statt der ewigen Klostersuppe und der Vertröstung aufs Jenseits.

Bales hat in den vielen Kleingruppen, die er untersucht hat, nicht sehr viele DPB-Typen gefunden. Schade.

Mein Buch, jetzt muß ich wohl die Karten auf den Tisch legen, ist ein DPB-Buch. Mein bevorzugter Typ hat rötliches Haar, eine zierliche Gestalt und manchmal eine kleine senkrechte Falte zwischen den Augenbrauen. Sie legt keinen Wert auf eine einflußreiche Stellung (D), ist freundlich (P) und nicht sonderlich obrigkeitsfromm (B).

Professor Bales hat herausgefunden, daß Frauen eher als Männer dazu neigen, das Kommandieren anderen zu überlassen, freundlich und zuvorkommend zu sein und nicht unbedingt alles für bare Münze zu nehmen, was die Regierungen dekretieren.

Vielleicht sollte ich meinen Typ Dorothy taufen, nach der amerikanischen Sozialaktivistin Dorothy Day (1897–1980), oder Emma, nach der Anarchistin Emma Goldman (1869–1940). Andererseits laufen vielleicht auch ein paar DPB-Männer herum, die möchte ich nicht in den Frauentopf werfen.

Ich selber bin kein DPB-Typ. Ich gehöre, zumindest nach den Ergebnissen eines Tests, den sich der Professor ausgedacht hat, zu den UB-Typen. Diese sind weder besonders freundlich noch direkt mürrisch, sie können unterhaltsam und witzig sein, unkonventionelle Ansichten vertreten, ohne sich auf Dogmen und Überzeugungen festzulegen. Es tut ihnen gut, wenn sie andere beeinflussen können (U), gegen Institutionen sind sie allergisch (B). Unbewußte Neigungen bei sich und anderen vermögen sie zu erkennen und auszudrücken. In einer revolutionären Situation würde UB gern den sprichwörtlichen Funken ins Pulverfaß befördern. Der Konflikt zwischen liebevollen und destruktiven Kräften, die UB in sich einigermaßen ausbalanciert, ist die Kraftquelle für seine Clownerien. Wenn er den andern ihre Spannungen und Probleme verdeutlicht, erntet er nicht nur Gelächter, er handelt sich bisweilen auch schroffe Ablehnung ein. Für die Lebensziele des DPB-Typs hat UB starke Sympathien.

So bilden sich, im Kleingruppenexperiment und in der schwierigen Lebenswirklichkeit, merkwürdige Koalitionen. Holl, der Paranoia gastfreundlich aufgenommen hat, ohne zu wissen warum, ist derjenige, dem alles mögliche zustößt, und ich bin laufend damit beschäftigt, seinen zerstreuten Handlungen einen Sinn abzugewinnen. Einerseits kann er gut und weich wie ein Kind sein, aber dann gibt's etwas Dunkles in ihm, das ist grausam, hart und raffiniert schlau. Er hat sich in seinem Winkel recht bequem eingerichtet, als Schriftsteller, und er denkt nicht einmal im Traum daran, sich unter die Obdachlosen zu mischen. Zum Beispiel könnte er sich, in seiner freien Zeit als Hilfspfleger betätigen im «Haus der Barmherzigkeit», einem Pflegeheim in Wien, wo die aussichtslosen Fälle landen, oder, falls ihm der Krankendienst zu langweilig ist, in Nicaragua nützlich machen. Wenn man ihn fragt, ob er Christ oder Sozialist oder beides sei, reagiert er unwirsch oder ausweichend. Sein Ruf, unkonventionelle Ansichten zu vertreten, imponiert mir nicht besonders. Ich weiß, daß sein Mut zum Widerspruch seiner Konstitution entspringt. Sein Außenseitertum ist ihm sozusagen in die Wiege gesungen worden, wie und warum ist im Detail gleichgültig, es handelt sich dabei um eine Variation des Leitmotivs, das bereits den heiligen Martin in die Einsiedelei lockte.

Denn: Die sechs Grundrezepte der bürgerlichen Küche, in der unsere sogenannten Persönlichkeiten zubereitet werden, sind einfach, ihre Variabilität ist dagegen erstaunlich. In den drei Fragen des Professors sind sie ohne weiteres erkennbar. Die erste Frage meint das Streben nach oben, nach Reichtum und Macht, oder den Zug nach unten, zu den Mühseligen und Beladenen (U oder D). Die zweite Frage greift an das Herz, ob es warm oder kalt ist (P oder N). Die dritte Frage scheidet die Artigen von den Rebellen (F oder B).

So erscheint, neuerdings im Flanell des modernen Psychologieprofessors, der zweideutige Geist aller Märchen zwischen China und Island und fragt nach den drei Wünschen.

Es leuchtet ein, wenn dann einer, wie der arme Kohlenbrenner in Hauffs Märchen «Das kalte Herz» sich viel Geld in die Tasche wünscht, die schönste Glashütte im Schwarzwald und Pferd und Wagen noch dazu. Ein reiner U-Typ, nach Bales, er will nach oben, das Herz wird kalt dabei. Einleuchtend deshalb, weil die Schatzbildnerei unsere zweite Natur geworden ist, ohne sie sähe die Welt anders aus. Aber das Glasmännlein des Märchens, ehe es die Wünsche erfüllt, hat doch eine bedenkliche Frage an den jungen Aufsteiger: Sonst nichts?

Eben. Deshalb treten, im Panoptikum der Ideale und der Perversionen, vor aller Moral, neben den Glücksrittern und Hochstaplern auch die Armenärzte und die Revolutionsredner auf. Man sollte die Energie des Verlangens, zu den Aussätzigen zu gehen, für nicht geringer halten als die Dringlichkeit des Wunsches, sich eine Suite im Ritz leisten zu können. Ernesto Guevara, genannt «Che» (1928–1967), wollte zuerst als Arzt in einem Lepraspital arbeiten. Dann erkannte er: Als Revolutionär konnte er sich nützlicher machen. Die Maschine, die diesen Mann in Bewegung hielt, war nicht weniger kraftvoll als der Motor, der John Davison Rockefeller (1839–1937) zum Erfolg führte. Beide stammten aus einem bürgerlichen Elternhaus. Dies unscheinbare Kraftwerk treibt die einen auf die höchsten Gipfel des Himalaja, die andern in die Tiefen des Ozeans, schleudert seine Söhne und Töchter in die Direktionszimmer großer Konzerne oder die Teestuben der Heilsarmee, entlang einer ewigen Vertikalen zwischen dem Himmel des Silberbestecks und der Hölle der Unterwelt. Immer müssen Papa und Mama davor zittern, daß ihre Kinder auf die schiefe Bahn geraten. Immer gibt es in der Familie eine verrückte Tante, einen alkoholkranken Bruder. Denn stark sind die zentrifugalen Kräfte der familiären Turbine, da finden sich viele am Horizont wieder, an den Rändern, wo die Welt zu Ende ist, wo das Unkraut wächst, wo sich Füchse und Hasen gute Nacht sagen und die Polizei nur selten auftaucht. Im Zentrum, von wo die Fluchtlinien ausgehen, die vertikalen und die horizontalen, pulsiert heißkalt das Perpetuum mobile, das schmutzige kleine Geheimnis des elterlichen Schlafzimmers.

Was der Professor bisher geliefert hat, sind Kraftlinien, «Tendenzen», wie er sie nennt, ab geht die Post, lustig schmettert das Horn. UNF läßt Konzentrationslager bauen, PF befürwortet die christliche Nächstenliebe, DPB identifiziert sich mit dem Abschaum der Gesellschaft, UB ist ein Abweichler und sympathisiert deshalb mit DPB.

UB heißt in meinem Buch Holl, seine Mutter hat einmal zu ihm gesagt: Du bist ein Kantengeher. Damit haben wir wenigstens eine Antwort auf die Frage von Seite 19, warum Holl diese Affinität zur Wildnis hat, warum ihm verrückte Geschichten lieber sind als langweilige Abhandlungen, warum er sich nicht gern festlegen läßt.

Auch die Bewegungsrichtungen einiger weiterer Personen in meinem Buch zeigen sich jetzt an, im Netzwerk des Professors. Der heilige Martin von Tours erweist sich als DB-Typ mit starken pazifistischen Neigungen und einem Hang, sich für die anderen zu opfern. Nie redet er viel, wie der Professor notiert, im Gegensatz zu UB, mit dem er jedoch den Nonkonformismus gemein hat. Nietzsche gibt einen passablen UNB-Typ ab. Dominierend, rebellisch, exhibitionistisch, abweichlerisch, ichbezogen, einzelgängerisch, moralkritisch. Der nächstenliebende PF-Typ ist ihm ein Brechmittel, aber auch das Gleichheitspostulat der Französischen Revolution verursacht ihm Kopfschmerzen. Er ist ziemlich nervös, und ein gelegentlicher manischer Schub ist bei ihm nicht ganz unwahrscheinlich. Scheler, ein UP-Typ, hat diese Probleme nicht. Seine Zielgerade trägt das Spruchband: Gesellschaftlicher Erfolg. Extrovertiert, dominant, offen, freundlich, unterhaltsam, sexuell interessiert. UP befürwortet, im Gegensatz zu UNB, die altruistische Liebe und die Solidarität und verträgt sich nicht gut mit dem autoritären UNF. Der Revolutionär Trotzki wird im System des Professors am ehesten einen reinen B-Typ abgeben, mit dem Leitsatz: Die Gesellschaft gehört radikal verändert. Der einzige Persönlichkeitstest, auf den B anspricht, ist der von Thurstone, mit dem Merkmal «vigorous» (= energisch). B hat keine besonderen Autoritätsprobleme. Auf der Freundlichkeitsdimension ist er ausbalanciert, kann aber streng sein, wenn es im Interesse der Allgemeinheit ist.

Und so weiter. Der Professor hat, wie gesagt, 26 Typen des Benehmens in Kleingruppen gefunden. Allmählich wuchs aus seinen drei Fragen ein dichtes Geflecht menschlicher Möglichkeiten. Die Techniken der Beobachtung wurden verfeinert, heute heißt die Prozedur «System für die mehrstufige Beobachtung von Gruppen», abgekürzt SYMLOG. Das Handbuch für seine Anwendung hat in der deutschen Ausgabe (aus dem Jahr 1982) 771 Seiten und ist keine Lektüre für Laien. SYMLOG wird international benutzt, in Kursen für Spitzenmanager großer Unternehmen, zur Analyse von Psychotherapie-Protokollen, bei der Ausbildung von Sozialarbeitern. Die Zahl der Computerprogramme für die Verwendung von SYMLOG nimmt rasch zu, sie sind in FORTRAN IV geschrieben, aber es existieren auch Übersetzungen der wichtigsten Programme in BASIC für Mikrocomputer.

Wer einen solchen sein eigen nennt, kann seine Konflikte mit Papa und Mama, mit dem Chef oder der Wohnungsnachbarin, mit dem Installateur, dem Freund und der Freundin jetzt auch bequem zu Hause ausrechnen, wenn er die Regeln des Spiels beherrscht. Wenn ihm der Computer mitteilt, daß er ein UNF-Typ ist, wird er besser verstehen, warum er so gern Schallplatten mit den Reden Hitlers hört. Daß er sich ändern sollte, wird ihm der Computer nicht sagen. Der Computer ist jenseits von Gut und Böse.

8. Selbstverleugnung

Unter den Strebungen (Tendenzen, Bewegungsrichtungen) von Professor Bales disponieren drei zur «Identifikation mit den Unterprivilegierten», wie bereits erwähnt, wenn sie in einer Person zusammenkommen. Es sind dies der Zug nach unten (D = *downward*), Warmherzigkeit (P = *positive*), Nonkonformismus (B = *backward*).

Es gibt Menschen, die jeweils eine dieser Strebungen sozusagen ausschließlich verkörpern, ohne Beimischung anderer Orientierungen. Trotzki zum Beispiel konnte, wie erinnerlich, als reiner B-Typ identifiziert werden. Das sind dann Lebensgeschichten, in denen eine bestimmte Tendenz in ihrer Ausschließlichkeit und Einseitigkeit zutage tritt, in merkwürdiger Weise.

Für den Zug nach unten (der Ausdruck stammt von dem Philosophen Ernst Bloch), diese erzchristliche Neigung, gibt es Exempel in Fülle. Eines davon, aus dem syrischen Kulturkreis des 6. nachchristlichen Jahrhunderts, ist höchst seltsam. Die Geschichte spielt in der antiken Stadt Amida (heute: Diyarbakir in der südöstlichen Türkei). Sie ist die 52. aus einer Sammlung von Lebensbeschreibungen heiliger Gestalten, verfaßt von einem gewissen Johannes von Ephesos (507–586). Der Mann, von dem Johannes die Geschichte hatte, war ein verheirateter Geistlicher in Amida. Er sprach also:

Wohlan! Vor Gottes Angesicht, meine Brüder, beteuere ich, daß ich nicht lügen werde, wenn ich die erstaunliche Geschichte dessen erzähle, was ich selber vor neun Jahren gesehen und erlebt habe. Damals nämlich fiel mir ein junger Mensch von zierlicher Gestalt auf, im Gewand eines Possenreißers, der ein Mädchen von großer Schönheit mit sich führte, in der Tracht der Dirnen. Gern hielten sie sich in den Vorhöfen der Kirchen unserer Stadt auf und trieben ihre Späße mit jedermann, auch mit uns Geistlichen. Stets waren sie von Menschen umringt, und besonders die Männer hatten ihr Vergnügen an den wüsten Zoten, die bei derlei Darbietungen die Regel sind. Manche dachten wohl auch an noch Ärgeres, was sich im Schutz der Dunkelheit abspielt, wurden jedoch allemal von den beiden gefoppt, denn sie verschwanden des Abends wie spurlos, und kein Suchen konnte sie ausfindig machen. Ich aber, schon ein wenig bewandert in den verborgenen Wegen der höheren Geisteskenntnis, vermutete in dem Gauklerpaar kraftvolle Asketen, die ihr Charisma weislich verbergen wollten. Deshalb begann ich sie zu beobachten. Eines Abends folgte ich ihnen heimlich. Sie machten einen langen Rundgang durch die allmählich still werdende Stadt, schlüpften durch enge Gassen, tauchten in die Finsternis verfallener Höfe und nahmen schließlich, im Schweigen der nun schon fortgeschrittenen Nacht, ihren Weg zur Stadtmauer und erstiegen sie. Ich kletterte ihnen nach, hielt mich an einem Türmchen fest und richtete mich dann vorsichtig auf. Da sah ich sie, wie sie sich mit dem Gesicht nach Osten hingestellt hatten, ihre Arme in Kreuzesform ausgebreitet. Nach einer Weile fielen sie auf das Angesicht nieder, um dann abermals in die aufrechte Haltung zurückzukehren, verneigten sich dann abermals und so fort, eine sehr lange Weile, bis sie sich setzten, um auszuruhen. Ich aber trat zu ihnen, bat sie im Namen des Weltenlenkers, sich mir zu offenbaren, und schwor ihnen, niemandem etwas zu erzählen, solange sie in unserer Stadt weilten. Da blickte mich der junge Mann ruhig an, während er zu seiner Begleiterin sagte, ich sei ein Geistlicher, der mit seiner Frau schon seit 24 Jahren wie Bruder und Schwester lebe. Dies konnte er unmöglich wissen, und so hatte ich den Beweis seiner Geistmächtigkeit. Die Frau aber begann über den Trug der Welt zu reden, über das bevorstehende Ende und das Gericht, in begnadeter Weise. So verging diese erste Nacht. In der folgenden traf ich die beiden wieder an dem nämlichen Ort, und nach mancherlei Ermahnungen, ihr Geheimnis niemandem zu verraten, erzählten sie mir ihre Geschichte.

Die Geschichte des Theophilos und der Maria:

Als ich, der Sünder Theophilos, im Alter von fünfzehn Jahren stand, trug mir mein Vater auf, fünf Pferde und ein paar Sklaven zu nehmen, noch vor Tagesanbruch, und sie im nächsten Dorf abzuliefern. Ich stand also auf, als es noch dunkel war, und ging hinunter zu unserem Pferdestall. Schon von weitem sah ich einen starken Schein, der aus den Fenstern des Stalles kam, dachte gleich an ein Feuer, lief näher und blickte durch eines der Fenster. Da stand ein zerlumpter Mensch auf dem Mist, der offenbar seine Lagerstatt war, mit ausgebreiteten Händen. Jene Lichtstrahlen aber, die mich erschreckt hatten, gingen von seinem Mund und seinen Händen aus und erleuchteten das ganze Gebäude. Inzwischen hatten sich einige Sklaven zu mir gesellt, die aber keinerlei Licht sehen konnten. So ließ ich das Tor öffnen. Kaum aber hörte der Mensch unsere Stimmen, warf er sich schnell zu Boden, bedeckte sich mit Mist und gab vor zu schlafen. Das Licht aber war erloschen. Ich ließ Fackeln bringen, warf mich dem seltsamen Gast zu Füßen und beschwor ihn, sich mir zu offenbaren, zur großen Verwunderung der Stallknechte. Der Mensch aber stellte sich dumm und gab vor, nur ein elender Bettler zu sein, der vor der Kälte des Winters eine Zuflucht für die Nacht gesucht habe. Ich drang weiter in ihn, bis er mich schließlich anwies, die Knechte fortzuschicken. Dann fragte er mich, was ich denn so Besonderes an ihm fände. Ich schilderte ihm die Erscheinung der feurigen Lichtstrahlen, die von seinem Mund und seinen Händen ausgingen. Gott will wohl dein Heil, lieber Sohn, antwortete der Mensch, und deshalb hat er dir diese Vision geschenkt. Ich aber wollte mehr wissen, schwor feierlich, zu Lebzeiten des Mannes sein Geheimnis bei mir zu bewahren, und bat ihn um seine Geschichte. Schließlich, als er erkannte, daß Gott mich zur Weltflucht ausersehen hatte, erzählte er mir seine Geschichte.

Die Geschichte des Prokopios.

Ich stamme aus einer aristokratischen Familie Roms. Meine Eltern arrangierten, wie es die Sitte ist, meine Verlobung mit einem Mädchen aus vornehmem Haus. Am Vorabend der Hochzeit aber flüchtete ich an Bord eines Schiffes in Ostia, das im Begriff stand, die Anker zu lichten, und gelangte durch Gottes Fügung in dieses Land. Schon eine erkleckliche Anzahl von Jahren lebe ich als Bettelmann von den Almosen gütiger Menschen.

Fortsetzung und Schluß der Geschichte des Theophilos und der Maria:

Jener Prokopios aber, nachdem er mir seine Geschichte erzählt hatte, offenbarte mir meine Zukunft und auch die meiner Verlobten Maria. Unser beider Eltern, so sprach er, würden noch im Lauf des Jahres sterben. Das Vermögen, das unser Erbe sein würde, würden wir an die Armen verteilen, die Sklaven freilassen und in einer passenden Verkleidung in die Fremde gehen. Alles geschah, wie Prokopios es vorausgesehen hatte. Maria fand Gefallen an dem Gedanken, ein völlig sorgloses Leben zu führen, und so verschenkten wir nach dem Tod der Eltern alles und zogen davon, mieden die Befleckung durch fleischliche Lust und verbargen unseren geistlichen Wandel hinter dem Gauklergewand, damit kein eitler Gedanke uns störe. So sind wir geblieben bis jetzt.

Fortsetzung und Schluß des Berichtes des Geistlichen aus Amida:

Weinen muß ich, meine Brüder, in der Erinnerung an den glückseligen Umgang mit jenem Theophilos und seiner Maria in unserer Stadt, für die Dauer eines Jahres. Eines Tages waren die beiden verschwunden. Ich denke, sie haben besorgt, daß mein allzu freundliches Benehmen ihnen gegenüber in der Öffentlichkeit allmählich Neugier erwecken könnte, und so haben sie mich verlassen. Sieben Jahre sind es nun, da ich unterwegs bin, um die beiden wiederzufinden, und so bin ich schließlich in eure schöne Stadt gelangt.

Erklärende Bemerkung des Johannes aus Ephesos:

Dieser heilige Mann aus Amida, der uns die wunderbare Geschichte des Theophilos und der Maria erzählte, teilte acht Jahre hindurch unser Leben in Konstantinopel, bis er verschied. Wir aber erkannten, nach Anhörung der Geschichte, daß wir allbereits einer Begegnung mit jenen beiden gewürdigt worden waren, nämlich in der Nähe der Stadt Thella, als wir eine Reise in die Wüste Ägyptens unternommen hatten, während einer Nacht der geistlichen Gespräche. Zum Abschied sprach jene Maria dreimal: Fürchtet euch nie und nimmer, denn der Herr ist mit euch, wohin immer ihr geht.

Professor Bales hat für den D-Typ folgende Maxime gefunden: *devaluation of the self*, Entwertung des Selbst. Auf Bibeldeutsch: Selbstverleugnung.

Prokopios, Theophilos und Maria können als D-Typen betrachtet werden. Der Zug nach unten kennzeichnet ihr Leben. Alle drei sind aus der Oberschicht, haben reiche und angesehene Eltern. Sie wählen eine verächtliche Existenz, so niedrig wie möglich. Sie verkörpern, als Bettler, Gaukler und Dirne, die christliche Bewegung nach unten. Ihre exotische Wildheit macht etwas sichtbar, was aus den rasierten Gesichtern heutiger Bischöfe längst verschwunden ist: eine Rabiatheit des Neinsagens. Ihr Habitus (im griechischen Original: Schema) signalisiert eine Rolle, hinter der sie ihre eigentliche Absicht verbergen, um keinerlei Kompromisse schließen zu müssen, als getarnte Existenzen mit einer angenommenen Identität. Die Ähnlichkeit ihrer Lebensgeschichten wirkt wie der Kern einer Art Geheimgesellschaft der Absteiger, mit einem gemeinsamen Muster in den Bekehrungserlebnissen und der Möglichkeit, neue Kandidaten zu erkennen und sozusagen zu rekrutieren.

Der Wunschinhalt der Abwärtsbewegung, aufgefaßt als Konstante unseres Gesellschaftskörpers, heißt: Sorglosigkeit. Das Leben von der Hand in den Mund, unter gewöhnlichen Leuten, als Verlockung für die Söhne und Töchter aus gutem Hause, entlastet die Absteiger aller Zeiten von der Mühsal der Schatzbildnerei, der Zukunftsplanung, des Karrieredenkens und Leistungsstrebens. Mittelalterliche Bettelmönche und neuzeitliche Bohemiens reichen dem antiken Diogenes die Hand, sie sind Gleichgesinnte. Sie erinnern uns an den verschwiegenen Gegenpol jener Vertikalen, an der wir wie unter einem Zwang emporklettern. Der Gestank, der Schmutz und die Schande der Armut umgeben die Geburt des Erlösers, und das seltsame Glück der Könige, die an der Krippe knien, ist die Erfüllung eines heimlichen, lange gehegten Wunsches nach – Erniedrigung.

Die absolute Vertikale, von der Jean-Paul Sartre in seinem Werk über Gustave Flaubert spricht, strukturiert einen Raum, in dem das bürgerliche Subjekt seine Chance, nach oben zu gelangen, durch die Möglichkeit des Absturzes beständig verspielen kann. Manie und Depression folgen einander wie Hausse und Baisse, Aufschwung und Krise. Auf der Leiter, die der biblische Jakob im Traum erblickt, steigen die Engel auf und – nieder.

Für Trotzki, den Umstürzler und Rebellen gegen das Bestehende, ist die absolute Vertikale kein Thema. Seine Dimension liegt auf einer Horizontalen, stets ist er unterwegs, im Rentierschlitten, auf Schiffen, in der Eisenbahn, flüchtend und heimkehrend und abermals fortmüssend, ein rastloser Nomade, staatenlos. Seine Feinde befinden sich nicht über ihm wie die Götter, zu denen Prometheus seinen Trotz emporschreit, sondern vor ihm, auf gleicher Ebene. Jedesmal, wenn er den Blick vom Manuskript auf dem Schreibtisch hebt, faßt er sie ins Auge. Sein Mitgefühl für die Beleidigten ist ohne Herablassung. Die Zentren der herrschenden Klasse und ihre Errungenschaften, in London, Paris, Berlin, betrachtet er nüchtern, ohne Ressentiment, im klaren Bewußtsein einer unversöhnbaren Gegnerschaft. Sein Problem im Umgang mit anderen Revolutionären ist die Schroffheit im Prinzipiellen, die seine Eingliederung in die handelnde Gruppe ständig gefährdet. Sobald er spürt, daß er vereinnahmt werden soll, verweigert er den Konsens. Sein Nonkonformismus, der ihn zum Revolutionär der ersten Stunde befähigt, wird ihn schließlich in die Isolation treiben. Trotzki hat sein Lebensprinzip so formuliert: Bestand hat nur das, was im Kampf erobert wird.

Selbstverständlich ist Trotzki nicht vom Himmel gefallen. Sein Typ kommt ebenso aus der Tiefe der Zeiten wie jener der Absteiger. Der moderne marxistische Revolutionär tritt das Erbe der antiken Sklavenaufstände, der mittelalterlichen Bauernerhebungen an, und die Feststellung, mit der jede Revolution beginnt, ist so alt wie das Abendland: Wir sind auch Menschen.

Die dritte Strebung in der Typenlehre von Professor Bales, ohne die eine «Identifikation mit den Unterprivilegierten» nicht zustande kommt, hat ihr Ziel in der Gleichheit der Menschen (*equalitarianism*). In ihrer reinen Form, ohne Beimischung anderer Strebungen, wird sie von einem Typ verkörpert, den das Prinzip der Brüderlichkeit in Marsch setzt. Der Professor zeichnet ihn mit dem Merkmal der Positivität aus (P = *positive*), gegenüber seinem Gegen-Typ, dem Negativo des isolierten Individualismus. Der reine Positivo kümmert sich weder um Klassengegensätze noch um die

Ehrwürdigkeit der geheiligten Normen, ihm geht es um die Geste der Umarmung aller anderen, von der im Gedicht «An die Freude» von Schiller die Rede ist.

In der Gestalt Michail Bakunins (1814–1876), des «Apostels der Anarchie», der mit großem Gusto als Umstürzler auftrat, sprang ein Menschenfreund auf die Weltbühne, dessen Elan wie ein Naturereignis wirkt. Seine wilden Parolen, die ihn zu einem bevorzugten Bürgerschreck machten, sind Ausdruck einer Vitalität, für die es keine Hindernisse gibt, weil ihr Verschmelzungswille grenzenlos ist.

Überall Massen, Begeisterungsrufe, rote Fahnen auf allen Straßen, auf allen Plätzen und auf allen öffentlichen Gebäuden, schrieb Bakunin über das Revolutionsjahr 1848, und er fügte hinzu: Ich kam am 26. Februar, drei Tage nach Ausrufung der Republik, in Paris an. Schon unterwegs amüsierte mich alles.

Der hochmögende Leser dieser Zeilen, Zar Nikolaus I., hatte Bakunin aufgefordert, ihm eine Art Beichte zu schicken. Bakunin saß damals in der Peter-Pauls-Festung von Petersburg ein, ausgeliefert von Österreich, wo er zum Galgen verurteilt und dann zu lebenslang Kerker begnadigt worden war, wegen seiner Beteiligung an der Prager Studentenrevolte im Juni 1848. In Dresden war Bakunin ebenfalls tätig geworden, im Mai 1849, als Kommandant der Revolutionskämpfer. Richard Wagner, der in Dresden mit von der Partie war, schrieb über Bakunin: Alles an ihm war kolossal, mit einer auf primitive Frische deutenden Wucht. Augenscheinlich war es ihm wohl, wenn er sich, auf dem harten Kanapee seines Gastfreundes ausgestreckt, mit recht viel verschiedenartigen Menschen über die Probleme der Revolution diskursiv vernehmen lassen konnte. Ihre zerstörende Kraft in Bewegung zu setzen dünkte ihm das einzig würdige Ziel der Tätigkeit eines vernünftigen Menschen. Während Bakunin solche furchtbaren Lehren predigte, unterließ er es nicht, da er bemerkte, daß ich an den Augen litt, trotz meiner Abwehr den grellen Schein des Lichtes auf mich durch seine vorgehaltene breite Hand eine volle Stunde lang abzuhalten.

Wagners Beobachtung zeigt, daß der wilde Revoluzzer recht zart sein konnte. Auf der Dimension Bewahren – Zerstören fährt Bakunin gleichsam hin und her, die psychologischen Meßinstrumente zeigen kein eindeutiges Ergebnis an. Einen wirklich destruktiven Typ hat Bakunin in der Gestalt des Individualterroristen Netschajew eine Weile protegiert, fasziniert von dessen düsterer Ausstrahlung, um sich dann verärgert von ihm abzuwenden, als er erkannt hatte, daß er für den «boy» nur ein Werkzeug gewesen war.

Bakunin ist ein Klassenverräter, aber kein Absteiger. Seine adlige Herkunft war kein Problem für ihn, er hatte es nicht nötig, sie zu verleugnen. Gern ließ er sich mit einem silberverzierten Stock in der Hand fotografieren, und er konnte in aller Ruhe schreiben: Durch Geburt und persönliche Lage, gewiß nicht durch Neigung und Richtung, bin ich ein Bourgeois.

Die Konstante im Leben Bakunins, den acht schauerliche Kerkerjahre nicht zu brechen vermochten, heißt in der Tat: Brüderlichkeit. Dieser Wärmestrom, breit und schnell dahinfließend, trug ihn. Überall Massen, Begeisterungsrufe, rote Fahnen auf allen Straßen. Seinen Abschiedsbrief an die Jura-Föderation der Internationale unterschrieb er mit: Euer Bruder.

Die Bilder Bakunins und Trotzkis, nebst der alten Ikone der syrischen Absteiger, sind Raritäten insofern, als die Dargestellten nicht eben Allerweltstypen sind. Brüderlichkeit, Nonkonformismus und Zug nach unten sind in der Geschichte des Abendlandes im Schatten geblieben, als unterdrückte Alternativen zu den herrschenden Tendenzen. Der Typ DPB, zu dem sie im System des Harvard-Professors zusammenströmen, materialisierte sich wie gesagt in dessen Versuchsgruppen nur selten, andere Typen sind häufiger anzutreffen, sie haben ausgezeichnete Chancen, im Leben voranzukommen, als angepaßte Aufsteiger zum Beispiel. Wir möchten ihnen bei dieser Gelegenheit alles Gute wünschen, Erfolg im Berufsleben und vor allem Gesundheit, gesegnete Weihnachten, ein glückliches Neues Jahr und fröhliche Ostern, und uns freundlich von ihnen verabschieden.

Wir: Das sind alle, die in sich ein D (einen Zug nach unten) oder ein P (eine Hinneigung zu den anderen) oder ein B (einen Hang

118

zur Widerspenstigkeit gegen Vorschriften) zu entdecken vermögen. Noch die leiseste Beimischung einer dieser Tendenzen stiftet eine Verwandtschaft, die nicht aus dem Blut kommt und nicht «aus dem Willen des Mannes», wie das Evangelium des Johannes es ausdrückt. Der Verein, der auf diese Weise zustande kommt, steht vorderhand, wie in Büchern üblich, nur auf dem Papier.

9. Das stille Glück des Dienens

Joe Grimes heiße ich, erwiderte der Neue und sah scheu zu ihr auf. Sie trug eine strenge graue Tracht, die kleine Haube vermochte ihr volles braunes Haar nicht zu bändigen. Und ihr Gesicht schien dem Neuen das gütigste Frauengesicht der Welt zu sein. Eine Granate hat mich erwischt! Sein Gesicht verzog sich schmerzhaft. Und plötzlich brach es aus ihm heraus: Ich hab solche Angst!

Joe Grimes lag auf seinem harten Eisenbett. Der Wundschmerz trieb ihm den Schweiß aus allen Poren. Überall hörte er es stöhnen, unruhig warfen sich Kranke auf ihrem Lager herum. Und nun erinnerte er sich an Florence. Zwei Wärter hatten ihn aus seinem Bett gehoben und auf eine einfache Tragbahre gelegt. Sie hatten ihn in einen anderen Saal getragen, dort war eine Ecke mit Wandschirmen abgeteilt. Als er den Operationstisch sah, hatte er sich von der Tragbare wälzen wollen. Der Arzt hatte ihm den Rücken zugekehrt, und Joe hatte gewußt, daß er die Instrumente für die Amputation zurechtlegte. Doch dann. Hatte sich eine leichte Hand auf seinen Arm gelegt, und als er aufblickte, hatte er über sich das Gesicht von Florence Nightingale gesehen. Soll ich bei Ihnen bleiben? Und er hatte ihre Hand gefaßt und während der Operation keinen Laut hören lassen und sich die Lippen blutig gebissen, eine Stunde lang. War Florence neben ihm gestanden und hatte seine Hand gehalten, bis alles vorüber war.

Plötzlich gab es am anderen Ende des Saales ein Geräusch. Die Tür tat sich auf, und ein schmaler Lichtschein blitzte auf. Aus der Schwärze tauchte eine graue Schwesterntracht, und langsam schwebte das Licht durch den großen Saal, von Bett zu Bett. Jetzt wurde die Lampe auf den Boden gestellt. Der Engel mit der Lampe war an Joes Bett getreten. Noch nicht eingeschlafen, Joe? Florence setzte sich an den Rand seines Bettes und nahm seine Hand. Dann sah sie nach dem amputierten Bein, lockerte den Verband an einer Stelle, wo er drücken mochte, zog ihn an einer anderen ein wenig höher.

Besser so?

Nun griff sie wieder nach der Lampe und ging still weiter. Joe sah, wie Florence hie und da stehen blieb, und plötzlich begriff er: Das tat sie jede Nacht! In jedem Saal des großen Lazaretts glomm für einige Minuten die Lampe auf, brachte Mut und Trost. Da faltete Joe die Hände, was er seit Jahr und Tag nicht mehr getan. In dieser Nacht löste sich etwas in ihm, und er betete.

Das Büchlein, aus dem die obenstehenden Zeilen entnommen sind, trägt den Titel «Lady with a Lamp» und schildert das Leben der Florence Nightingale (1820–1910). Sie wurde berühmt durch ihren Entschluß, mit 38 freiwilligen Helferinnen nach Konstantinopel zu fahren, im Oktober 1854, um die im Krimkrieg verwundeten Soldaten zu pflegen. (Auf der feindlichen Seite waren ebenfalls zum erstenmal Frauen in den Lazaretten tätig, auf Initiative der russischen Großfürstin Pawlowna, einer geborenen Prinzessin von Württemberg.) Nach ihrer Rückkehr wurde Florence alsbald von der Queen nach Balmoral eingeladen, und die beiden Damen sprachen über die nötigen Reformen des Lazarettwesens, während eines ausgedehnten Spaziergangs über das schottische Hochmoor. Beim Tee unterhielt man sich über die sinnvolle Verwendung der Gelder, die durch eine öffentliche Spendenaktion für Miss Nightingale eingegangen waren. Es handelte sich um 45 000 Pfund, mit denen dann eine Schwesternschule errichtet wurde, am St. Thomas Spital in London. Die Nightingale-Schwestern dienten bald im ganzen britischen Imperium. In der Regel blieben sie ledig.

In der Typologie von Professor Bales zeigt sich Florence Nightingale von den Tendenzen P und F bestimmt, unter dem Kennwort «altruistic love». Die Kombination aus Warmherzigkeit (P) und Gesetzestreue (F) ergibt einen konservativen Charakter mit nächstenliebender Tendenz, die mit Prüderie einhergeht. Die pflegerische und dienende Hinwendung zu den Armen, Kranken und Leidenden wird zum Ausschließungsgrund für alle heftigen Liebesregungen der hydraulischen Art. Fließenden Säften aus dem Kör-

121

perinneren begegnet PF am liebsten mit sterilisiertem Verbandmull. Wir sind im viktorianischen Matriarchat gelandet.

Florence, mit der Hilfe des Gottes der anglikanischen Hochkirche und unter der wohlwollenden Patronanz der Queen Viktoria, hat die Krankenpflege professionalisiert. Aus Frauen, die in den Spitälern die Schmutzarbeit verrichteten, wurden diplomierte Krankenschwestern, ausgestattet mit Kompetenz und einer sozusagen hochgeschlossenen Aura distanzierter Güte. Schwester und Mutter sind für den Mann bekanntlich tabu. Die Idee, krankenbetreuende Frauen mit dem Schwesternnamen auszuzeichnen, ist so gesehen nicht ohne Raffinesse, als Schutzmaßnahme gegen die Nachstellungen genesender Patienten und als Glorienschein engelhafter Güte, die den Mann wieder zum Kind werden läßt.

Keine unartigen Gedanken jetzt. Wir müssen geben, bis es weh tut, sagt Mutter Teresa von Kalkutta. Sie hat 1979 den Friedensnobelpreis bekommen. Es tat Jesus weh, uns zu lieben, sagt Mutter Teresa. Es tat Gott weh, uns zu lieben, denn er mußte geben, er gab seinen Sohn. Lächelt einander zu, sagt Mutter Teresa, Christentum ist Geben. Mutter Teresa ist seit 1977 Ehrendoktor der Universität von Cambridge. Bei ihr tritt, zu den beiden Tendenzen P und F, noch ein ausgeprägtes D hinzu, welches in den Slums von Kalkutta ein Betätigungsfeld gefunden hat. Wir haben, sagt Mutter Teresa, in den letzten 25 Jahren 36000 Menschen von den Straßen aufgelesen, und 16000 starben bei uns. Professor Bales kennzeichnet den Typ DPF so: *salvation through love*.

Das Merkmal dieser erlösenden Liebe, den Worten Mutter Teresas zufolge: Sie muß weh tun. Mutter Teresa ist die derzeit prominenteste Vertreterin der christlichen Nächstenliebe. Daß sie eine Frau ist, dürfte kein Zufall sein. Die Prozession, die sie anführt, ist gewaltig an Zahl und bescheiden im Auftreten, eine internationale Legion von barmherzigen Schwestern aller Art, sie tragen Kopftücher oder Häubchen und gehen nicht mit der Mode. Hunderte von katholischen, methodistischen, baptistischen, lutherischen Vereinigungen, Orden, Kongregationen, Verbänden sammeln hilfsbereite christliche opferwillige Frauen zum Dienst in Spitälern, Altersheimen, Waisenhäusern auf allen Kontinenten.

Ihre Arbeit geschieht unter den Augen eines Mannes, er heißt Jesus Christus. Ich finde es manchmal sehr schwer, Jesus anzulächeln, sagt Mutter Teresa, denn er kann sehr fordernd sein. Ihn berühren wir täglich, denn er hat gesagt, ich war hungrig, nackt, obdachlos, und ihr sorgtet für mich. Wir nehmen Jesus beim Wort, sagt Mutter Teresa: unsere Armen, in denen wir Christus berühren, brauchen weder Sympathie noch Mitleid, sie brauchen Liebe. Wir müssen wissen, daß sie liebenswert sind. In der Liebenswürdigkeit der Armen erscheint die Liebenswürdigkeit Christi. Das elende Äußere der Armen ist für Mutter Teresa eine Verkleidung, in der Jesus unter den Menschen wandelt, zweitausend Jahre nach seinem Tod.

So vollführt Mutter Teresa lächelnd einen tiefen Schnitt, der trennt die Gläubigen von denen, die in den Hungrigen und Obdachlosen keinen Jesus zu berühren vermögen.

Für die Armen Kalkuttas, die von Mutter Teresa und ihren Helferinnen gefüttert werden, ist die Frage, ob sie Jesus verkörpern oder nicht, keine sonderlich dringliche, sie sind froh über ihre Portion Reis. Für die Geschäftswelt Kalkuttas ist die christliche Nächstenliebe eine feine Sache, weil sie die bestehenden Verhältnisse nicht in Frage stellt wie die Kommunisten, die es im Bundesstaat West-Bengalen, zu dem Kalkutta gehört, ebenfalls gibt. Für die Redakteure vieler Fernsehanstalten in aller Welt ist Mutter Teresa eine feine Sache, besonders zu Weihnachten, wenn die uneigennützige Liebe auf dem Programm steht. Für die Zuschauer ist Mutter Teresa, sobald sie auf dem Bildschirm erscheint, eher ein Vorwurf. Dann fließen die Spenden auf das Konto von Mutter Teresa reichlicher als sonst.

Schwester Nightingale und Mutter Teresa dürfen sich auf eine altehrwürdige Tradition berufen, die reicht in die christlichen Anfänge zurück, zu Matronen und gottseligen Jungfrauen, «Bräuten Christi», wie der Schriftsteller Tertullian sie genannt hat. Sie kümmerten sich um Arme, Kranke, Gefangene und Waisenkinder. Ihr Entschluß, ohne männliche Begleitung zu leben, war ein prinzipieller Verzicht auf eigene Kinder, in einer Welt, deren Ende sie

123

nahe glaubten. Um ihren Vorsatz ohne Belästigung nachleben zu können, suchten und fanden sie Formen eines gemeinsamen Lebens, häufig in Nachbarschaft zu ähnlich gesonnenen Männern. So entstanden weibliche Einsiedeleien und Klöster in Ägypten, Syrien und Palästina, später auch in Europa.

Dies christliche Nonnenwesen ist zu keiner Zeit völlig lustlos geblieben. Aus alten Mahnschriften und Dekreten kann man entnehmen, daß manche Christusbräute sich mit asketisch gestimmten Männern zusammentaten, wie Bruder und Schwester, willigen Geistes, aber das Fleisch war mitunter schwach. Auch zwischen benachbarten Männer- und Frauenklöstern gab es nicht selten einen heimlichen Verkehr, einen reizend verbotenen. Im christlichen Mittelalter sind viele Nonnenklöster Freudenhäuser gewesen; noch zu Shakespeares Zeiten hatte das Wort «nunnery» einen durchaus zweideutigen Klang.

Tatsächlich, dies lehrt die christliche Sittengeschichte, ist die wirksame Durchsetzung des Schwesternideals erst in der Neuzeit gelungen, als eines der vielen Wunder der industriell werdenden Welt. Im merkantilistischen Frankreich Colberts gründete der katholische Priester Vinzenz von Paul (gest. 1660) seine «Filles de la Charité» mit vier Bauernmädchen, deren Nachfolgerinnen heute die größte christliche Frauengenossenschaft der Welt sind, mit 40 000 Schwestern im Dienst am Nächsten. Im hochkapitalistischen Deutschland stiftete der evangelische Pfarrer Theodor Fliedner (gest. 1864) das Werk der Diakonissen, die als Krankenpflegerinnen und Wohlfahrtshelferinnen arbeiteten, in rasch wachsender Zahl. Florence Nightingale hat das Krankenhaus Fliedners in Kaiserswerth besucht, in der Zeit ihrer Lehrjahre, und sie war auch bei den Schwestern des Vinzenz von Paul zu Gast, in Paris, wo sie an den Masern erkrankte.

Die beiden Haupt-Tugenden der modernen Krankenschwestern, wie sie seit den Tagen der Florence Nightingale durch die Korridore unserer Spitäler eilt, lassen sich in der Tat nicht von Jesus Christus ableiten, sie sind späteren Ursprungs: Pünktlichkeit und Reinlichkeit kommen in der Bibel nicht vor. Uhr und Seife, diese hervorragenden Disziplinierungsmittel für Geist und Körper, haben die christliche Liebesidee industrialisiert. Der Heiland der Evangelien, dessen heftige Güte seine Männlichkeit sänftigt, ist eine vorkapitalistische Gestalt. Mit der Zahnbürste in der Hand kann man ihn sich nur schwer vorstellen.

Deshalb ist die Unterscheidung zwischen geistlichen und weltlichen Krankenschwestern heute am Verblassen. Das Berufsmenschentum der Industriewelt verweist die Weltanschauung ins Privatleben, gefragt ist Kompetenz. Sachlich und nüchtern wie die Räume, in denen sie agieren, sollen die modernen Liebesdienerinnen ihre Arbeit verrichten. Ob sie keusch leben oder nicht, den Rosenkranz beten oder Antiquitäten sammeln, wird für die Geschäftsleitung immer belangloser. Aus kapitalistischer und aus sozialistischer Sicht ist Mutter Teresa ein Anachronismus, und die Verleihung des Friedensnobelpreises an sie erweist sich als Akt der Nostalgie.

Erwünscht sind die Bräute Christi dort, wo das öffentliche Gesundheitswesen nicht funktioniert, in Kalkutta zum Beispiel. Auch in den USA, wo die 35 Millionen Armen vom Staat nicht gerade verwöhnt werden, findet die christliche Mildtätigkeit immer noch ein weites Betätigungsfeld. Präsident Reagan, nach dem Urteil des Journalisten Laurence I. Barrett, glaubte fest an die Kraft der persönlichen Nächstenliebe von Mensch zu Mensch. Die Budgetgelder für die Verteilung von Lebensmittelmarken (*food stamps*) an Bedürftige wurden unter Reagan kräftig zusammengestrichen.

Präsident Reagan, Florence Nightingale und Mutter Teresa haben, im System von Professor Bales, das F gemeinsam. F (= *forward*) bedeutet Konservativität, im Sinn von Übereinstimmung mit den geltenden Normvorstellungen von Artigkeit, Angepaßtheit, Gesetzestreue. Zur Konservativität gehört, wie der Professor bemerkt, der Glaube (*belief*) an höhere Werte. Letztere können, müssen aber nicht christlich sein. Auch in kommunistischen Gruppen, meint Professor Bales, regiert das F; es wird in diesem Fall von der Parteilinie gelotst. Friedrich Schiller hat das F so ausgedrückt, im Gedicht «Der Kampf mit dem Drachen»: Muth zeiget auch der Mameluck, Gehorsam ist des Christen Schmuck.

So redet, keineswegs nur im Gedicht, der Chef. Ein flüchtiger Blick in die Geschichte des christlichen Abendlandes erinnert daran, daß das Geschlecht des Chefs meist männlich ist. F-Frauen der nächstenliebenden Art, wie Florence Nightingale oder Mutter Teresa, haben immer einen Chef, ob es sich um den Oberarzt oder um Jesus handelt. Der Wunsch, ihm zu dienen, «bis es weh tut», muß stark und tief sein, sonst könnte er nicht das Leben so vieler Frauen bestimmen. Professor Bales spricht in diesem Zusammenhang von weiblichem Masochismus (*female masochism*). Er wird von einem psychologischen Testverfahren gemessen, dem Minnesota Multiphasic Personality Inventory. Der Professor hat den Masochismus-Test nur an männlichen Versuchspersonen ausprobiert und ist deshalb, was dessen Gültigkeit für weibliche Versuchspersonen anbelangt, auf Vermutungen angewiesen. Er meint, daß Frauen vom Typ PF (altruistische Liebe) stark im herkömmlichen weiblichen Rollenverhalten verankert sind.

Letzteres ist, wie bereits früher bemerkt wurde, dienender Art. Es tritt ins Zimmer und sagt: Es ist Mitternacht, Doktor Schweitzer!

Das stille Glück des Dienens gehorcht einer Choreographie der Unscheinbarkeit, der Verhüllung, der gedämpften Farben. Schwester Oliva an Holl: Ich bin jetzt 81 Jahre, kann noch tätig sein von morgens 4 Uhr bis abends 21 Uhr. Ich pflege seit einundeinhalb Jahren einen fast 88jährigen Jesuitenpater, er wird immer hilfloser. Ich tu alles gerne und danke dem Herrgott dafür. Zwar bin ich vom Kopf bis zum Fuß leidend, aber ich lege es zum Kreuze des Heilandes dazu, aus Liebe und zur Sühne.

Schwester Oliva lebte zuletzt in Wien-Kalksburg, im Altersheim der «Caritas Socialis», einer 1919 gegründeten katholischen Schwesternschaft, der sie angehörte. Sie starb im Jahr 1986. In Wien-Breitensee, wo Holl ein Ministrant war, hat Schwester Oliva einige Jahre als Gemeindeschwester gearbeitet. Aus dieser Zeit kannten die beiden einander.

Als UB-Typ tut Holl sich mit F-Frauen nicht leicht, sie neigen dazu, ihn zur Ordnung zu rufen, er bekommt manchmal Briefe von ihnen, in denen sie ihn ermahnen, seine Zunge zu zügeln und über den Papst keine frechen Bemerkungen zu machen. Wenn er im Fernsehen Dialekt spricht, ärgern sich die F-Frauen. Sie sagen, daß sich so etwas für einen doppelten Doktor nicht schicke.

Ich erinnere mich an das Lachen Schwester Olivas. Sogar in der Sakristei, wo die heiligen Gewänder und Gerätschaften aufbewahrt werden, hat sie gelacht, wenn ihr irgend etwas komisch erschien, und das war oft. Die Heiterkeit der Schwester Oliva, damals war sie vierzig Jahre jünger, läßt mich an junge Mädchen denken, wie lustig können sie sein. Lächelt einander zu, sagt Mutter Teresa. Am Feldweg, zwischen blühenden Frühlingswiesen, steht ein Kreuz, daran hängt ein toter Mann, die jungen Mädchen schmücken das Kreuz mit frischen Blumen. Jesus kann sehr fordernd sein, sagt Mutter Teresa.

Schwester Oliva an Holl: Ich arbeite noch immer bei den Schwerkranken. Gesundheitlich fehlt viel, Herz, Leber, Zucker und so manches, das ist der Weg zum Vater. Es drängt mich immer, Ihnen zu schreiben, noch lieber würde ich Sie einmal sehen. Ich denke viel im Gebete an Sie.

Es bekümmert Schwester Oliva, daß Holl sein Amt als Priester nicht mehr ausübt: Lieber Hochwürdiger Herr Dr. Holl, wie soll ich Sie ansprechen? Wie geht es Ihnen? Jetzt ist unser guter Pater Leibold auch schon heimgegangen. Es war immer eine Freude in Breitensee, wenn er kam, und ich hörte sein Lachen.

Irgendwann hat Holl unterwegs sein F verloren. Aus dem F ist ein B geworden, eine oppositionelle Tendenz. Schwester Oliva hat ihr F behalten, aber sie hat außerdem noch ein starkes P, dieses drängt sie dazu, für Holl zu beten und an ihn zu denken. Holl wiederum hat kein ausgeprägtes P, er ist weder besonders freundlich noch direkt mürrisch. Dafür hat er ein U, er strebt nach oben, was bei Schwester Oliva nicht der Fall ist. Im Rahmen der Typologie von Professor Bales haben Schwester Oliva und Holl kein gemeinsames Merkmal, sie müßten einander eher fremd gegenüberstehen. Aber sie haben gemeinsame Erinnerungen, und die Hauptsache soll nicht verschwiegen werden: Sie machen einander keine Vorwürfe.

Eine andere Freundin Holls, sie wurde bereits kurz erwähnt, begab sich eines Tages ins erzbischöfliche Palais in Wien, im manischen Ausnahmezustand. Sie hatte sich vorgenommen, dem Kardinal ein Anerbieten zu machen. Riki war damals auf Empfang eingestellt,

127

alle Strahlen auf sie gerichtet, sehr viel Wärme. Sie spürte die Not der Priester, sie wollte ein kirchliches Freudenmädchen sein, zur Verfügung der Priester, so wäre allen geholfen. Eine durchsichtige Bluse, darüber einen weißen Mantel wählte sie damals als Garderobe, aber man ließ sie nicht vor und reichte ihr lediglich ein Glas Wasser.

Mit 24 hatte Riki ihren ersten Schub, sie ist mittlerweile 50 Jahre alt und immer wieder am Steinhof gewesen. Immer noch kann es sein, daß Riki im Traum eine fürchterliche Stimme hört, die zu ihr sagt: Du bist die Nonne des Teufels.

Ab und zu bekommt Riki einen Brief von ihrer Tante, die eine Klosterfrau ist.

Im Traum wird Rikis Wunsch, mit vielen (heiligen) Männern zu verschmelzen, also sie zu lieben, zwar als Nonnenwunsch anerkannt, aber als irregeleiteter, mit dem Teufel im Bunde stehender, weil Riki, wie soll man es ausdrücken, ihre Liebesdienste lustvoll versteht, nicht als Wehtun wie Mutter Teresa. Im Traum ist eine Nonne, die es mit vielen (heiligen) Männern treiben will, des Teufels. Die Instanz in Rikis Traum hat an und für sich gegen den Wunsch, vielen Männern zu Diensten zu sein, nichts einzuwenden, aber wehe wenn Riki mit ihren Liebesdienstwünschen zu weit gegangen ist. Dann wachsen den Männern, mit denen sie lieb sein will, Hörner und Schwänze. Die Furchtbarkeit der Trauminstanz besteht darin, daß sie ihr Urteil über Riki bereits gefällt hat, für die Instanz ist Riki definitiv die Nonne des Teufels, im Traum gibt es keine Vergebung, alles ist schon entschieden, für immer. Im Traum ist Riki längst in der Hölle, dort mag sie es treiben, mit dem Teufel als ihrem Chef. Obwohl Riki von der mittelalterlichen Sittengeschichte des Nonnenwesens keine Ahnung hat, ist sie im Traum eine Lustnonne, und die Stimme des Inquisitors spricht das Urteil, wie in den Hexenprozessen.

In der Typologie von Professor Bales müßte Riki auf jeden Fall ein N haben, eine Tendenz zur Vereinzelung, weil sie zum manisch-depressiven Formenkreis gehört oder gehört hat, psychiatrisch gesehen. Als Manikerin wäre sie ein UN-Typ (aufwärts negativ), als Depressive ein DN-Typ (abwärts negativ), das Minnesota Multiphasic Personality Inventory weist in diese beiden Richtungen. Aber Riki hat ganz im Gegenteil ein starkes P, wie die Schwester Oliva, kombiniert mit der Aufwärtstendenz U und vielleicht einer Neigung zum Widerspruch gegen die herrschenden Sitten (B). Diese drei Strebungen lassen Riki nach Geborgenheit und Wärme suchen (*emotional supportiveness and warmth*), gern nimmt sie ausgiebige Sonnenbäder, mag den Wein und die Männer. Zur Keuschheit neigt sie nur in Zeiten der Niedergeschlagenheit. Dann fährt sie zu ihrer Tante ins Kloster, beichtet und betet und will unschuldig sein. Weil sie bürgerlich, das heißt zum Verzicht auf ihren Körper erzogen wurde, ist der Inquisitor in ihren Angstträumen so stark. Wenn es nach ihm ginge, würde Riki ihre Liebeskraft schwesterlich an kranke Männer verteilen. Aber so ganz hat sich Riki doch wieder nicht zähmen lassen. Weder die Hexenverfolgung noch die Irrenhäuser haben die Frauen des Riki-Typs völlig domestiziert, nicht einmal das heilige Joch der Ehe wollen sie auf sich nehmen. Sie möchten menschenfreundlich ohne Verzicht auf Liebeslust sein, wenn man sie läßt, und die Männer, denen sie gegebenenfalls einen Wundverband anlegen, brauchen nachher nicht die Hände zu falten.

Die verwundeten (deutschen) Männer in den Lazaretten des Ersten Weltkriegs haben die Krankenschwestern «Karbolmäuschen» genannt. (Karbolsäure ist ein Desinfektionsmittel.) In der Phantasie der Soldaten erscheinen die Pflegerinnen als kleine weiche scheue Tiere, deren Winzigkeit durch die Verwendung der Verkleinerungsform noch verstärkt werden muß. Die Lebensgröße der Frauen wird im Kosewort verdrängt und vorsichtshalber auch noch sterilisiert, in witziger, also abwehrender Weise. In keimfreier Mausgestalt erst sind die Weibchen schlüpfrig genug für den soldatischen Mann, in der Mehrzahl selbstverständlich wünscht er sie sich unter die Decke.

Daß der (soldatische, bürgerliche) Mann gewisse Komplexe in bezug auf Frauen gehabt hat und hat, darf man getrost annehmen. Zu den Komplexen gehört, das lehrt die Alltagserfahrung, die Dauerphantasie von der vorübergehenden Inbesitznahme einer Krankenschwester. In der Vorstellung der pflegebedürftigen Männer ist sie ungebunden, also frei verfügbar, erfahren im Umgang mit nacktem Fleisch, mit den Ärzten treibt sie es ohnehin während des Nachtdienstes, warum nicht auch mit mir. So greifen die Wünsche der Patienten den Schwestern unter die Röcke, ausgenommen während der Besuchszeit, wenn die Frau Gemahlin am Bett sitzt.

Die unartigen Gedanken der Männer durchkreuzen, nicht nur im Spital, das Ideal vom Engel mit der Lampe. Daß die Frauen von Natur aus zum Hegen und Pflegen bestimmt sind, zur Ehrfurcht vor dem Leben, zu gefühlvoller Güte und mitleidiger Hilfsbereit- schaft, das ist sozusagen die Lichtseite des gängigen Klischees vom schwachen Geschlecht. Zur Schattenseite des Frauenstereotyps ge- hören: Verführbarkeit, Rätselwesen, Triebhaftigkeit. Die Licht- seite ist erlaubt und langweilig, die Schattenseite verboten und lu- stig, wie Himmel und Hölle auf mittelalterlichen Tafeln. In der Hölle werden nackte Frauen von Teufeln geritten, während sie im Himmel artig spazierengehen, in großer Toilette, begleitet von adretten Kavalieren. Gemalt wurden die Bilder von Männern.

Die dienende Frau, in der Gestalt der freundlichen Schwester und fürsorglichen Mutter, schwebt als Leitstern auch über den so- genannten Frauenberufen der Gegenwart, über den Sekretä- rinnen, Kindergärtnerinnen, Sozialarbeiterinnen. Das kaffeeko- chende junge Bürofräulein, dem das Glück widerfährt, vom Chef zum Abendessen eingeladen zu werden, darf gelegentlich auch die nächtliche, die inoffizielle Seite der weiblichen Rollenerwartung erleben. Wenn es älter geworden ist, bleibt lediglich das Kaffeeko- chen.

Manchmal geschieht es, daß einem Bürofräulein unterwegs das F abhanden kommt, daß sich die von der Rolle vorgeschriebene Fügsamkeit in die Bereitschaft zur Auflehnung verwandelt (B). Wenn das Bürofräulein außerdem von Hause aus warmherzig ist (P) und ihm wenig am Herumkommandieren liegt (D), dann wird es anfangen, sich mit den Unterprivilegierten zu identifizieren (DPB), also beispielsweise mit anderen Bürofräuleins, die brav ihr F mit sich herumtragen und ihr P. Wenn die Verwandlung der Büro- fräulein von PF in DPB um sich greifen sollte, dann müßten sich die Chefs ihren Kaffee wahrscheinlich selber kochen.

10. | Identifikation mit den Unterprivilegierten

Der heilige Martin von Tours, der mit dem halbierten Mantel, ist in der Typologie von Professor Bales ein Linker. In den Kleingruppen, die der Professor studierte, bildete sich nämlich so etwas wie ein politisches Spektrum heraus, von ganz rechts bis ganz links. Die Mehrzahl der Versuchspersonen konzentrierte sich, analog zum Wählerverhalten in den Fabrikgesellschaften, in der politischen Mitte, während die Radikalen, linke wie rechte, spärlich vertreten waren. Martin, als DB-Typ, würde in einer Versuchsgruppe zu den wenigen Linksextremen gehören. Florence Nightingale, Mutter Teresa und Schwester Oliva hingegen tendieren nach rechts, auch Scheler. Paranoia ist politisch nicht einordbar, ähnlich wie Nietzsche.

Wenn man die Personen, die bisher in meinem Buch aufgetreten sind, politisch organisieren wollte, dann käme auf zwei Linke nur ein Rechter, was eine offenkundige Wunschvorstellung ist. Dieser Mangel an Objektivität geht wahrscheinlich auf das B zurück, auf den gewissen Trotz gegenüber Autoritäten, der an Holl diagnostiziert wurde. In der Tat verfügen von den achtzehn Typen, die in meinem Buch eine Rolle spielen, elf über ein B. Das ist ein Indiz dafür, daß Holl dazu neigt, sich mit Gestalten zu umgeben, die ihm sympathisch sind. Der hohe Anteil von B-Typen in meinem Buch entspricht nicht der Wirklichkeit. In der Wirklichkeit ist die B-Region in den von Professor Bales untersuchten Gruppen recht dünn besiedelt gewesen. In der B-Region ortet der Professor die Linken.

Linksgerichtet ist auch der Typ DPB (Identifikation mit den Unterprivilegierten), die rote Tante, wie man ihn nennen könnte. Falls die rote Tante in ein Parlament gewählt wird, erhält sie ihren Platz links von der Mitte, vom Vorsitzenden aus gesehen. In Europa würde sie vielleicht einer sozialistischen oder sozialdemokratischen Partei angehören, wenn auch mit mancherlei Bedenken, wegen ihres störrischen B.

Zu Martins Zeiten, im zusammenkrachenden römischen Weltreich, kann man sich die rote Tante als Braut Christi vorstellen. Ihr D (der Zug nach unten) und ihr P (die Menschenfreundlichkeit) hätten sie zu den Christen getrieben, auf der Suche nach einer Lebensform im Gegensatz (B) zu den wankenden altväterlichen Sitten. Mit gleichgesinnten Frauen hätte sie vielleicht in einer Wohngemeinschaft gelebt und versucht, sich nützlich zu machen. Auch eine Liebesgeschichte mit einem jungen Asketen ließe sich ausmalen, selbstverständlich ohne Familiengründung, skandalös oder verzichtleistend, mit gutem oder traurigem Ende. Himmlische und dämonische Erscheinungen würden in einen solchen Roman zahlreich eingreifen müssen, wie damals gehörig. Der Heiland würde als junger Hirte mit einem Lamm auf der Schulter auftreten, nicht als Gekreuzigter. Die Gegenspieler wären korrupte Provinzbonzen und Jupiterpriester, die um ihre Privilegien zittern, während die Christengemeinde ihre Liebesmahlzeiten feiert, mit den Armen und den Sklaven der Stadt, in Fröhlichkeit, zu vorgerückter Stunde womöglich, wenn der Bischof bereits nach Hause gegangen ist. Unter ihnen dann auch die junge Frau aus edlem Geschlecht, sie hat sich von zu Hause mehr oder weniger abgesetzt, die Aussicht auf eine standesgemäße Heirat ist ihr zu langweilig gewesen. Ihr kastanienrotes Haar vom Velamen bedeckt, einer Art Kopftuch aus dunklem Stoff, dem Zeichen ihres Alleinstehenwollens. Die Zeit: Um 350. Der Ort: Arles. Der Name: Praxedis. Die Legende nach der damaligen Art:

Als aber der gottlose Vater erkannte, daß er bei der Jungfrau weder durch Schmeicheln noch durch Drohen etwas erreichen konnte, knirschte er mit den Zähnen und ergrimmte in wütendem Haß gegen sein eigenes Fleisch und Blut. Eines Nachts stürmte er mit einer Schar bewaffneter Knechte in die fromme Versammlung der Gläubigen, ließ Praxedis ergreifen, in Ketten schlagen und in sein Haus bringen, wo er sie, um ihren Willen zu brechen, in einem tiefen Keller gefangenhielt. Derjenige aber, welcher unter den Lilien weidet, ließ die Jungfrau nicht im Kerker schmachten. Als die

Braut Christi in der Finsternis ihres Gefängnisses ihre Augen erhob, sah sie einen göttlichen Jüngling an ihrer Seite stehen, der sie aufstehen hieß, während die eisernen Fesseln von ihren Gliedern fielen. Wie eine Träumende sah sie sich ins Freie geleitet, hinaus aus der Stadt und in einen dichten Wald, wo sie in einer Höhle in tiefen Schlummer versank. Später brachte ihr ein Rabe ein wunderbar schmeckendes Brot, und ein Reh wies ihr den Weg zu einer klaren Quelle. Den Vater hingegen, auf der Suche nach der Verschwundenen, ereilte alsbald sein verdientes Geschick. Unweit der Stelle, wo Praxedis im Gebete verharrte, scheuchte der eilende Fuß des zornigen Vaters einen gewaltigen Bären aus dem Gebüsch, der sich mit fürchterlichem Gebrumm auf ihn stürzte und den Unseligen mit Zähnen und Klauen zerriß. Wie groß erst war das Staunen der Menschen, als sie die fromme Jungfrau unversehrt auf den Knien erblickten, mit heiterem Antlitz dem Weltenlenker das Morgenlob weihend. Wie im Triumph ward die Braut Christi zurück in die Stadt geleitet, wo Bischof und Volk sie empfingen, zu gemeinsamem Dank an den Herrn, der alles so wunderbar gefügt hatte. Praxedis aber gründete mit ihrem Vermögen ein heiliges Haus für die gottgeweihten Jungfrauen, die sich dem Dienst an den Witwen und Waisen widmen wollten, und war vierundvierzig Jahre hindurch eine umsichtige und kluge Vorsteherin, bis sie gottselig im Herrn entschlief. Als sich an ihrem Grab viele Wunder ereigneten, wurden ihre Gebeine auf Geheiß des Bischofs Caesarius in die Basilika übertragen und dort zur ewigen Ruhe bestattet, zum Lob unseres Herrn und Gottes sowie unserer Stadt, die eine solch ruhmreiche Tochter hervorgebracht hat.

Neunhundert Jahre später hätte sich die rote Tante in ernstlichen Schwierigkeiten befunden. Das Tribunal der heiligen Inquisition für den von der Ketzerei ergriffenen Süden Frankreichs hatte damals seinen Sitz in der Stadt Carcassonne, und die hochwürdigen Richter aus dem Orden der Dominikaner mußten sich unter anderem mit Frauen vom Typ DPB befassen, wie aus einigen Urteilen hervorgeht, die erhalten geblieben sind.

Um 1250 erscheint also die rote Tante als Gastwirtin aus Arles vorm Inquisitionstribunal in Carcassonne, angeklagt wegen wiederholter Beherbergung und Speisung verdächtiger Subjekte, die als Händler getarnt das Gift der Irrlehre verbreiten. Ein Paar Sandalen, wie sie von derlei Predigern des Satans benutzt werden, seien bei einer Hausdurchsuchung in ihrer Herberge gefunden worden, ferner zwei Ketzerschriften der sogenannten Armen aus Lyon, welche frevelmütig die Schlüsselgewalt der Prälaten leugnen und die heilige Kirche als Hure Babylon schmähen.

Das Urteil, nach der damaligen Art: Weil du, nachdem man dir die Instrumente peinlicher Befragung vor Augen geführt, deine Schuld eingesehen und ihr abgeschworen hast und zur Einheit der Kirche zurückkehren willst, absolvieren wir dich von der Exkommunikation und erlegen dir auf, bis zum Ende deines Lebens beständig zwei gelbe Kreuze außen an deiner Kleidung zu tragen, zweiundhalb Handbreiten lang und drei Finger stark, ein Kreuz vorn an der Brust und das andere zwischen den Schulterblättern, wobei die Farbe des Gewandes, auf dem die beiden Kreuze getragen werden, niemals gelb sein darf. Ferner sollst du sieben Jahre hindurch an allen Festtagen, wenn Prozessionen stattfinden, zwischen Klerus und Volk gehen, mit langen Ruten in der Hand, und entsprechend Buße tun, wenn die Prozession anhält. Außerdem sollst du jedes Jahr wallfahren, und zwar erstens zu Unserer Lieben Frau in Le Puy, zweitens nach Saint Gilles, drittens nach Montpellier, viertens nach Sérignan, und überall dieses Urteil vorweisen.

Die Frau hätte sich den Wisch übersetzen lassen und wäre bald aus Arles verschwunden, eventuell nach Verona, zur Mutter ihres verstorbenen Mannes, mitsamt den Kindern. Vielleicht hätte sie sich wieder verheiratet, mit einem Müllermeister, der wie sie mit den Ketzern sympathisierte. Die Mühle ihres Mannes, draußen auf dem Land, ließe sich dann als Treffpunkt und Herberge für durchziehende Wandersleute denken, für seltsame Kunden und Erzähler verheißungsvoller Geschichten vom Ende der Päpste und Fürsten.

Heute, noch mal siebenhundert Jahre später, gehören die Fürsten in der Tat der Vergangenheit an. Die rote Tante ist Volksschullehrerin in Arles und vor kurzem aus der Kommunistischen Partei Frankreichs ausgetreten, wegen der Halbherzigkeit der Genossen im Kampf gegen Paris, das den Süden wie eine Kolonie behandelt. Das Bauerngut, auf dem die rote Tante gemeinsam mit einem halben Dutzend Menschen lebt, ist derzeit unrentabel. Viele Weinbauern der Gegend sind wirtschaftlich so ziemlich am Ende, sie sind in diesem Fall die Unterprivilegierten, mit denen sich die rote Tante zu identifizieren pflegt, gegen die korrupten Provinzbonzen, die auch noch da sind. Im Frühsommer blüht wie eh und je der Lavendel, die Bienen fliegen zur Weide, und die Frage, wie der Honig verteilt werden soll, den sie produziert haben, wird von den Linken anders beantwortet als von den Rechten.

Eine Bildgeschichte über die Wohngemeinschaft der roten Tante in der Provence, mit farbigen Fotos, wie in den Illustrierten üblich, könnte so anfangen:

Klein, zierlich, nervös, mit einem Lachen, das mich immer wieder überrascht, weil es an den unmöglichsten Stellen unseres Gesprächs losgeht, sitzt sie mir im Café de la Paix von Saint Rémy gegenüber. Alle kennen sie hier, nennen sie nur La Tante Rouge, die rote Tante. Sie ist der Typ, der ebensogut dreißig wie fünfzig Jahre alt sein kann. Ihre Haare würde man in England *auburn* nennen, da ist Gold, Rot, Braun drin. Sie passen zum Wein, den wir trinken, aus den kleinen Gläsern, wie man sie hier hat. In der Stadt des Vincent van Gogh, der hier in der Irrenanstalt saß, vor ziemlich genau hundert Jahren, verrückt geworden vom Licht der Provence.

Eigentlich wollte ich hier nur ein paar Tage Urlaub machen, Martin besuchen, der vor drei Jahren aus Hamburg abgehauen ist, für immer, wie er gesagt hat. Und jetzt auf diesem vergammelten Bauernhof sitzt, zwischen Saint Rémy und Arles, und Seidenraupen züchtet, mit Lou aus Berlin. Da sind auch noch Riki und Otto und Epi aus Wien, und Leo, eigentlich Leontjewitsch, denn seine Eltern kommen aus Rußland, und eben Madeleine, die rote Tante, Lehrerin in Arles. «Du bist leider ziemlich kaputt», sagt sie jetzt zu mir, «aber vielleicht tickt es eines Tages bei dir, wie bei Martin, der war doch auch Journalist.»

Martin macht jetzt eine Wochenzeitung, Auflage 300 Stück, «Lo Foc». Das Feuer, auf Occitan. Martin hat Occitan gelernt, wie alle

Alternativen hier. Occitan, die alte Sprache des Landes zwischen den Pyrenäen und dem Massif Central, des Landes der Albigenser und Troubadours. *Le Midi Rouge*, der rote Süden, wie man in Paris sagt. Die KPF hat hier ein Viertel der Stimmen.

«Die Kommunisten sind Schlafmützen», sagt Madeleine, «die haben noch nicht begriffen, daß sie Napoleon spielen, während wir eine Provinz bleiben, seit siebenhundert Jahren, seit die päpstlichen Schweine das Land abgebrannt haben. Uns hat die Revolution gar nichts genützt. Versuch das deinen fetten Deutschen klarzumachen, die hier Urlauber spielen und den Bauern die Häuser abkaufen. Versuch ihnen beizubringen, daß das Land stirbt.»

Abends in der Wohnküche beim Cassoulet, das Otto und Leo gekocht haben, höre ich dann Geschichten des Widerstands aus den letzten zehn Jahren, seit hier der Regionalismus erwacht ist. Als plötzlich alle Ortsschilder und Straßentafeln verschwanden, am 31. Juli 1975, dem Tag der Aktion «Verlorene Erde». Als 250 Weinbauern mit ihren Frauen ein paar Wochen lang die Kathedrale Saint Pierre in Montpellier besetzten. Als die Zehntausend in Naussac gegen den projektierten Staudamm protestierten, im Sommer 1977. Als die Regierung 5000 Polizisten aufbieten mußten, um den Truppenübungsplatz auf dem Larzac gegen die Demonstranten zu schützen.

Und so weiter, in Richtung alternativer Tourismus, ein bißchen kritisch, ein bißchen nostalgisch, ein bißchen engagiert, gegen die Multis, für die Ziegen, mit schönen Bildern und Adressen für Camping auf dem Bauernhof.

Was die heilige Inquisition unvollendet ließ, könnte von den Illustrierten und vom Fernsehen erledigt werden. Das, was im Menschen sich allen Bändigungsversuchen widersetzt, seine störrische Natur, droht unter den eiligen Bildern und Wörtern zum vorübergehenden Trend zu verkommen. Aus unverwechselbaren Personen werden dann Typen, in die sich Namen beliebig einsetzen lassen, um ihnen ein peripheres Leben einzuhauchen, werden Rollenträger, die zu Buchstabenkombinationen gefrieren wie im System des Professors, geschlechtslos, alterslos, klassenlos, belanglos.

Die Identifikation mit den Unterprivilegierten, wie der Professor die Sache nennt, im kalten Jargon der Wissenschaft, ist gar nicht so leicht darzustellen, es handelt sich um ein Charakterfach, wie man unter Theaterleuten sagt. Aus der Kraft, sich den Möglichkeiten einer Liebe zu öffnen, die mit nichts mehr rechnet, kann ein falsches Pathos werden, wenn die Regie nicht sehr auf der Hut ist. Sie ist gut beraten, wenn sie sich an ein Motto hält, das Friedrich Hölderlin folgendermaßen gedichtet hat:

Mitleidend bleibt das Herz doch fest.

Professor Bales ist kein Linker. In seinem Buch tritt er als Typ UPF auf, etwas rechts von der politischen Mittelposition. Für die Übernahme von Führungsfunktionen ist UPF hervorragend geeignet, er ist freundlich, gesellig, aufgabenorientiert, kompromißfähig. Die Richtung, in die er marschiert, umschreibt Bales mit den Merkworten «Solidarität» und «Fortschritt» (*social solidarity and progress*), ein schönes Motto für Gewerkschaftskongresse.

Die Aufgabe, die ich Professor Bales zugeteilt habe, ist schwierig. Die Gruppe, die ich ihm anvertraut habe, setzt sich aus lauter gesellschaftlichen Außenseitern zusammen, aus Intellektuellen, Klosterschwestern, Revolutionären, Verrückten. Sie gehören, im Jargon des Professors, einer devianten Subkultur an, für solche Typen hat er sein Buch nicht geschrieben. In den allermeisten Mitgliedsstaaten der Vereinten Nationen pflegen sie ohnehin in Konzentrationslagern, Gefängnissen oder Irrenhäusern zu landen, beziehungsweise auf den Listen von Amnesty International.

Die Gruppen, mit denen der Professor gearbeitet hat, zum Beispiel die akademischen Selbstanalysegruppen von Psychologiestudenten an der Harvard-Universität, wurden durch ein gemeinsames und mächtiges Motiv zusammengehalten, dem Wunsch nach einem schönen Diplom. Der Wunsch nach einem schönen Diplom, mit dem sich eine interessante berufliche Laufbahn eröffnet, ist im System des Professors eine F-Strebung F (= *forward*). Ohne F gäbe es weder Studenten noch Professoren.

In meiner Gruppe ist das F kaum vorhanden, wie folgende Aufstellung zeigt:

Das einzige Ausrufezeichen, das sich der Professor leistet, steht auf Seite 249 seines Buches. Dort schreibt er, daß sein System keinerlei Schlüsse auf die Wahrheit und den praktischen Wert dessen erlaubt, was in einer Gruppe passiert. Und er fügt hinzu: Das ist eine gewaltige Lücke!

Zweifellos. Das System des Professors ist für die gesellschaftsverändernden Energien mancher Kleingruppen blind, es hätte auf Jesus mit seinen Aposteln nicht anders reagiert als auf einen Kegelklub in Mülheim an der Ruhr oder den Vorstand der Deutschen Bank. Der Professor weiß, daß er eine Art psychologischer Registrierkasse gebaut hat, und es spricht für ihn, daß er sich ein wenig dabei geniert.

Der kaufmännische Blick des Professors, der so vielen Wissenschaftlern eigen ist, hat aber auch seine Vorteile. Prediger und Propagandisten vermögen ihn nicht von seinem Vorsatz abzubringen. Während sie deklamieren, macht er sich eifrig Notizen.

Und so weiß er, daß die Gruppe, die ich zusammengestellt habe, meine eigene Persönlichkeit verrät, mit ihren untereinander streitenden oder sich verbündenden Neigungen. Ich bin komplizierter als der Typ, der ich im System des Professors bin. Ich bin nicht nur UB, ich bin auch Nietzsche und Trotzki und die rote Tante, alle achtzehn Typen meines Buches ziehen und stoßen und drängen mich in verschiedene Richtungen, eigentlich müßte ich längst zerplatzt sein.

Der Begriff einer Persönlichkeit, meint der Professor, und der

Begriff der Gruppe sind austauschbar, wechselseitig erhellen sie einander. Der Begriff der Persönlichkeit kann als Gruppe von Tendenzen oder Kräften aufgefaßt werden, die sitzen wie die Anonymen Alkoholiker im Kreis und diskutieren miteinander. Wenn sie sich eines Tages überhaupt nicht mehr vertragen können, geht die Gruppe auseinander, das heißt die Persönlichkeit wird verrückt. Wie es die Leute (Persönlichkeiten, Individuen) überhaupt schaffen, sich einigermaßen im Gleichgewicht zu halten, ist ein wissenschaftliches Problem ersten Ranges, schreibt der Professor. Er scheint sich im stillen zu wundern, daß nicht mehr Narren herumlaufen.

Die Formel, nach der ich vorgegangen bin, um Ordnung in meine Gedanken zu bringen, lautet demnach $1 = 18$. Ich habe mich zu einer Gruppe gemacht, in der es Lebende und Tote, Frauen und Männer, berühmte und unbekannte Persönlichkeiten gibt, und ich komme in ihr lediglich als Holl vor, als Maske, in der ich aufzutreten gewohnt bin.

Zählen wir also ab. Unter uns gibt es, wie bereits bemerkt, lediglich vier F, wir sind nicht sonderlich gesellschaftskonform; hingegen verfügen wir über neun B in der entgegengesetzten Richtung. Stark ist auch das liebevolle P (= *positive*) vertreten, neunmal, während die negative Tendenz nur viermal unter uns auftritt. Die Menschenfreundlichkeit wird man uns nicht absprechen können. Auf der vertikalen Koordinate ist die Aufwärtsrichtung (U = *upward*) ein wenig im Nachteil gegenüber dem Zug nach unten (D), es steht sieben zu sechs für D, was auf einen potentiellen Gruppenkonflikt hinweist. Nach den vorherrschenden Tendenzen in unserer Gruppe marschieren wir jedenfalls nach DPB, wir streben nach Identifikation mit den Unterprivilegierten, das ist unser Gruppenziel.

Während Paranoia mit Holl redet und ihm ihre unangenehme Lage erklärt, schweigen die übrigen Gruppenmitglieder. Nietzsche steht am Fenster, er würde sich eher die Zunge abbeißen als zulassen, daß man in seiner Gegenwart einen anderen Menschen bedauernswert findet und ihn damit erniedrigt. Freud, Scheler, Lou Salomé, Erich Fromm und Professor Bales schwanken zwischen

Interesse und Besorgnis, sie haben erkannt, daß Paranoia unter Verfolgungswahn leidet. Schwester Oliva, Mutter Teresa und Florence Nightingale sind in die Küche verschwunden, um Kaffee zu kochen. Riki hat sich neben Paranoia gesetzt und ihre Hand ergriffen, Martin tastet zerstreut nach dem Umhang, aber er hat ihn seit langem zerschnitten. Bakunin und Trotzki sind ungeduldig, Edith Stein betet leise für sich.

Endlich, nachdem Holl sich zur Gastfreundlichkeit bequemt hat, hört man die Stimme der roten Tante.

Das war doch wohl selbstverständlich.

Für einen Augenblick ist die Welt vollkommen in Ordnung.

Zwei Jahre später, kurz vor der Abfahrt des Zuges, der Paranoia fortbrachte, als wir uns bereits voneinander im Waggon verabschiedet hatten und ich mich zum Aussteigen anschickte, blickte ich noch einmal zu ihr zurück und unsere Augen begegneten einander. Das war schön.

Der Zug setzte sich pünktlich in Bewegung.

II. Die Aufdeckung des Fleisches

Inzwischen weiß ich, daß ich Paranoia nicht ohne weiteres bei mir hätte schlafen lassen, wenn sie alt und häßlich wäre. Das kommt, in der Redeweise des alten Sokrates, vom göttlichen Wahnsinn der Aphrodite, dem erotischen, dem besten von allen. Angezogen hat mich ferner die Hilflosigkeit Paranoias, ihre verzweifelte Lage ohne Nachtquartier. Das war der Ruf eines weiteren Gottes, des bekannten Jünglings mit dem Lamm auf den Schultern, der bis ins Totenland vordrang, um die gefangenen Seelen zu befreien. Miteinander haben die beiden in mir den gewöhnlichen, alltäglichen Zustand, wie Sokrates ihn nannte, kurzfristig und vorübergehend ausgeschaltet, den berechnenden Verstand mit seiner Bedenklichkeit, und jene Hilfsbereitschaft zum Schwellen gebracht, welche der Gegenstand meines Buches ist. Als ich Paranoia den Schlüssel zu meiner Wohnung gab, war dies das gemeinsame Werk des Christus und der Aphrodite, die in der Regel schwer zueinander finden, sie sind nämlich Geschwister und dürfen deshalb kein Liebespaar werden.

Ermöglicht wurde diese seltene Konstellation durch die Intervention eines verspielten Kindes, dessen launische Natur keineswegs engelhaft ist, obwohl es geflügelt auftritt, auf heidnischen und christlichen Darstellungen in Scharen. Niemand käme auf den Gedanken, die flatternden Putti unbotmäßig zu nennen, obwohl sie es sind, für jedermann kenntlich, der sie unbefangen betrachtet.

Wie man sieht, läßt sich DPB auch mythologisch ausdrücken. Nein, auch das weiß ich jetzt, mein Mitleid mit Paranoia war weder selbstlos noch nächstenliebend im landläufigen Sinn. Wiederum muß ich an jene Mechthild von Magdeburg denken, die im Kloster Helfta (heute Ortsteil von Eisleben, Bezirk Halle, in der

Deutschen Demokratischen Republik) vor 700 Jahren gestorben ist und die chirurgische Vision hatte, ins blutige Innere des «verwundeten Herzens» eines leidenden Mannes, eia wie süß dies gebrochene Herz doch war. Als sein Blut zur Erde niederrann, da wurde der Himmel aufgetan.

Die Empfindung der Süße und der offene Himmel (starkes Licht) weisen auf einen bestimmten Entrückungszustand hin, den man heute Trance nennt. Sokrates nannte ihn den göttlich verursachten Wahnsinn und wußte, wie vielleicht erinnerlich, vier Weisen aufzuzählen, in denen er auftritt – die weissagende, die mysterienhafte, die dichterische, die erotische.

Mechthild war eine Dichterin von Rang, die erste der sogenannten deutschen Mystik. Sie übte Kritik am Klerus und wurde deshalb angefeindet. Sie blieb unverheiratet.

Es liegt nahe, Mechthilds Lust am gebrochenen Herzen Jesu zu pathologisieren, als sadistische Perversion. Das ist eine Abwehrgeste psychiatrischer Art, man könnte sie auch polizeilich nennen. Sie erledigt den Fall, und mit ihm auch jegliche Anteilnahme.

Also dran bleiben. Die Offenlegung des Fleisches, in Mechthilds Vision, ist in der Tat ein heftiger Liebesakt, intensiver als die Begattungsroutine, weil er radikaler noch in das Leibesinnere des anderen vordringt, und dauerhafter. Mit der Vorstellung weiblicher Hingabe verträgt er sich gar nicht. Im übrigen ist Mechthilds Schmerzensmann keine Leiche, er ist tot und lebendig zugleich, sein Aug voll Tränen und gebrochen, sein süßes Herz von Liebe ganz durchströmt.

MECHTHILD: Ich stürbe gern aus Liebe.

ER: Du sollst mit mir zur Marter gehn.

MECHTHILD: O kummerreicher Schmerz, der deinen hehren Leib gemordet!

ER: O wolle deiner Liebe Glut versenken tief in mein göttlich Herz!

Zur matten Erbaulichkeit der spätchristlichen Gegenwart stehen die Ergüsse Mechthilds in einem starken Kontrast. Sie wirken exaltiert. Ihre Maßlosigkeit kümmert sich nicht um die Grenzen zwischen Ich und Du, wie wir sie zu ziehen gewohnt sind, Lust und Schmerz sind noch nicht voneinander abgespalten. Als Mechthild lebte, gab es noch keinen Sex im heutigen Sinn, der wurde erst später erfunden.

Deshalb ist es ein Unsinn, Mechthilds Umgang mit ihrem geplagten Gott sexistisch wegzurationalisieren, als Sublimation unterdrückter Triebe und so weiter, als ob das Maß aller Dinge ein geregelter (!) Geschlechtsverkehr sei.

Ihre erste Vision hatte Mechthild im Alter von zwölf Jahren.

Mechthild war kein Einzelfall. Die Frauenbewegung, zu der sie gehörte, hatte ihre Stützpunkte in siebzig neu gegründeten Frauenklöstern der Dominikanerinnen allein in den deutschsprachigen Ländern und in den vielen nicht klaustrierten Frauenhäusern, die es damals gab. Andere Schwestern «vom freien Geist», wie man sie nannte, reisten durch die Lande, hielten Vorträge und schrieben Bücher. Die Bewegung endigte, nach 150 Jahren, in der Pestepidemie um 1350 und den bald danach einsetzenden Hexenverfolgungen.

Im Kloster Töß bei Winterthur (Schweiz), gegründet 1233, fertiggestellt 1271, aufgelassen 1525, lebten vor dem Ausbruch der großen Pest hundert Nonnen des heiligen Dominikus. Eine von ihnen, Elsbeth Stagelin, war eine Schriftstellerin.

Der männliche Zweig des Dominikanerordens diente der heiligen Inquisition.

Die Stagelin verfaßte unter anderem 31 Lebensskizzen ihrer Mitschwestern in Töß, die in der Mehrzahl aus vornehmen Familien kamen. Sie wetteiferten in der Meditation der Passion Christi, wollten die Schläge fühlen, die ihn getroffen hatten, geißelten sich mit eisernen Kettchen. Oft war das Kloster vom Stöhnen der Frauen erfüllt, die in ihren Zellen mit Jesus litten, die dummen Körper die Einfühlung in fremde Schmerzen lehrend. Eine Schrift der Narben, die nicht heilen durften, eine beständig fühlbare Lektüre, notiert auf der Haut. Von Wonnen berichtet Elsbeth Stagelin, von unaussprechlichen Ekstasen der Freude. O wie schön war Schwester Sophie von Klingenau anzusehen, strahlend wie ein Stern erschien sie im Chor, wenn in der Nacht die Metten gesungen wurden. Margaret Willin schlief auf Steinen, die sie in ihr Bett getan hatte. Ita von Sulz goß Wasser über die Speisen, bevor sie sie aß.

Elsbeth Stagelin hatte auch einen Seelenfreund. Sie nannte ihn Bruder Amandus (von lateinisch *amare* = lieben) und stand mit ihm in brieflichem Verkehr. Er hieß Heinrich Seuse und gehörte dem Dominikanerorden an, war Schriftsteller, Theologielehrer und Klosterdirektor in Konstanz am Bodensee. Er schrieb einen empfindsamen, gefühlsbetonten Stil. Elsbeth hatte sich brieflich an ihn gewandt, ratsuchend, und er hatte ihr empfohlen, es dem leidenden Christus nachzutun.

Auch Seuse hatte seine Erfahrungen mit dem wunden Jesus gemacht. Er schrieb:

Es geschah, daß derselbige Bruder sich eines Mittags in einem Stuhl niedergelassen hatte. In einem hellen Schlaf sah er auf der rechten Seite neben sich unseren lieben Herrn stehen, wie er von der Säule abgelöst war. Und stand vor ihm so voll Güte und Väterlichkeit, daß er wähnte, es wäre sein Vater. Sein zarter Leib war weizenfarbig, das ist weiß und rot untereinander recht vermischt, und ist das die allernatürlichste Farbe. Sein ganzer Leib war sehr durchwundet, und die Wunden waren frisch und blutig, einige rund und einige eckig, andere sehr lang, so wie die Geißeln sie aufgerissen hatten. Als er nun so minniglich vor ihm stand und ihn gar so gütig ansah, da hob der Bruder seine Hände auf und liebkoste die Wunden, indem er an ihren Rändern zart hin und her fuhr. Und da wurde ihm eine Kraft gegeben und er verstand, wie Gott mit seinem rosenfarbenen Kleid, das aus seinen Wunden gewirkt ist gar wonniglich, diejenigen in ewiger Schönheit kleiden will, die ihn in seinem Leiden betrachtet hatten.

Alte Geschichten?

Fortwährend zeigt man uns Bilder geplagter Menschen. Ausgemergelte Kinder, verzweifelt weinende Frauen, Verwundete, Gefolterte, Tote. Man soll sie fernsehen, die Andeutungen des Grauens, Bedrohung und Augenweide zugleich.

Das Bewußtsein des Menschen, schrieb Georges Bataille (gest. 1962), muß sich der Gewalt des Schrecklichen öffnen. Religiöse

Ekstase, Erotik, Sadismus waren für Bataille miteinander verbunden. Ihr gemeinsames Ziel: Die Aufdeckung des Fleisches. Die Maßlosigkeit einer Erfahrung, die Bataille im Erwachen aus einem Traum hatte, vereinte Gelächter und Tränen, das Kreuzopfer, die Ekstase und den Eros. Diese Erfahrung, in der sich die Erinnerung an flüchtige Momente, in denen der Sadismus in ihm überhandnahm, mit der anders begründeten Ekstase des schmerzensreichsten christlichen Mitleids verband, hat Bataille ausdrücklich als eine sehr persönliche bezeichnet. Nur für ihn hatte sie Sinn, und sie in Bücher zu übertragen erschien ihm aufreibend und unvollendbar. Sein letztes Buch hat den Titel: «Die Tränen des Eros».

Der Augenblick, in dem das fremde Fleisch seine Geheimnisse preisgibt, in der Hochzeitsnacht, beim Ansetzen des Skalpells am Beginn des chirurgischen Eingriffs, während der Folter, wenn das Opfer seinen ersten Schrei ausstößt, ist auch der Augenblick des Mitleids. Die Frage nach der verschwiegenen Verbindung zwischen Folterknecht und Operateur wirkt unerhört, sie verletzt die Grenzen der Moral und führt in die Wildnis der verwirrten Gefühle, des zügellosen Gelächters, das plötzlich in unverständliches Schluchzen umschlägt. Weiß und rot untereinander recht vermischt, und ist das die allernatürlichste Farbe. Das weizenfarbene Kleid für Bruder Amandus, am Ende der Mittagserscheinung, überreicht während der Rückreise in den Alltag, darf als Belohnung aufgefaßt werden, nach einem gefährlichen Trip. Denn groß ist die Anziehungskraft frischer Wunden, es könnte dabei ein Sog entstehen, der Bruder Amandus in einen Totmacher verwandelt, einen Lustmörder, einen Vampir. Vielleicht hat Bruder Amandus einen lieben Vater gehabt. Jedenfalls spürte er beim Anblick des blutigen Schmerzensmannes die zärtliche Regung zum Liebkosen der Wunden, er hatte die Prüfung bestanden. Den Bruder Amandus wird man nicht in den Dienst der heiligen Inquisition stellen können.

Hätte Bruder Amandus nur einen weißen Jesus gesehen, einen retuschierten sozusagen, ohne offene Wunden und ordentlich gekleidet, dann wäre er ein mittelalterlicher Softie geblieben, der sich für einen guten Menschen hält.

Aber das rosenfarbene Kleid des Gottes, das blutige, begann damals sich zu vervielfältigen auf den gotischen Tafeln, wie nie zuvor. Als sogenanntes Erbärmdebild trat der gefolterte Christus vor die Augen der Menschen, die durchbohrten Hände vor der Brust gefaltet, nackt, mit Dornen gekrönt, «im Elend», wie man in Tirol sagte. Ausgemalt wurde die ganze Leidensgeschichte des Heilands, vom Einzug in Jerusalem auf dem Esel bis zum Tod am Kreuz und der Beweinung des Leichnams auf den Knien der Mutter, scharf und genau, höchst gegenwärtig, mit Rittern und Schergen, wie sie damals auf der Straße herumliefen, im Hintergrund eine deutsche oder italienische Stadt, nicht eine orientalische. Schau gut hin, wurde den Betrachtern gesagt, deine Sünden haben ihn so übel zugerichtet.

So haben sich die Bürger in den europäischen Städten, zugleich mit der Einführung der doppelten Buchhaltung, neue Bilder bestellt, grausam schöne, und sich in einer neuen Andacht geübt, der des Mitgefühls mit dem Mann der Schmerzen, in den raffiniertesten Variationen und Einfällen. Dahinter begann sich eine Allgemeinheit zu formulieren, im Abstraktsingular, aus der Bibel heraus zitiert: Sieh da, der Mensch. Aus der eher beiläufigen Bemerkung des Pontius Pilatus im biblischen Original, die den Delinquenten der versammelten Menge vorstellt, wurde eine Bedeutung der Selbsterkenntnis. *Ecce homo*, das ist der in Not geratene Gott ebensogut wie der trübselige Mensch, ewig steht er so da, ausgeliefert einer vernunftlosen Gewalttätigkeit, und bittet vergeblich und schweigend um Schonung. Zwischen der Meute und ihrem Opfer soll das Publikum sich entscheiden und schwankt, weil es in beiden Gestalten sich wiedererkennt, weiß und rot untereinander recht vermischt, und ist das die allernatürlichste Farbe. Das schließlich siegreiche Mitleid mit dem erbärmlichen Mann, als Hineinversetzung in seine Leiden, weiß gleichwohl um die Notwendigkeit seiner Hinrichtung, an die es unablässig erinnert wird.

Der Beginn der bürgerlichen Ära in Europa, mit seiner unglaublichen Inflation an Kruzifixen und Schmerzensmännern, Passionen und Dolorosen, hat einen ganzen Gesellschaftskörper zum Mitleid mit den göttlichen Wunden erzogen, die seine eigenen waren. Das war ein zögernder Schritt zur Gesittung, zur Entgröberung, wie man damals sagte.

Gleichwohl bleibt Bruder Amandus, der Prototyp bürgerlicher Empfindsamkeit, eine zweifelhafte Gestalt. Gegen den Terror, den sein Orden im Auftrag der heiligen Inquisition verbreitete, bäumte er sich nicht auf, als Intellektueller wird er schon seine Entschuldigungsgründe gehabt haben. In seiner Rolle des Seelsorgers und Beichtvaters trat er den Menschen als Helfer von Berufs wegen entgegen und formte sie gleichzeitig nach dem Willen der Obrigkeit. Daß seine Menschenfreundlichkeit eine Maske war, eine beruflich geforderte, mag er dunkel geahnt haben, als der minnigliche Blick des wunden Herrn Jesus ihn traf.

Die Probleme des Bruder Amandus wirken, zumindest auf mich, nicht verstaubt. In den zwanzig Jahren meiner Tätigkeit als Seelsorger und Lehrer habe ich die Attitüden gelernt, die der professionelle Helfer sich zulegen muß, um sich seine Klienten einigermaßen vom Leib zu halten. Daß ich Paranoia bei mir aufgenommen habe, war unprofessionell gehandelt. Als dies geschah, war mein Berufshelfertum allerdings schon beendigt. Ist es unpassend, den Auftritt Paranoias mit der mittelalterlichen Erscheinung des geschundenen Gottesknechtes zusammenzudenken? Wenigstens einmal, soviel steht fest, sind die Sicherungen geschmolzen, die der Profi Holl sich im Umgang mit hilfesuchenden Menschen zugelegt hat, haben die Wunden frisch zu bluten begonnen, stand das Opfer zitternd vor ihm. Es handelte sich um eine Frau, was die Sache noch komplizierter macht.

An dieser Stelle sollte ich mich vielleicht bei Professor Bales dafür bedanken, daß er mir geholfen hat, Ordnung in meine Gedanken über die Mitmenschlichkeit zu bringen. Da, wo ich jetzt angelangt bin, werde ich mich wohl vom Professor verabschieden müssen. Immerhin ist es mit seiner Unterstützung gelungen, die alte Nächstenliebe ein wenig in Fahrt zu bringen, zu den Klängen der Marseillaise und der Internationale. Der Chor, den wir aufgestellt haben, aus Männern und Frauen verschiedener Stimmlagen, brachte trotz gewisser Unstimmigkeiten doch ein Programm zustande, dem man zuhören konnte. Was will man mehr, in der heutigen Zeit?

Ein wenig beschwerlich, das darf im nachhinein vielleicht kritisch angemerkt werden, war die Vorliebe des Professors für Abkürzungen (zum Beispiel: DPB) und abstrakte Formulierungen («Identifikation mit den Unterprivilegierten»). Weder diese Formel noch jene Abkürzung (sie bedeuten, wie erinnerlich, dasselbe) dürften außerhalb einer entsprechend vorbereiteten Fachwelt auf viel Verständnis stoßen. Man kann sie schnell vergessen.

Wenn sich an ihrer Stelle ein Hauptwort finden ließe, aus der Umgangssprache womöglich, das die gemeinte Haltung ohne viel Umstände bezeichnet, dann wäre schon einiges gewonnen. Dann könnte das Wort propagiert werden, bis es allgemein bekannt ist, und mit ihm die empfehlenswerte Alternative zur herrschenden Hackordnung. Der Butterberg in den westeuropäischen Kühlhäusern würde dann wie durch ein Wunder endlich nach Afrika transportiert werden, zu den hungrigen Negerkindern, und Professor Bales müßte ein neues Buch schreiben, weil die Strebertypen, denen er so viel Aufmerksamkeit schenken mußte, im Verschwinden begriffen sind.

Der Quäker William Penn hatte vor 300 Jahren ein ähnliches Problem. Er suchte nach einem Namen für die Stadt, die er in Amerika gründen wollte, am Delawarefluß in New Jersey, wie ein «heiliges Experiment», mit dem Volk als einzigem Souverän. Die griechischen Wörter für Liebe und Bruder vereinigte Penn zu «Philadelphia», und so heißt die Stadt bis heute. Ein Schuß Heroin kostet dort ebensoviel wie in New York.

Vierter Teil:
Politik und Solidarität

Du brauchst keine neuen Namen zu finden. Du mußt keine neuen Empfehlungen aussprechen. Warum solltest du als Moralist auftreten? Es ist alles gesagt. Was du nicht willst, das man dir tut, das füg auch keinem andern zu. Irgendwo hast du gelesen, daß auf einem Kongreß für Moralphilosophen der Reporter einen Gelehrten fragt: Was möchten Sie der Allgemeinheit mitteilen? Und der Moralphilosoph antwortet: Nichts.

Weil du in einer Zeit lebst, in der die Amerikaner und die Russen den Ton angeben möchten, suchst du nach unschädlichen Regungen. Du kennst gefährliche und ungefährliche Menschen. Dich selber hältst du für ungefährlich, was nicht stimmt. Gelegentlich bist du hilfsbereit, und das wundert dich. In den Momenten der Aufrichtigkeit mußt du erkennen, daß die sogenannten Menschheitsfragen für dich nur eine diffuse Belästigung darstellen, wie der Straßenlärm, zu dem du selbst beiträgst. Du bist allein.

Das Unbehagen, schrieb Jean-Paul Sartre (gest. 1980), beginnt dann, wenn kaum geliebte Kinder, das heißt die Mehrzahl, verblüfft feststellen, daß sie ohne Grund existieren. Der Ursprung ist die Verlassenheit des Säuglings.

Wenn du gebraucht wirst, dann ändert sich eventuell deine Lage. In der Lebensbeschreibung des Martin von Tours steht eine seltsame Bemerkung. Man liest, Martin habe beim Anblick des Bettlers erkannt, daß dieser Mensch ihm bestimmt sei. *Sibi illum reservari*, wörtlich also war jener Bettler dem Martin vorbehalten, sozusagen reserviert, und zwar deshalb, wie hinzugefügt wird, weil die anderen kein Mitleid mit dem Bettler hatten (*aliis misericordiam non praestantibus*). Die anderen sind vernagelt wie immer, obwohl ja auch sie verlassene Säuglinge waren, kaum (oder schlecht) geliebte Säuglinge, wenn Sartre richtig beobachtet hat, und infolgedessen ohne Grund existierende, aber vielleicht wissen sie's noch nicht, vielleicht muß ihnen erst der Knopf aufgehen. Jedenfalls dann der Zoom auf den Bettler, Martin sitzt etwas höher, nämlich auf seinem Pferd, das erleichtert den Überblick.

Denkbar wäre freilich auch eine Totale, ein langsamer Schwenk aus halber Höhe über das Kommen und Gehen vor dem Stadttor von Amiens, mitten im Winter, ohne Zoom auf den Bettler. In diesem Fall würde Martin einfach weiterreiten, ohne Erleuchtung, es gibt zahllose Bettler, zwei Drittel der Menschheit nagen am Hungertuch, das steht in der Zeitung, also wird es schon wahr sein. So viele Mäntel hat Martin ja nun wirklich nicht zur Verfügung. Wenn diese Einstellung gewählt wird, bleibt Martin fürderhin allein, allein mit aller Menschen Gram (Rilke, Der Ölbaum-Garten), worauf sich Scham reimt, o namenlose Scham. Jetzt hat der Schwenk auch kurz den Bettler erfaßt, der ist ja fast nackt in der bitteren Kälte, hat der denn nichts anzuziehen.

Für langsamere Denker, wie zum Beispiel die Psychologen, sei hier festgehalten, daß Mitleid ein Erkenntnisakt ist. *Intellexit* steht im Text, Martin kam drauf, sah ein, begriff, daß derjenige welcher, der nackte Arme, für ihn speziell dahier sitzt und seine Arme flehend erhebt, da hat er seine einmalige Chance. Nützt er sie oder nützt er sie nicht? Er nützt sie! Bravo! Und schon hat er einen Grund für seine Existenz gefunden, so schnell kann das gehen. Jemand braucht ihn dringend, würde ohne sein Eingreifen in der nächsten Nacht erfrieren, alle anderen sind mitleidlos, also los, gib deinen Mantel her oder wenigstens die Hälfte. Dein Typ wird gesucht, du bist gefragt, was heißt hier ohne Grund existieren, aller Augen sind auf dich gerichtet, das ist jetzt die Rolle deines Lebens, dein Auftritt, du hast die Hauptrolle bekommen. *Quid tamen ageret*, fragt der Text: Was soll er jetzt nur machen? Und durchgetrennt den Umhang, die eine Hälfte dem Bettler, die andere bleibt dir schon wegen der Symmetrie, keine Angst, alles brauchst du nicht herzugeben, die Hälfte genügt, und schon hast du einen Existenzgrund, einen Lebenssinn, Beifall rauscht auf, wieder eine Seele gerettet.

So einfach, wie die Sache aussieht, ist sie doch wieder nicht. Martin hatte geübt. Der Bettler vor dem Stadttor war nicht sein erster Fall, wie der Biograph schreibt. Den Elenden pflegte Martin beizustehen, den Darbenden Speise zu geben, die Nackten zu kleiden. Deshalb hatte Martin, wie hinzugefügt wird, im entscheidenden Augenblick vor dem Stadttor außer seinem Umhang nichts Überflüssiges mehr, er hatte alles verschenkt.

Vom Letzten die Hälfte, das ist in diesem Fall der Preis für die Erlösung vom grundlosen Existieren, vom Alleinsein.

Natürlich ließe sich darüber streiten, ob ein Umhang mitten im Winter überflüssig ist, diesbezüglich gehen die Meinungen schon sehr auseinander, auch moralphilosophisch. Du fragst einen Gammler, was für ihn lebensnotwendig ist, du fragst einen Gastwirt, du fragst einen Operndirektor. Drei verschiedene Antworten. Hier liegt ein Grund für die Abhaltung immer neuer Kongresse für Moralphilosophie.

Du kannst, um die Fehlerlosigkeit der Aktion Martins besser würdigen zu können, Martins Hilfsbereitschaft mit einem Laster vergleichen. Martin hatte sich ans Helfen und Geben gewöhnt, an das eigenartige Glück der Selbstlosigkeit. Deren Tendenz, wie bei den Genußmitteln, ist steigend, sie führt zu immer höheren Dosen, was Mittellosigkeit zur Folge haben kann, wie bei Martin. Alles würde darauf hindeuten, daß Martin jetzt einfach den Umhang weggibt, wie ein Süchtiger, der zu einer stärkeren Prise greift. Aber nein, Martin halbiert den Mantel, er setzt eine Pointe, mit sicherer Eleganz, wodurch die ganze Szene erst denkwürdig wird. Mitleid kann immer nur eine halbe Lösung sein.

Der Gott war mit seiner Hälfte zufrieden.

Mit seinem Dienstburschen, der ihm als Offizier zustand, hatte Martin eine ungewöhnliche Regelung getroffen, wie der Biograph notiert. Martin bestand darauf, sich in den Bedienungen mit dem Knecht abzuwechseln, zog ihm die Schuhe von den Füßen und putzte sie, servierte das Essen, striegelte das Pferd, säuberte das Quartier.

Moralphilosophisch gehört dieses kauzige Benehmen in die Tugendlehre, zum Kapitel Gerechtigkeit. Sozialwissenschaftlich handelt es sich um eine Klassenverleugnung. Liebesgeschichtlich betrachtet hat Martin den fremden Knecht zum Bruder gemacht, genaugenommen zum Zwillingsbruder, was den Betreffenden sicher nicht wenig gewundert hat.

Halbe-halbe also machte Martin unbeirrt und vorsatzgetreu, man könnte ihm den Vorwurf einer gewissen Pedanterie machen. Dafür hatte er kein schlechtes Gewissen, er brauchte nicht mehr den vornehmen Herrn zu spielen, hatte keine Neider und daher keine Feinde.

Die Beziehung zwischen Martin und seinem Pferd ist nicht überliefert. Man darf annehmen, daß sie problemlos war.

Du kannst dir das Pferd Martins als stummen, geduldigen Gott denken, was hat er sich nicht schon alles gefallen lassen müssen. Es ist gar nicht unwahrscheinlich, daß Martin seinen Bettler gar nicht gesehen hätte, wenn das Pferd nicht plötzlich stehengeblieben wäre, weil es nicht auf den Menschen treten wollte, der sich ihm in den Weg schob.

Ein anderes Pferd, auf der Piazza Carlo Alberto in Turin, das hilflos am Boden lag und vom Kutscher gedroschen wurde, mitten im Winter, hatte ein seltsames Erlebnis. Während es nämlich so dalag und gepeitscht wurde und doch nicht die Kraft hatte, aufzustehen, näherte sich plötzlich mit raschen Schritten Friedrich Nietzsche, drängte sich durch die Zuschauer und warf sich vor dem Pferd auf die Knie, legte seine beiden Arme um den Hals des Pferdes und weinte und klagte und drehte die Augäpfel nach oben und zuckte dann mit seinem ganzen Körper und schrie Unverständliches in großer fürchterlicher Wut und Trauer auf deutsch und lag dann still neben dem Pferd auf dem Pflaster, bis der Arzt kam und alles seinen Lauf nahm.

Zehn Jahre später, im Jahr 1899, gründete Giovanni Agnelli (gest. 1945) die Fabbrica Italiana Automobili Torino, abgekürzt Fiat, die bis heute besteht, mit einer militanten Belegschaft. Die Pferde sind aus Turin so ziemlich verschwunden.

Die Humanität der Pferde besteht darin, daß sie nie absichtlich auf einen Menschen treten, der auf dem Boden liegt. Die Humanität der Menschen ist komplizierter. Während die Pferde immer human sind, in den Grenzen ihrer Möglichkeiten, halten sich die Menschen längst nicht in allen Fällen an das Ideal der Menschlichkeit. Warum das so ist, weiß der Teufel.

Immerhin sind vor zweihundert Jahren in Paris «die Rechte des Menschen und Bürgers» proklamiert worden, am 27. August 1789, sechs Wochen nach dem Sturm auf die Bastille. «Der» Mensch, um den es dabei ging, zeichnete sich durch weiße Hautfarbe, männliches Geschlecht und verfügbares Privateigentum aus. Die Farbigen der französischen Kolonie auf Haiti hörten die neue Botschaft gleichwohl mit Vergnügen und begannen den revolutionären Bürgern Frankreichs alsbald auf die Nerven zu gehen, mit Forderungen nach Gleichberechtigung und einem eigenen Parlament. Der Satz, mit dem jede Revolution beginnt, war übers Meer geschwommen und glücklich bei den Mulatten und den Negersklaven gelandet. Wir sind auch Menschen. Nach fünfzehn Jahren grausamer Kämpfe war Haiti von Frankreich unabhängig. Hierbei handelte es sich um eine ganze, nicht um eine halbe Lösung.

Im Jahr 1957 gelangte Papa Doc (Duvalier) auf Haiti an die Macht, ließ die Opposition liquidieren und etablierte ein Schreckensregiment. Nach seinem Tod im Jahre 1971 wurde sein Sohn Baby Doc zum Präsidenten auf Lebenszeit ernannt. Er wurde 1986 ins Ausland vertrieben. Die Lage der Bevölkerung blieb weiterhin miserabel. Die Touristen, die auf Haiti ihren Urlaub verbringen, haben Mitleid mit den dort lebenden Menschen.

Die Touristen werden in den Ländern der sogenannten dritten Welt schon erwartet, wie Martin von seinem Bettler. Selten sind sie auf ihre Begegnung vorbereitet. Einer von ihnen, der Schriftsteller Holl, besichtigte im Oktober 1980 das Viertel der Göttin Kali in Kalkutta. Sofort war ein kleiner Junge da, der ihm folgte und seine Schuhe bewachte, während Holl einen Tempel besichtigte. Holl verhielt sich abweisend, der indische Journalist, der ihn begleitete, hatte ihm das nahegelegt. Dann, während du in das wartende Taxi steigst, hast du dem Kleinen trotzdem eine Münze gegeben. Du hast zurückgeschaut und das noch ungläubige Glück in den Augen des Kindes gesehen, die überraschte Unterwürfigkeit. Die namenlose Scham des Gebers, der Blick auf das hilflose Opfer. Der Tourist in der Rolle des gütigen Henkers, im Schwanken zwischen Zynismus und Mitleid, hatte sich vorübergehend in einen Menschenfreund verwandelt.

Wenn etwas in dir schmilzt, wenn der Stein zu weinen beginnt. O die Tränenbäche möchten ihren Lauf nehmen, und du weißt es ja, während der Blick des Kleinen sich dir in das Herz senkt. So soll es nicht sein, so darf es nicht sein, daß einer den andern so anschauen muß. Aber deine Herzwunde, die jenes Kind aufs neue fühlbar gemacht hat, ist süß schmerzlich wie eine erste noch unerfüllte Liebe. Warum hast du zurückgeschaut?

12. | Das punktierte Herz

Halt, stehenbleiben, möchtest du rufen, ich muß aussteigen, und das Auto fährt weiter, wieder einmal ist es zu spät. Der Blick des Straßenjungen hat dich an etwas erinnert, was war es nur gleich, noch einmal drehst du dich um, der Kleine ist schon verschwunden, er hat dich bereits vergessen, deine dringendste Frage wird ohne Antwort bleiben. Dein Bett wird frisch überzogen sein, die duftenden Arme deiner Geliebten erwarten dich. Du wirst schlafen, mein Prinz. In der Nacht, aus den Gärten des Maharadschas, wirst du den Schrei der Pfauen hören.

Erinnere dich, mein Prinz. Diener wurden ausgesandt mit dem Auftrag, einen kleinen Jungen im Viertel der Kali ausfindig zu machen. Viele wurden vor dich gebracht, du hast sie beschenkt und wieder weggeschickt. Deine vergeblichen Streifzüge im Morgengrauen, zur Stunde der Opfer. Das Bild der Mutter, rot und schwarz im Halbdunkel des Tempels, eine obszöne Attrappe. Die kinderausschüttende, geile, unersättliche, mörderische Hockerin hat den lieblichen Knaben beiseitegeschafft, vernascht, verschnitten, geschunden, zerstückelt. Immer wieder ausweichende Antworten fetter Priester.

Dein Masseur, dein Mundschenk, dein Fechtmeister machten besorgte Mienen, im Harem flüsterte man von der unerklärlichen Schwermut des Prinzen. Nie hätte den Prinzen der Anblick des Elends treffen dürfen. In den Augen eines Lumpenkindes hatte der Prinz das Leid dieser Welt entdeckt, das unendliche. Die unzählbaren Tautropfen in den Kelchen der Blüten erinnerten dich an Tränen, mein Prinz, frühmorgens in den Gärten des Maharadschas, bis zu dem Tag, an dem der kleine weiße Elefant dich forttrug aus dem Palast, sanft schaukelnd auf grüngoldenem Kissen zu den Affen und Schlangen des Dschungels, ans Ufer des klaren

155

Flusses in die Waldeinsamkeit der kleinen Lichtung, wo deine Hütte schon stand. So bist du entronnen.

Die sieben Jahre deines Nachsinnens, in der Gesellschaft der Tiere und Geister des Waldes, über die Bedeutung deiner Begegnung mit dem sanftäugigen Boten aus der besseren Welt. An diese, so dachtest du, hattest du dich flüchtig erinnert, als dich der Blick jenes Knaben traf, wie an eine lange vergessene Heimat, in der alle gut zueinander sind. Gab es sie je? Oder war sie als Wunsch aufzufassen, der noch nicht in Erfüllung gegangen war?

Lange schwanktest du so zwischen dem Zurückschauen und dem Vorwärtsblicken im Irrgarten von Raum und Zeit. Erinnerung kann nur an Gewesenes stattfinden, einerseits. Aber von der besseren Welt, andererseits, gibt es kein verläßliches Wissen.

Als du schließlich begriffst, daß die bessere Welt immer schon da ist, zusammen mit der wirklichen, nur um Haaresbreite gegen sie verschoben, trat der kleine weiße Elefant aus dem Wald. Es war an der Zeit, wieder unter Menschen zu gehen.

Das Flugzeug von Kalkutta nach Madras war voll besetzt. Es gab ein ausgiebiges Frühstück.

In Madras wirst du, auf dem Briefpapier des Connemara Hotels, notieren: Die Eingeweide des Mitleids. Das ist eine semitische Redefigur, aus dem Evangelium des Lukas. Derjenige, dessen Eingeweide als mitleidsvoll bezeichnet werden, heißt dort: Gott. Du wirst an einen kleinen Jungen in Kalkutta denken und dich dabei an Gott erinnern, den du beinahe vergessen hättest. Einmal hast du dich erweichen lassen, und schon ist Er da, schon will Er sich durch den schmalen Spalt in der äußeren Umfassungsmauer deiner Festung zwängen, mit unschuldiger Miene, als ob nichts gewesen wäre, sich vorbeidrücken an den schlafenden Wächtern zum innersten Gemach, wo der verwundete König auf seinem Krankenlager seufzt. Schon verflüssigt sich das Blut in der kostbaren Ampulle, schon senkt sich die Taube vom Himmel herab, schon füllt sich der Gral mit dem erlösenden Trank, sinken die Geharnischten in die Knie. Durch Mitleid wissend. Danke, das genügt für heute, wird Nietzsche mit seiner leisen Stimme sagen, Licht aus. Morgen drehen wir Auschwitz.

Du hast Glück gehabt. Du bist nicht nach Auschwitz gekommen. Du hast nicht zum Militär müssen. Deine Lehrer waren korrekt, dein Vater war tot. Deine Mutter nannte dich Bubi, mein Prinzibrunzi. Deine himmlische Mutter hieß Maria, dein himmlischer Vater hieß Gott. Deine erste Liebe hieß Lydia, deine besten Freunde hießen Reinhard und Walter. Walter wurde im Krieg erschossen. Bomben fielen, immer auf andere Leute. Lydia gegenüber warst du schüchtern und sehnsüchtig. Sie küßte dich zum Abschied auf den Mund, heimlich mit weichen Lippen, drängenderen als deine es waren. Und dann?

Dann hast du dich zu den Priestern geflüchtet, hinter schützende Mauern, in genaue Lebensregeln. Die Hände der Priester waren sanft vom Segnen und Bücherumblättern. Sie gaben dir die Aussprüche der Patriarchen, Propheten, Kirchenväter zum Studium. Die Härten des Lebens blieben dir fern, du suchtest Geborgenheit und fandest sie in kühlen Gängen, hohen Hallen, stillen Innenhöfen, weitläufigen Bibliotheken. So bist du entronnen.

Wie alt du bist. Etwas in dir erinnert sich an klare Teiche, in denen silberne Karpfen schwimmen. Vögel kreisen, Blumen im Schnabel, vor der smaragdenen Felswand. Leise raschelt der nächtliche Wind im Laub der Olivenbäume. Regentage, Moosgärten. Treppen, Prozessionen, Gongs, Glocken, Teppiche, goldene Statuen im Halbdunkel. Der Opferer im roten Ornat, mit dem scharfen Obsidian in der Hand. Vor ihm Paranoia, mit Blumen bekränzt, ihr Gesicht mit weißer Kreide bemalt, ihr geschorener Schädel nackt unter starker Sonne. Und dann?

Du hast weggeschaut. Die Identifikation fand nicht statt. Du hast es geschehen lassen, die Distanz blieb gewahrt. Wie wenn man sie ins KZ bringen würde, so führt sie sich auf, sagte Holl und war erleichtert, aber er hatte sich zu früh gefreut, denn eine Stunde später war Paranoia schon wieder zurück, mit dem Taxi, sie wollte nicht im Spital bleiben.

Wie ungern du deine Seelenburg fremden Besuchern öffnest. Was hast du zu verbergen?

Andere Seelenburgen sind ebenso abweisend. Der heiligen Teresa von Ávila zufolge sind die Seelenburgen aus durchsichtigem Kristall, aus hartem Material also, während die Umgebung organisch wuchert, allerlei kriechendes Getier schlängelt sich durch den Schmutz, außerhalb. Wehe wenn das Gewürm in die innere Burg (*castillo interior*) gelangt. Dann erlischt der strahlende Glanz, der aus der innersten Wohnung kommt, wo der König der ewigen Herrlichkeit thront, und der ganze Palast wird finster.

Die Seelenburg ist auf Verteidigung angelegt. Alle Bedrohungen kommen von außen. Innen ist Geborgenheit, Inburgtheit, wie man früher sagte. Zwischen der Innenwelt und der Außenwelt ziehen die Knochen, das Fleisch und die Haut des Körpers eine Grenze. Sie ist sehr verletzlich. Die heilige Teresa vergleicht sie mit einer Befestigungsmauer, einer ringförmigen. Ihre Abhärtung ist wichtig, weil sonst das Gewürm leichtes Spiel hat.

In der Seelenburg hält sich das Ich auf. Viele Ichs bleiben am liebsten in der Nähe der Tore, wo die Wachen stehen. Dort werden Speisen angeboten, auch Düfte und mancherlei angenehme Empfindungen, Abwechslungen, Zerstreuungen, elegante Garderoben, Neuigkeiten, Scherzworte, Schmeicheleien. Andere Ichs, edlere, kehren in ihr Inneres ein, durchwandern die Wohnungen (*moradas*) der Seelenburg, entfernen sich mehr und mehr von den äußeren Dingen, die durch die Sinnesorgane eindringen, bis sie zuletzt im innersten Inneren zur Ruhe kommen, zur nicht mehr erschütterbaren, ungetrübten. Das kann viele Jahre dauern, versichert die heilige Teresa von Ávila. Sie litt unter anderem an starken und fast ständigen Kopfschmerzen. Sie hatte viele Visionen, darunter jene des sehr zierlichen Engels, der ihr den goldenen Speer ins Herz und in die Eingeweide stieß, was sehr weh und sehr wohl tat, wie bereits früher erwähnt. Untersuchungen am Herzen der heiligen Teresa, das unverwest blieb, ließen eine fast vier Zentimeter lange Narbe erkennen.

Deine Feinde stehen vor den Toren. Weder beim Schlafen noch beim Essen darfst du deine Waffen ablegen, wie die heilige Teresa versichert. Stets lebst du in der Furcht, die Feinde könnten an irgendeiner Stelle in die Festung einbrechen. So ist dein Leben ein permanenter Belagerungszustand, du befindest dich in der Defensive, ohne Waffen bist du verloren. Diese Einsicht wird dir tagtäglich in der Zeitung bestätigt, von den Amerikanern und den Russen. Du möchtest zurückweichen, ins Innere der Seelenburg, in die verborgenen Gärten, die duftenden. Heroin und LSD waren zur Zeit der heiligen Teresa noch nicht im Handel.

Die Liebe ereignet sich dann innen, vielleicht. Im Fall der heiligen Teresa war es so. Sie schrieb ihre «Seelenburg» im Jahr 1577 für ihre «Schwestern», die von ihr betreuten barfüßigen Karmeliter-Nonnen in Spanien. Das Buch ist eine Liebesgeschichte in sieben Kapiteln, mit gutem Ausgang. Teresa erzählt ihre eigenen Erlebnisse mit Gott, ihrem Geliebten und Gatten. Das, was später Psychologie genannt werden wird, hat in Teresa eine genau beobachtende Vorläuferin. Sie will aufklären, im Licht der Zentralsonne, die Wahrheit und Liebe zugleich ist. Es ist, meine Schwestern, von großer Wichtigkeit für uns, daß wir die Seele nicht für irgendeine dunkle Sache halten. (Dr. Freud war anderer Ansicht.)

In der vorletzten Wohnung der Seelenburg, der sechsten, nach beharrlicher Selbstanalyse, beginnen die Wundschmerzen, wie Teresa berichtete. Sie fühlt sich auf das lieblichste verwundet, ohne jedoch zu wissen, wie und von wem sie die Wunde empfangen hatte. Ein wonniger Schmerz, der aber eigentlich kein Schmerz ist. Liebesverlangen und Todeswünsche sind ineinander verschränkt. Häufige Tränen, die aber nicht von der Melancholie (heute: Depression) kommen. Ich bin gar nicht weichherzig, notierte Teresa in diesem Zusammenhang, sondern im Gegenteil habe ich ein so hartes Herz, daß ich bisweilen darüber betrübt bin.

Später sollte die dornengeschmückte Erotik als das «Romantische» schlichtweg gelten. Heinrich Heine wird dabei an das Jauchzen und Schluchzen der Nachtigall denken, die sich begeistert in die geliebten Dornen stürzt und blutet und singt. Bei Teresa ist es ein kleiner weißer Schmetterling, ach mit wie vielen Ketten bist du gefesselt, die dich nicht fliegen lassen. Auch der kleine Schmetterling muß sterben, wie die Nachtigall, in der letzten, der siebenten Wohnung des Seelenkristalls.

Heine fühlte, wie Teresa, in sich eine «Herzwunde». Sie geht, nach der Auffassung des Psychoanalytikers Michael Balint, auf eine Enttäuschung der Säuglinge zurück, die sofort nach der Geburt vom Körper der Mutter getrennt werden, wie bei uns üblich. (Die ganz kleinen Menschenaffen verbringen die ersten Monate nach ihrer Geburt auf dem Pelz der Mama, an den sie sich klammern.) Hätte man der heiligen Teresa von Ávila oder dem Dichter Heinrich Heine gestattet, ihr erstes Lebensjahr in einem Sack auf dem Rücken ihrer Mutter zu verbringen, hätten sich die beiden vielleicht eine Menge Kummer erspart, und ihre Bücher hätten sie wahrscheinlich auch nicht geschrieben. Der Ursprung ist die Verlassenheit des Säuglings, jedenfalls für Schriftsteller und Heilige.

Deine Tränen fließen, wenn überhaupt, nur sehr spärlich. Du hast das Weinen verlernt. Das ist die Trockenheit, wie sie von den Seelenkundigen früherer Zeiten genannt wurde. Sie hat sich so stark verbreitet, daß sie kaum noch als Mangel erlebt wird. Weichherzigkeit, Weinerlichkeit gelten, besonders bei Männern, als nachteilige Eigenschaften. Die Verlagerung der Affekte nach innen, wie sie die Zivilisation mit sich bringt, bewirkt eine Austrocknung. Deine Tränendrüsen sind nur noch, wie bei den Tieren, zur Produktion einer klaren Flüssigkeit da, die deine Augäpfel schützt. Sie schmeckt salzig. Du bist um etwas geprellt worden. Manchmal, wenn du nach einem Traum aufwachst, glaubst du dich zu erinnern, heftig geweint zu haben. Aber du weißt nicht mehr, worüber. O mein Gott, warum hast du mich verlassen. In der leeren Burg läutet das Telefon. Wird jemand abheben?

Ein Tag im Leben eines Schriftstellers. Das Telefon läutet, Holl hebt ab und vernimmt eine unbekannte weibliche Stimme, die ihn um eine Unterredung bittet und etwas von Obdachlosigkeit und Drogenentzug sagt. Übermorgen um fünf hätte ich Zeit, sagt Holl. Aber es ist sehr dringend, sagt Paranoia. Wollen Sie gleich kommen, sagt Holl. Ja bitte, sagt Paranoia. Also gut, ich erwarte Sie.

Die Zugbrücke knarrt, die Hunde bellen. Fanfarenstöße vom Turm. Paranoia auf einem Schimmel, mit großem Gefolge. Keineswegs ein Caritasfall, sondern ein Staatsbesuch. Die beiden Supermächte haben sich auf eine Gesandtin geeinigt, die sie vertreten soll. Die ganze Welt leidet unter Verfolgungswahn, sagt Paranoia zu ihrem Gastgeber.

Ich auch, sagt der Gastgeber.

Paranoia sieht blaß aus. Sie hat mich wieder einmal besucht, weil sie in Wien bei der Sozialhilfe vorsprechen mußte. Kaum bin ich in Wien, sagt Paranoia, rauche ich eine Zigarette nach der anderen. Paranoia ist mittellos. Sie benötigt einen Tausender für die Rückreise ins Meditationszentrum. Paranoia ist ganz allein auf der Welt. Vielleicht ist sie deswegen so blaß. Auf den Swami bleibt sie angewiesen, der Swami verkörpert für sie die lautere Güte. Was ich für sie verkörpere, bleibt unklar. Ich weiß noch immer nicht, warum ich dich damals so ohne weiteres bei mir aufgenommen habe, sage ich. Ich habe darüber nachgedacht, und sehr viel ist dabei nicht herausgekommen. Passiert dir das oft, sagt Paranoia, daß Leute kommen und um ein Nachtquartier bitten? Nein, sage ich, du warst die erste. Wir müssen beide lachen, und Paranoia freut sich, daß sie seit langer Zeit wieder lachen kann.

Paranoia ist, wie man seit einiger Zeit sagt, freigesetzt. Im Zeitalter der Computer werden viele Arbeitskräfte freigesetzt. Auch der Boy in Kalkutta ist freigesetzt. Fips, Riki und Herr O. sind freigesetzt. Trotzki war häufig freigesetzt, im Gefängnis und in der Emigration; ein ordentliches Arbeitsverhältnis hatte er nur von 1917 bis 1926, als Mitglied der Führungsgarnitur Rußlands. Nietzsche, mit 35 Jahren bereits in Pension, war ebenfalls freigesetzt. Fast alle Personen meines Buches haben Erfahrungen im Freigesetztsein. Ihre Existenzen sind zweifelhaft, unfertig. Sie bleiben verwundbar, was unter ihnen eine Art Verwandtschaft stiftet, wenn auch eine entfernte, wie diejenige zwischen Paranoia und Holl. Letzterer hat von den beiden zweifellos die dickere Haut. Er verdient sein Geld als freigesetzter Schriftsteller. Ausgerechnet an ihn hat sich Paranoia erinnert, als sie verzweifelt war, im Januar 1981. Sie beschloß, obwohl sie ihn damals nur flüchtig kannte, sich an ihn zu wenden, in der Hoffnung, bei ihm Verständnis für ihre schwierige Lage zu finden. An die höchste Autorität, in der Gestalt des HERRN BUNDESKANZLERS, hatte sie bereits geschrieben, ohne Ergebnis. Ihre EHE war geschieden worden. Von ihrer FA-MILIE konnte sie nichts mehr erhoffen. Im SPITAL war sie bereits gewesen, die ÄRZTE hatten ihr nicht zu helfen vermocht. Ihren ARBEITSPLATZ hatte sie verlassen müssen, weil man sie dort für verrückt hielt. Die KIRCHE war ihr seit langem verhaßt, weil ihr VATER, ein alkoholkranker LEHRER, sich mit dem KARDINAL gegen sie verbündet hatte, als sie noch ein Kind war. Den STAAT-LICHEN STELLEN wich sie möglichst weit aus, weil dieselben immer wieder versucht hatten, sie in eine ANSTALT einzusperren, sogar mit der Hilfe der POLIZEI.

Deshalb beschloß sie, sich an jemand zu wenden, von dem sie wußte, daß er bereits einmal einen KONFLIKT gehabt hatte, in der Hoffnung, bei ihm Verständnis für ihre schwierige Lage zu finden.

Paranoia war damals nicht imstande, sich an die vorgeschriebenen GRENZEN der Wahrnehmung zu halten. Zwischen dem, was innen zu sein hatte, und dem, was außen zu sein hatte, vermochte sie nicht klar zu unterscheiden. Die Außenwelt war in sie eingedrungen, in der Form von vielen Giften, die sich an ihrer Haut in Form von kleinen Kristallen absonderten. Die Haut Paranoias blieb zwar in ihrer Grenzziehungsfunktion zwischen Innenwelt und Außenwelt einigermaßen intakt, aber sie war eben schon sehr porös geworden, und das giftige Gewürm, von dem die heilige Teresa von Ávila so anschaulich zu schreiben gewußt hatte, konnte verhältnismäßig leicht in das Innere Paranoias eindringen. Die STELLEN, mit denen Paranoia in ihrem Leben zu tun bekommen hatte, die gesundheitlichen, polizeilichen, sozialen, schulischen, kirchlichen, staatlichen, politischen STELLEN, gingen von einem Grundsatz aus, mit dem Paranoia nichts mehr anzufangen wußte. Er lautet: ALLES MUSS SEINE GRENZEN HABEN. Wer gegen diesen Grundsatz verstößt, gerät in einen KONFLIKT. In einen solchen war auch Paranoia geraten, und weil sie wußte, daß der freigesetzte Schriftsteller, den sie einmal auf einer Gesellschaft flüchtig kennengelernt hatte, ebenfalls in einen KONFLIKT geraten war, beschloß Paranoia, sich an ihn zu wenden, in der Hoffnung, bei ihm Verständnis für ihre schwierige Lage zu finden, und eine vorübergehende Geborgenheit.

PARANOIA ZU HOLL: Ich will in keine ANSTALT mehr hineinkommen!

HOLL: Das kann ich verstehen.

Für Paranoia ist die Handlungsweise Holls ihr gegenüber eine Art Wiedergutmachung. Was die KIRCHE mir angetan hat, sagt sie zu Holl, das machst du wieder gut. Der KONFLIKT Holls mit dem KARDINAL ermöglicht es Paranoia, zu Holl Vertrauen zu fassen.

HOLL ZU PARANOIA: Ich bin von der KIRCHE enttäuscht worden.

PARANOIA: Das kann ich verstehen.

Die gegenseitige Hilfe unter den Menschen auf der Grundlage vergleichbarer Konflikterfahrungen wird seit einiger Zeit Solidarität genannt. Sie ist deshalb nicht selbstverständlich, weil sie durch den weit verbreiteten und mächtigen Wunsch nach einer gesicherten Existenz durchkreuzt wird. Paranoia hat keine gesicherte Existenz. Wenn sie eines Tages beschließen sollte, das Meditationszentrum zu verlassen, in dem sie Aufnahme gefunden hat, dann steht sie ohne Dach überm Kopf da. Wer wird dann mit ihr solidarisch sein?

Ich oder du? Wir oder sie?

Die entsprechende Antwort lautet: Wir. Wir, die Psychiatriegeschädigten in Wien und Umgebung. Wir, die Freigesetzten Europas. Wir im Westen.

Wenn Paranoia eine Gruppe findet, in der sie ein Dach überm Kopf hat, braucht sich Holl keine Sorgen um sie zu machen. Dies ist derzeit der Fall, solange Paranoia im Meditationszentrum wohnt. Wenn sie von dort weggeht, wird sie vielleicht eine andere Gruppe finden, die sie aufnimmt. Wenn sie es dort nicht mehr aushält, wird sie vielleicht eine andere Gruppe finden, die sie aufnimmt. Wenn sie es dort nicht mehr aushält, wird sie vielleicht einen Selbstmord machen. Paranoia hält es nirgends leicht aus, und das Solidaritätsgequake hilft ihr überhaupt nicht. In ihr lebt eine unverwüstliche Kraft der Verweigerung und des Eigensinns, eher wird sie sich umbringen als die Pulver schlucken, die von der pharmazeutischen Industrie für sie produziert werden, zum Zwecke der Ruhigstellung bzw. Wiederherstellung der Arbeitskraft bzw. Wiedereingliederung in den Arbeitsprozeß oder Freisetzungsprozeß, je nachdem. Paranoia hat schon genug hinuntergeschluckt. Auf scheinheilig gestellte Fragen kann es keine nützlichen Antworten geben.

Was es ab und zu gibt, das sind die Momente der Anteilnahme, die unerwartete Annäherung zweier Existenzen. Damit ist nicht die Geschäftswelt gemeint. Den alten Rockefeller können wir in diesem Zusammenhang ruhig vergessen. Weder Tauschverkehr noch Geschlechtsverkehr sind gemeint.

Wenn eine Beziehung entsteht, die mit nichts mehr rechnet, dann verschwindet die Sonne für ein Weilchen hinter dem Mond, und es läßt sich ahnen, wie Menschen in einer Welt miteinander umgehen könnten, in der es keine materielle Not mehr gibt. Mitleid wäre dann die Vorwegnahme der Arglosigkeit, im Ausnahmefall einer Situation, in der ich von dir nichts zu befürchten habe, weil du auf mich angewiesen bist. Je hilfloser du bist, desto weniger brauche ich mich vor dir zu fürchten. In der Regel werde ich dazu neigen, dich deinem Schicksal zu überlassen. Aber es kann auch vorkommen, daß ich mich erweichen lasse, halbwegs, weil mich das Neinsagen erschöpft hat, vorübergehend. Dann wird der Mantel geteilt, wir schulden einander nichts. In der Nacht könnte ich träumen, daß du Gott bist, aber wir wollen die Sache nicht übertreiben.

Und dann?

Dann entfernen sich die beiden Existenzen wieder voneinander, was denn sonst. Martin reitet in sein Quartier, der Bettler verkriecht sich. Die Nacht wird sehr kalt sein. Vielleicht spendiert jemand dem Bettler, Müller sein Name, ein Viertel Wein.

Auf den Herrn Müller paßt die alte Lehre von der Wiedergeburt bzw. Seelenwanderung recht gut. Den Herrn Müller gibt es seit zehntausend Jahren. Früher einmal hat er Pyramiden gebaut, dann ist ihm ein großer Stein auf seine Füße gefallen und hat sie zerquetscht, weshalb er gezwungen war, ein Bettler zu werden. Später ist er, nach weiteren Wiederverkörperungen, in Mailand ziemlich betrunken auf der Straße gesessen und hat seine Witze gerissen, im November des Jahres 385 nach Christi Geburt, während ein Rhetorikprofessor namens Aurelius Augustinus mit einigen Freunden vorüberspazierte. Augustinus hat die Begegnung im sechsten Buch seiner «Bekenntnisse» festgehalten. Er schrieb: Nach Ehren und Reichtümern habe ich gelechzt. Mein Herz brannte im Fieber der Eitelkeit, denn ich hatte die Lobrede zum Regierungsjubiläum des Kaisers zu halten. Da, als ich durch eine Straße in Mailand ging, erblickte ich einen Bettler, der in seiner Trunkenheit allerlei Späße trieb. Ein tiefer Seufzer entrang sich meiner Brust. Hat nicht jener, so wandte ich mich an die Freunde, die mich begleiteten, uns im Streben nach dem ach so hinfälligen irdischen Glück längst übertroffen, mit der Hilfe einiger erbettelter Münzen, während wir uns in tausend Winkelzügen erschöpfen?

Was Augustinus nicht ahnte: Der ewige Bettler, der ihm in Mailand über den Weg lief, war der nämliche, dem Sankt Martin vor den Toren von Amiens den halben Mantel gegeben hatte, zwanzig oder dreißig Jahre zuvor. Herr Müller, in seiner damaligen Reinkarnation, hatte sich nach dem wärmeren Italien abgesetzt und war in Mailand gelandet, um in die Weltliteratur einzugehen.

Es ist immer die gleiche Geschichte. In ihrer indischen Fassung verlangt der verwöhnte Prinz Siddharta, der bis dahin aus dem Palast seines Vaters nicht hinausgelangt war, die Stadt zu besuchen. Der König befiehlt, den Weg seines Sohnes von allem zu säubern, was dessen Trauer oder Ekel erregen konnte. Aber was nützt es, schon biegt ein zerlumpter Greis um die Ecke. Müller was here! So tief ist der Schock des Prinzen, daß er alles liegen und stehen läßt, Einsiedler wird und im Jahr 528 vor unserer Zeitrechnung die Erleuchtung erlangt, die Buddhanatur. Die Jahreszahl ist, nach buddhistischer Auffassung, so gut wie belanglos. Auch für die Bettlernatur sind Jahreszahlen eher belanglos. Ja, dir geht's gut, sagt Herr Müller öfter zu mir.

Schau mich an, sagte Herr Müller, mit dem linken Arm geht es nicht mehr, wird ein Schlagerl gewesen sein. Du gehörst ins Heim, sagte ich, jetzt kommt bald der Winter, du brauchst ein Dach überm Kopf. Hast einen Wein, sagte Herr Müller. Eine warme Unterhose brauchert ich auch.

Und noch einmal der gewisse Stich, der brennende Schmerz, wie

Trotzki ihn nannte, die dumpfe brennende Welle, der gebieterische Druck des Mitempfindens. Der zweite Schlaganfall wird Herrn Müller vielleicht in einem Telefonhäusl ereilt haben, im Winter während der Nacht. Jemand möchte am nächsten Tag in der Früh telefonieren, und da liegt friedlich die irdische Hülle des Unbekannten Bettlers, während Müllers Seele sich auf dem Marsch nach Kalkutta befindet.

Was Trotzki anbelangt, so war auf der Höhe seines Lebens an ihm eine gewisse Verhärtung zu bemerken. Die Anarchistin Emma Goldman hatte im Jahr 1920 keinen sehr günstigen Eindruck von Trotzki, als sie ihn während einer Ballettvorstellung in der Petersburger Oper erblickte. Im Vergleich zum Frühling des Jahres 1917, als sie ihn zuletzt in New York gesehen hatte, schien Trotzki gewachsen zu sein, das war nicht mehr der blasse, schmalbrüstige Intellektuelle im Exil, das war ein Kommandant in Uniform, selbstbewußt, braungebrannt, sicher im Auftreten. Er hatte die Macht geschmeckt, schrieb die Goldman später in ihren Lebenserinnerungen. Die Kluft zwischen den Welten, in denen wir lebten, war unüberbrückbar geworden.

Auf die Frage, schrieb Augustinus, ob ich lieber jener Bettler wäre oder der bleiben möchte, der ich damals war, von Sorgen und Ängsten gequält, hätte ich mich gewählt.

Eben. Ein Jahr später allerdings legte Augustinus seine Professur zurück, begrub seine Hoffnungen auf eine Regierungsstelle, verzichtete auf die geplante Ehe mit einer vornehmen jungen Dame und zog in die Gegend des Comer Sees, wo einer seiner Freunde ein Landgütlein hatte. Dort verfaßte er, als Freigesetzter, philosophische Dialoge über die Ordnung der Dinge und das geglückte Leben. Er ließ sich taufen, kehrte in seine nordafrikanische Heimat zurück, wurde Priester und Bischof. Nach seinem Tod wurde er als Kirchenvater verehrt, als bedeutendster Lehrer der westlichen Kirche. Dargestellt wurde er gerne mit einem Herzen in der Hand, das von einem Pfeil durchbohrt ist.

Das punktierte Herz ist mittlerweile recht populär geworden, unter Verliebten und Verlobten. Niemand denkt an den heiligen Augustinus, wenn er es in die Rinde eines Baumes schneidet. Das ist auch nicht notwendig, solange nur die merkwürdige Gleichzeitigkeit von Lust und Schmerz sich ausdrücken kann, eine eher flüchtige Erfahrung, wie sie in einem Lebensalter gemacht wird, das noch nicht mit dem Erwerb einer Eigentumswohnung beschäftigt ist. Später, wenn die Existenz einigermaßen gesichert ist, spazieren Papa und Mama gelegentlich zu dem Baum ihrer Erinnerung und suchen das langsam zuwachsende Zeichen ihrer Verwundung und ihres Verlangens, mit gemischten Gefühlen. Eine gewisse Verhärtung, auf der Höhe des Lebens, ist schwer zu vermeiden.

Als Augustinus auf den Bettler aufmerksam wurde, befand er sich auf der Höhe des Lebens, im Alter von 30 Jahren. Hätte er seine Karriere weiter betrieben, mit dem Amt eines kaiserlichen Statthalters vor Augen, dann wäre er längst vergessen. Weil es mit ihm anders kam, wurden seine «Bekenntnisse» neben der Bibel zum meistgelesenen Buch in Westeuropa, tausend Jahre lang. Nicht sein Strebertum ist beispielgebend geworden, sondern das, was man heute Sensibilität nennt. Früher, um 1800 herum, sagte man Empfindsamkeit dazu.

Augustinus spielt in der Mannschaft der Mitleidsfreunde; er gehört zu jenen berühmten Männern, die nicht um jeden Preis hart sein wollten. Er hat viel geweint. Damals in Mailand, als ihn der betrunkene Bettler irritierte, befand er sich in einer Identitätskrise, wie man heute sagen würde. Wäre er seiner selbst sicher gewesen, dann hätte der Bettler keinen Eindruck auf ihn gemacht. Nur weil Augustinus bereits an sich selber zu zweifeln begonnen hatte, vermochte er sich als anonymen Alkoholiker zu sehen, als glücklich lallenden Trunkenbold, einen sehnsüchtigen Augenblick lang, bis die Abwehrkräfte seines damaligen Ich wiederum auf dem Posten waren.

Aber ganz innen drinnen (*interior intimo meo*), im intimsten Bereich, der siebenten Wohnung der Seelenburg, wo der verlassene Säugling um Liebe wimmert, da ist ja noch jemand, ein sanftes Leuchten, eine leise Stimme. Spät hab ich dich geliebt, wird Augustinus später schreiben, du warst innen, ich außen, ich werde keineswegs meine Wunden verbergen, du bist der Arzt, ich der Kranke. Augustinus rüstet ab, er will Frieden. Den Frauen ist der Zutritt verboten.

Von Mailand, wo die Enthärtung des Aurelius Augustinus geschah, gelangt man in einer guten Stunde auf der Autostrada nach Turin, wo Friedrich Nietzsche wahnsinnig wurde. In umgekehrter Richtung empfiehlt sich ein reizvoller Umweg über Ascona, wo Max Scheler an seiner Metaphysik arbeitete. In dem philosophischen Dreieck herrscht eine gewisse Spannung, weil Nietzsche die Art des heiligen Augustinus geschmacklos findet. Die Mischung aus demütiger Servilität und pöbelhafter Zudringlichkeit, sagt Nietzsche, mit der sich dieser Kirchenvater vor Gott wälzt, erinnert daran, daß der Mensch vielleicht nicht allein unter den Tieren das religiöse Gefühl hat. Der Hund hat für den Menschen ein ähnliches Gefühl.

Warum so bissig, Friedrich? Was soll abgewehrt werden?

Ich mußte mir immer zuviel Gewalt antun, sagt Nietzsche. Wenn mir Lou wenigstens die Nackenmuskeln massiert hätte. So aber fehlte unserem Verkehr jede Heiterkeit.

Die Pforte zu jeglicher Einsfühlung, sagt Scheler, liegt im anderen Menschen. Im liebevollen Geschlechtsakt öffnet sich eine Quelle für Metaphysik. Die Entwürdigung des Geschlechtsaktes durch das kirchliche Christentum ist bis heute nicht revidiert worden.

Die Reise von Genua nach Mailand, sagt Nietzsche, machte ich mit einer sehr angenehmen jungen Ballerina eines Mailänder Theaters zusammen. Wäre ich ein Pascha gewesen, so hätte ich sie mit mir genommen. Sie hätte mir, bei der Versagung geistiger Beschäftigungen, etwas vortanzen können. Ich bin immer noch von Zeit zu Zeit ein bißchen ärgerlich über mich, daß ich ihretwegen nicht wenigstens ein paar Tage in Mailand geblieben bin.

Unruhig ist unser Herz, sagt Augustinus, bis es ruht in dir.

Die gesellschaftliche Position, in der sich Augustinus nach seiner Bekehrung einrichtete, lag zwischen dem Luxus und dem Elend. Es hat 1500 Jahre gedauert, bis diese Wahl zur allgemeinen Lebensform wurde. Für den Herrn Müller, mit der ihm zustehenden

Mindestrente, war diese Entwicklung von Vorteil. Gott spielte in ihr eine nicht unbedeutende Rolle. Zwischen dem Jahr 400, als Augustinus seine «Bekenntnisse» beendete, und dem Jahr 1900, als Nietzsche starb, glaubten die meisten Menschen in Europa an Gott. Sie revoltierten gegen die Fürsten, im Namen Gottes. Die Fürsten schlugen zurück, ebenfalls im Namen Gottes. Dann kam der Achtstundentag, Sozialgesetze wurden verabschiedet, und die Kirchen verloren ihren Einfluß auf die Menschen. Herr Müller ging nicht in die Kirche. Er ging manchmal zur Caritas und holte sich eine alte Hose und ein Paar abgetragene Schuhe. Manchmal, wenn er seine Rente noch nicht vertrunken hatte, schlief er im Männerheim der Heilsarmee, um 200 Schilling die Woche.

Er versteckte dann seine wichtigsten Habseligkeiten unter dem Kopfpolster. Trotzdem wurde er einmal bestohlen. Als er mir diesen Vorfall erzählte, standen Tränen in seinen Augen.

Du bist ein lieber Bub, sagte Herr Müller. Dir geht's gut. Du bist wie ein Vater zu mir.

Ich bin aber zu jung, um dein Vater zu sein.

Ist egal, sagte Herr Müller.

Die Moral des gemeinen Mannes hat gesiegt, sagte Nietzsche.

Wenn nur die Kopfschmerzen nicht gewesen wären, die schweren Anfälle von Migräne, zwei oder gar drei Tage dauerten sie, oft vermochte Nietzsche kaum sein Zimmer zu verlassen. Seit seiner Jugend litt Nietzsche an diesem Übel, dazu kamen seit dem Jahr 1870, damals hatte sich Nietzsche während des freiwilligen Militärdienstes im deutsch-französischen Krieg die Ruhr geholt, die lästigen Unterleibsbeschwerden. Auch mit den Augen stand es nicht gut, die starke Kurzsichtigkeit zwang den Philosophen, den Kopf beim Schreiben ganz nah über das Papier zu beugen. Nietzsche kaufte eine Schreibmaschine. Er war für den Luxus, er liebte die Vornehmheit, die diskrete Eleganz. In seinem innersten Inneren, im intimsten Bereich, arbeiteten die Spirochäten der Syphilis, die im Januar 1889 den Zusammenbruch in Turin bewirkten. Die vollkommene Helle und Heiterkeit des Geistes, schrieb Nietzsche, verträgt sich bei mir nicht nur mit der tiefsten physiologischen Schwäche, sondern sogar mit einem Exzeß von Schmerzgefühl. Von der Kranken-Optik aus nach gesünderen Begriffen und Werten und wiederum umgekehrt aus der Fülle und Selbstgewißheit des reichen Lebens hinuntersehn in die heimliche Arbeit des Décadence-Instinkts, das war meine längste Übung, meine eigentliche Erfahrung. In der Askese, im Alkohol und in der Syphilis erblickte Nietzsche die drei Hauptursachen für die Erkrankung Europas. Wenn der Asket sich betrinkt und zum Weibe geht, kann er sich die Syphilis zuziehen.

Scheler war diesbezüglich auf der Hut, wie man annehmen darf. Böse Zungen behaupten, er sei mitunter aus dem Bordell direkt in die Vorlesung geeilt. Aber auch Scheler war keineswegs sehr gesund, seine Herzinfarkte und sein verhältnismäßig früher Tod haben etwas zu bedeuten, aber was. Der Arzt empfahl Scheler nikotinfreie Zigaretten, Wendt's Patent, Marke «Komet». Der Arzt hielt mir einen recht ernsten Vortrag, schrieb Scheler im Jahr 1925 an seine zweite Frau, ich müßte bei meinem schlaffen Herzmuskel unbedingt das Rauchen einstellen, ferner müßte ich in allem moderato sein, sonst würde ich nicht lange leben; ich sei offenbar ein Mensch, der in allem Großbetrieb macht, ich würde mich selbst verbrennen mit meiner Lebensintensität.

Scheler ging häufig zum Arzt. Er verschwieg ihm allerdings seine gelegentlich auftretenden Selbstmordgedanken, seine Schuldgefühle, seine Unfähigkeit, die Liebe zu verwirklichen. Wie wenig ist es mir gelungen, schrieb Scheler, die zu beglücken, die ich am tiefsten liebe.

Die Sprache des kranken Körpers ist undeutlich, sie ergeht sich wie der Traum in versteckten Hinweisen. Wenn der Körper zu einem berühmten Geist gehört, wird die Diagnose besonders interessant. Im Jahr seiner Lebenskrise begann Augustinus an einem Schmerz in der Brust zu leiden, was die Psychologen mit Genugtuung zur Kenntnis nehmen; Asthma gilt als psychosomatische Krankheit.

Was hat Augustinus gedrängt, immer wieder über die Liebe nachzudenken, zu predigen und zu schreiben? Welche Wunden sollten aufgedeckt werden? Er legt ein Geständnis nach dem anderen ab, fortwährend klagt er sich an, der Titel seines berühmtesten Werkes ist gut gewählt, da will einer alles sagen. Der Gott, zu dem er spricht, ist Richter und Arzt in einem. Gott weiß alles, aber er will trotzdem noch einmal alles hören, möglichst genau. Er schweigt. Was er zu sagen hatte, steht in den heiligen Büchern, die immer wieder gelesen sein wollen. Vom Patienten, der stets auch ein Angeklagter ist, will Gott geliebt werden, obwohl er dieser Liebe überhaupt nicht bedarf. Augustinus redet zu ihm, als wäre er ein Mann.

Die Augenblicke innerster Freude allerdings, der sprachlosen Übereinstimmung, sie verlangen nach einer Erweiterung der Geschlechtsbezeichnungen für die letzte Instanz. Sie wird dann auch mit weiblichen und sächlichen Wörtern umschrieben, heißt Weisheit und Wahrheit oder Es Selbst (*idipsum*), was die Übersetzer zur Verzweiflung bringt.

Wie auch immer. Augustinus wird jedenfalls erwartet, von einem Super-Du. Er ist nicht umsonst geboren. In einzelnen Fällen, eher selten, glücken Kontaktaufnahmen, für die Dauer eines Herzschlags, mit Ihm Selbst, und das ist dann sehr schön, wie Augustinus versichert.

Allemal handelt es sich, im Fall der Gottesliebe, um körperlose Wonnen. Am Höhepunkt der Ekstase bleibt der Leib des (der) Entrückten wie ein Stück Fleisch zurück. Das, was sich aus dem Leib sozusagen entfernt hat, wird häufig Geist genannt. Auch Gott wird Geist genannt.

Ein kleiner Zipfel des Geheimnisses ist damit gelüftet. Die augustinische Lösung des Liebesproblems bezieht ihre Energien aus einer Umverteilung im Haushaltsplan, einer Umstellung der Produktivität. Auf eine bis heute nicht völlig erforschte Weise werden die Säfte, wie sie von der Abteilung für Fortpflanzung laufend erzeugt werden, einer Art Destillation unterworfen, spiritualisiert, wenn der Ausdruck gestattet ist. Von einer Zerstörung der Sinnlichkeit zu sprechen, wie es neuerdings manchmal geschieht, wäre in diesem Zusammenhang sicher nicht angebracht. Vielmehr handelt es sich darum, dem von Natur aus blöden Saftladen beizubringen, sich auf etwas anderes als auf die Herstellung von Babies zu konzentrieren. Wenn der Umschulungsprozeß glückt, geschieht Erstaunliches. Die Betriebsleitung hat es dann nicht mehr nötig, alles mögliche zu unternehmen, um mit einer Person (in der Regel des anderen Geschlechts) in Verbindung treten zu können, zum Zweck der Erzeugung von Lust und/oder Babies. Die Aufmerksamkeit richtet sich vielmehr höchst energisch und liebevoll auf alle anderen, die Nicht-Ichs insgesamt. Im Augustinismus wird dieser Abstraktkörper abwechselnd Der Nächste oder Gott genannt. Beim Nächsten handelt es sich um das bedürftige, bei Gott um das souveräne Super-Du. Die Energieströme zwischen dem Ich und dem Super-Du heißen Liebe. Damit keine Verwechslungen passieren können, nannte Augustinus diese Liebe *caritas, dilectio, amor*. Die gewöhnliche Geschlechtsliebe hieß bei ihm *cupiditas* oder *libido*, und vor ihr hieß es sich in acht nehmen. Zwischen ihr und der christlichen Liebe zog Augustins einen tiefen Graben. Spätere Illustratoren der Schriften Augustinus haben ganz folgerichtig zwei befestigte Städte gemalt, eine von Engeln, die andere von Teufeln bewohnt.

Zwischen den beiden Städten wird der Philosoph Scheler erkennbar, eifrig mit Vermittlungsversuchen beschäftigt. Dynamisch, mit offenem Sakko, ein Buch in der Hand, eilt er hin und her. Die Torhüter lassen ihn passieren, er ist ihnen seit langem bekannt. Manchmal lächeln sie hinter ihm drein, wenn er besonders betriebsam ist. Sie wissen es besser.

Die Versuche Schelers, irdische und himmlische Liebe zusammenzudenken, machen aus ihm eine rührende und nicht unliebenswürdige Gestalt. Da wollte einer, während in Europa geschossen wurde, den augustinischen Gott restaurieren und die Liebeslust retten. Zwischen Drang und Geist wie ein Doppelagent unterwegs, zur Verstellung gezwungen, ist Scheler schließlich enttarnt worden. So etwas schlägt sich aufs Herz.

Und wo sind die Gesunden geblieben? Nietzsche suchte sie unter den Wikingern, den altgriechischen Helden, in längst vergangenen Zeiten. Bereits die Welt der christlichen Evangelien empfand er als krank, nur der damalige römische Adel fand seinen Beifall. Der ganze Leib der Menschheit schien Nietzsche vergiftet zu sein, Europa begann ihm zu stinken. O die Tage, die Wochen mit Wagner am Vierwaldstättersee, über unsern Himmel ist nie eine Wolke hinweggegangen, Tage des Vertrauens, der Heiterkeit, der sublimen Zufälle, der tiefen Augenblicke. Sein halbes Leben hat Wagner an die Revolution geglaubt, lange lief sein Schiff lustig auf dieser Bahn. In Siegfried meinte er den typischen Revolutionär zu finden. Als Wagner den «Siegfried» komponierte, als Nietzsche «Die Geburt der Tragödie» schrieb. In Tribschen bei Luzern, kurz vor dem deutsch-französischen Krieg, im Mai 1869, war Nietzsche bei Richard und Cosima zu Gast, fühlte er sich wie in der Nähe des Göttlichen. Wie manche Tage habe ich schon in dem reizenden Landgute verlebt, und immer neu und unerschöpflich ist diese wunderbare Natur. Damals war Nietzsche 25 Jahre alt und bereits an die Universität Basel berufen, in der Musik Wagners hörte er das Erdbeben, mit dem sich eine von altersher aufgestaute Urkraft von Leben endlich Luft macht. Endlich. Urkraft. Luft macht. Man erinnert sich vielleicht, zum mindesten unter meinen Freunden, daß ich als ein Hoffender auf diese moderne Welt losgegangen bin. Ich mußte mir immer zuviel Gewalt antun. Die immer mehr um sich greifende Mitleids-Moral, die Selbstverleugnungs-Instinkte, die Selbstopferungs-Instinkte. Schopenhauer zum Leben, auch zu sich selbst nein sagte. Moral selbst die Philosophen ergriff und krank machte. Wenn ich den tiefsten Gegensatz zu mir suche, die unausrechenbare Gemeinheit der Instinkte, so finde ich immer meine Mutter und Schwester. Finde ich immer. Immer meine Mutter.

Alles klar? Mutter und Schwester werden Nietzsche schlußendlich wiederum in Empfang nehmen dürfen, sobald er durch die Syphilis ruhiggestellt ist, ein apathischer Körper. Die Mutter wird es sich nicht nehmen lassen, mit dem leidenden Sohn nach Ausbruch der Krankheit ein Foto-Atelier aufzusuchen. Auf dem Erinnerungsbild hat sie ihren Arm unter seinen gelegt und blickt ruhig ins Weite.

Als Augustinus seiner Mutter eröffnete, weder an einer Gattin noch an irgendeiner anderen irdischen Hoffnung mehr interessiert zu sein, freute sie sich über die Maßen. Sie hatte ihr Ziel erreicht und starb ein Jahr später, heftig betrauert von ihrem Sohn.

Augustinus und Nietzsche, deren Schreibarbeit den Sieg beziehungsweise den Niedergang der christlichen Liebesidee wirkungsvoll ausdrückte, sind Muttersöhne gewesen. Die Mütter dieser geständnisfreudigen Männer schweigen im Hintergrund, während die Söhne reden und reden. In beiden Fällen sind die Väter ohne Bedeutung, sie verschwinden im Schatten der Mutter, die zur Matrone wird. Deren Strenge betreibt die Vergeistigung der Söhne, die Stauung der Urkraft, die Verfeinerung, die Verdampfung, Erkältung, Verhärtung, Verkrampfung. Verkühle dich täglich. Dem Tüchtigen gehört die Welt. Mit 25 oder mit 30 sind wir Professor. Aber unruhig bleibet das Herz, das nie genügend liebte, die Mutti hat einen kleinen Pfeil dringelassen, für alle Fälle. Mit 40 haben wir die akademische Laufbahn schon hinter uns und produzieren Weltliteratur.

Die frommen «Bekenntnisse» Augustins und der wilde «Zarathustra» Nietzsches sind nicht deshalb so gern gelesen worden, weil ihre Verfasser systematische Denker waren, sondern weil in diesen Büchern ein Aufbegehren gegen den Liebesverlust laut wird, eine Zerrissenheit, ein Weichseinwollen, eine Kränkung, eine Aufrichtigkeit.

Für Scheler, den Hinterherschreiber, waren Nietzsche und Augustinus lebenslang Vorbilder. Schelers Mutter wird als außergewöhnlich schöne und als außergewöhnlich strenggläubige Dame beschrieben. Den kleinen Max nannte sie gern ihr Prinzchen.

Wenn das verwöhnte und einsame Prinzchen dann ins harte Leben getreten ist, wird es eines Tages unweigerlich dem ewigen Müller begegnen, der Verkörperung der Bedürftigkeit und des Todes. Dann wird das punktierte Herz sich wiederum regen, süß und schmerzlich zugleich.

Nicht einmal der alte Rothschild (gest. 1812) war gegen solche Regung gefeit. Als einmal, so wird erzählt, ein Bittsteller bis zu ihm vordrang, sprach der Bankier folgendermaßen: Führt's ihn hinaus, er bricht mir das Herz. Ein stinkreicher Nachkomme des alten Rothschild hat kürzlich ein Buch veröffentlicht, unter dem Titel «Geld ist nicht alles».

13. | Sozialisten, Terroristen

Der Sozialist Bruno Kreisky, dem Paranoia einen Brief schrieb, als er noch Bundeskanzler war, starb im Juli 1990. In den hundert Jahren, die seit dem Grimm Nietzsches über das «Sozialistengesindel» verstrichen sind, haben die Roten die Welt verändert. In Rußland machten sie Revolution, in Österreich strebten sie ins Parlament. Im alten, kaiserlichen, hierarchischen, betriebsamen und eitlen Wien, schrieb Trotzki, titulierten die Marxisten einander wonnevoll mit Herr Doktor. Diese Menschen waren keine Revolutionäre. Ich empfand die sozialdemokratischen Führer als fremde Menschen, während ich gleichzeitig in Versammlungen oder auf den Maidemonstrationen mühelos eine gemeinsame Sprache mit den sozialdemokratischen Arbeitern fand.

Die Tageszeitung der Sozialistischen Partei Österreichs hieß «Arbeiter Zeitung», abgekürzt «AZ». Sie wurde, weil defizitär, von der Partei im Jahr 1989 an ein Privatunternehmen verkauft. Ein paar Jahre vorher veröffentlichte die «AZ» einen Anzeigentext über sich selbst. Er ging so: Es gibt Zeitungen, die sich drükken. Die in eine unverbindliche «Objektivität» flüchten. Es gibt Zeitungen, die Macht und Gewalt anbeten. Es gibt Zeitungen, die Gewalt und Leid verschweigen oder zur Anekdote verharmlosen. Und es gibt die «AZ». Die «AZ» ergreift Partei. Die «AZ» bezieht Stellung. Auf der Seite jener, die unterdrückt werden, die Opfer von Macht und Gewalt sind. Auf dieser Seite stehen Sie doch auch! Lernen Sie uns kennen. Mit dem untenstehenden Kupon.

Die Opfer von Macht und Gewalt sind das sozialistische Super-Du, die Verdammten dieser Erde. Wenn sie aufwachen, benötigen sie Gewehre. Und es geschah, daß ein Verdammter dieser Erde, in der Gestalt eines palästinensischen Terroristen, nach Wien reiste und einen sozialistischen Politiker erschoß. Da wurde der Sozialist plötzlich zum Opfer, und die «Arbeiter Zeitung» begrüßte die Verhaftung des Terroristen.

Als Trotzki im Herbst 1902 zum erstenmal nach Wien kam, ließ er sich von einem Dienstmann vom Bahnhof sofort zur Redaktion der «Arbeiter Zeitung» führen. Er benötigte Geld zur Weiterreise nach Zürich und London, wo er von Lenin erwartet wurde. Ich hatte beschlossen, schrieb Trotzki, Viktor Adler, dem Führer der österreichischen Sozialdemokratie, persönlich auseinanderzusetzen, daß die Interessen der russischen Revolution meine sofortige Weiterfahrt nach Zürich erforderten. Die Treppe herab kam ein hochgewachsener Herr von nicht sehr freundlichem Aussehen. Wissen Sie, was heute für ein Tag ist, fragte er mich streng. Ich wußte es nicht. Heute ist Sonntag! Selbst wenn Sie Nachricht bringen würden, Ihr Zar sei ermordet und bei Ihnen dort habe die Revolution begonnen, auch das würde Ihnen kein Recht geben, die Sonntagsruhe des Doktor Adler zu stören!

Sechs Jahre später, nach der gescheiterten Revolution des Jahres 1905, gab Trotzki in Wien eine russische Zeitung heraus, die über die galizische Grenze ins Zarenreich geschmuggelt wurde. Sie hieß «Prawda». In ihr bewies er, daß die Revolution, einmal begonnen, nicht aufhören würde, bis zur Niederwerfung des Kapitalismus und der Errichtung einer sozialistischen Gesellschaftsordnung auf der ganzen Welt. Prawda heißt Wahrheit. Im Dezember 1909 schrieb Trotzki in der «Prawda»: Schon heute, durch die uns umlagernden schwarzen Wolken der Reaktion hindurch, erkennen wir den siegreichen Widerschein eines neuen Oktober.

Aber andere Stimmen erhoben sich aus den Tiefen, harte anklagende Stimmen. Im Februar 1920, bald nach ihrer Ankunft im revolutionären Rußland, nahm die Anarchistin Emma Goldman an einer geheimen Zusammenkunft in Petersburg teil. Sie schrieb: Aber andere Stimmen erhoben sich aus den Tiefen, harte anklagende Stimmen, die mich sehr beunruhigten. Sie sprachen vom Verrat der Bolschewiki an der Revolution, von der Sklaverei der Fabrikarbeiter, der Unterdrückung des Wortes und des Gedankens, den überfüllten Gefängnissen. Sie sprachen vom Überfall auf das Hauptquartier der Anarchisten in Moskau, mit Maschinengewehren, auf Befehl Trotzkis. Zwei Jahre später hatte die Goldman die Sowjetunion schon wieder verlassen. In ihren Lebenserinnerungen bezeichnete sie Trotzki als einen Schlächter.

Viktor Adler, dessen Sonntagsruhe von seinen Mitarbeitern so streng verteidigt wurde, starb im November 1918. Sein Sohn Friedrich erschoß im Jahr 1916 den österreichischen Ministerpräsidenten Stürgkh beim Mittagessen im Hotel Meissl & Schadn. Er wurde zum Tod verurteilt und im Jahr 1918 amnestiert. Dieser terroristische Akt, schrieb Trotzki, war ein Aufbäumen des verzweifelten Opportunismus, nichts weiter. Nachdem er seiner Verzweiflung einen Ausweg gegeben hatte, kehrte Friedrich Adler auf sein altes Geleise zurück.

Terroristen müssen mitleidlos sein, wenn sie zur Tat schreiten. Sie meinen es nie persönlich. Sie kämpfen für überpersönliche Ziele, zum Beispiel für die Befreiung eines Landes von einer Herrschaft, die sie verabscheuen. Emma Goldman wollte Amerika von der Herrschaft des Kapitalismus befreien. Ihr Mitleid (*compassion*) galt den Unterdrückten, den Opfern von Macht und Gewalt, den Prostituierten zum Beispiel. Als ihr Geliebter nach Pittsburgh fuhr, um den Direktor der Carnegie Steel Company zu erschießen, mußte sie in New York zurückbleiben, weil das Fahrgeld für beide nicht reichte. Das war im Jahr 1892. Im September 1895 traf die Goldman in Wien ein, um sich im Allgemeinen Krankenhaus zur diplomierten Krankenschwester und Hebamme ausbilden zu lassen. Sie saß in den Vorlesungen Freuds, las Nietzsches Schriften, lauschte dem «Ring der Nibelungen». Die Musik Wagners verzauberte mich. Jede Zeile von Nietzsche wollte ich verschlingen. Freud hat mir geholfen, mich selbst besser zu verstehen. Die Habsburger waren despotisch, die Verfolgung der Sozialisten und Anarchisten war äußerst streng. Ich mußte in Wien sehr vorsichtig sein.

Im Frühling des Jahres 1928 begann die Goldman mit der Niederschrift ihrer Lebenserinnerungen, in Saint Tropez. Sie lebte von dem Geld, das ihre Freunde zusammengebracht hatten. Die ersten

500 Dollar waren von Peggy Guggenheim gekommen. Im Garten des Hauses, das sie gemietet hatte, für 15 Dollar im Monat, blühten die Rosen. Dort erschoß sich im Juni 1936 ihr Geliebter von einst, der Attentäter Alexander Berkman. Schwer krank, wollte er keine Bürde für die sein, die ihm nahestanden. Für die Erteilung seiner Aufenthaltsgenehmigung in Frankreich hatten sich Romain Rolland, Bertrand Russell, Thomas Mann und Albert Einstein eingesetzt. Das war, wie die rote Tante sagen würde, doch wohl selbstverständlich.

Zu Dionys, dem Tyrannen, schlich Damon, den Dolch im Gewande. So beginnt «Die Bürgschaft» von Friedrich Schiller, mit einer versteckten Einladung an den Leser, sich mit dem Attentäter zu identifizieren. Am Ende des Gedichtes allerdings düpiert der Dichter die terroristische Regung, die er hervorgelockt hat, und verwandelt den Tyrannen in einen Menschenfreund. Alles in Butter, es gibt keine Toten. Für den Gebrauch an öffentlichen Schulen zugelassen.

Der Tyrann, zu dem Alexander Berkman ging, nachdem er sich mit einer Visitenkarte angemeldet hatte, hieß Henry Clay Frick. Er trug die Verantwortung für elf Tote. Streikende Arbeiter standen gegen Streikbrecher; die von Frick engagierten Privatpolizisten der Firma Pinkerton schossen auf die Streikenden. Berkman schoß dreimal auf Frick. Frick überlebte, Berkman wurde zu 22 Jahren Zuchthaus verurteilt, wovon er vierzehn Jahre absaß. Fricks Chef, Andrew Carnegie, hatte sich während des Arbeitskampfes auf sein schottisches Schloß zurückgezogen. Einen Teil seines Vermögens, 350 Millionen Dollar, stiftete Carnegie für wohltätige, künstlerische und wissenschaftliche Zwecke. Ich sei, gewährt mir die Bitte, in eurem Bunde der dritte.

Berkman zu Emma: Ich werde Frick töten, und selbstverständlich werde ich zum Tod verurteilt werden. Ich werde stolz sterben im Bewußtsein, mein Leben für das Volk gegeben zu haben. Du bist zum Reden geboren, du wirst den Arbeitern alles erklären. Du wirst ihnen sagen, daß meine Tat einem Symbol galt. Nicht einem Menschen. Einem Feind der Arbeiterschaft. Er ist ein Mörder, und die ganze Welt soll erfahren, daß er einer ist.

Auf der Baltimore and Ohio Station in New York klammerte sich Emma Goldman an Alexander Berkman, als der Zug nach Pittsburgh sich in Bewegung setzte. Meine Matrosenbraut, flüsterte er in ihr Ohr. Genossin. Du wirst bis zum Schluß bei mir sein. Du wirst ihnen sagen, daß ich mein Kostbarstes gab, für sie. Sanft löste er sich von ihr, sie sprang vom fahrenden Zug. Neben dem Zug, hinter dem Zug lief sie her, winkend und rufend den Namen ihres Geliebten, bis der Zug in die Kurve bog, bis das dampfende Ungeheuer um die Kurve verschwand und sie dastand mit ausgebreiteten Armen. Wenn es um Leben und Tod geht, wenn alle vorher erwogenen Argumente und Worte zurücktreten, wenn sie schwinden unterm gebieterischen Druck des Mitempfindens, wenn aus der Tiefe andere Worte steigen, unerwartete, aber notwendige Worte. Wenn alle Zweifel verflogen sind. Nehmet, das ist mein Leib. Trinket, das ist mein Blut. Mein Kostbarstes für sie. Für sie alle.

Und die Sanftlebenden lesen, auf Seite 1: YOUNG MAN BY THE NAME OF ALEXANDER BERKMAN SHOOTS FRICK. Wieder so ein verrückter Anarchist, sagt der Vater zur Mutter. Zwischen Christ und Anarchist, sagt Nietzsche, darf man eine vollkommene Gleichung aufstellen. Beider Zweck und Instinkt geht auf Zerstörung. Der Terrorismus ist eine Kinderkrankheit, sagt Trotzki. Die Chemie der Sprengstoffe kann nicht die revolutionäre Masse ersetzen. Die einzelnen werden im heroischen Kampfe verbrennen, ohne die Arbeiterklasse auf die Beine zu bringen.

Die Sanftlebenden, die Revolutionstechniker, die Dichter produzieren Worte gegen die Terroristen. Die Polizei ermittelt, nimmt Verhaftungen vor. Die Polizei wird mit den Terroristen stets fertig, wenn man ihr nur ein wenig Zeit läßt. Während die Polizei arbeitet, schreiben die Zeitungen über die Terroristen. ASSASSIN OVERPOWERED BY WORKINGMEN AFTER DESPERATE STRUGGLE. Handwerker, die zufällig am Ort der Tat weilten, stürzten herbei und schlugen den Attentäter zu Boden. Sie glaubten zunächst, daß Frick tot sei, aber ein Schmerzensschrei des Unglücklichen verriet ihnen, daß er noch lebe. Berkman war es gelungen, während des Handgemenges noch einmal in die Nähe seines Opfers zu gelangen und ihm einen Dolch in den Oberschenkel zu stoßen.

Der Wunsch der Terroristen, in die Zeitung zu kommen, wird

bereitwillig erfüllt. Eltern, Schulkollegen, Nachbarn der Terroristen, Psychologen und Psychiater werden befragt. Die «AZ» ergreift Partei. Die «AZ» bezieht Stellung. Auf der Seite jener, die unterdrückt werden, die Opfer von Macht und Gewalt sind. Auf der Seite der Opfer des Terrorismus. Auf der Seite der Opfer des Kapitalismus. Auf der Seite der Opfer des Kommunismus. Auf der Seite der Opfer des Nationalsozialismus. Auf der Seite der Opfer des Austrofaschismus. Auf der Seite Fricks, auf der Seite Berkmans. Wenn Frick in seinem Blute liegt, ist er ein Opfer terroristischer Gewalt. Wenn Berkman unter unmenschlichen Bedingungen im Gefängnis schmachtet, ist er ein Opfer staatlicher Gewalt. Die «AZ» bezieht Stellung, gegen jegliche Gewaltanwendung. Selbst wenn Sie Nachricht bringen würden, bei Ihnen habe die Revolution begonnen, auch das würde Ihnen kein Recht geben, die Sonntagsruhe des Doktor Adler zu stören.

Auf dieser Seite stehen Sie doch auch?

Ja. Selig die Sanftmütigen, denn sie werden das Land besitzen. Selig die Barmherzigen, denn sie werden Barmherzigkeit erlangen. Das Monopol der Gewalt ist ein staatliches Monopol, welches durch Gesetze geregelt wird. Ich mußte mir immer zuviel Gewalt antun. Mit der Polizei hatte ich niemals etwas zu tun, nur ein einziges Mal wurde ich von der Staatspolizei vorgeladen, weil ich einen angeblichen Terroristen empfangen hatte, im Jahr 1972. Mein Name fand sich in seinem Adreßbuch. Er sagte, er gehöre zur Roten Armee Fraktion, und schenkte mir ein Büchlein «Über den bewaffneten Kampf in Westeuropa». Mein Terrorist. Er zeigte mir eine Handfeuerwaffe. Er zeigte mir, wie man Leber auf Berliner Art zubereitet. Ich borgte ihm Geld, ziemlich viel für meine Verhältnisse. Er hatte bei mir Asyl gesucht, könnte man sagen. Das Asylrecht ist älter als die parlamentarische Demokratie. Wenn der Gehetzte den heiligen Bezirk betreten hat, müssen die Häscher innehalten. In den Augen meines Terroristen war ich selbstverständlich ein Idiot, ein kleinbürgerlicher Liberaler mit einem anarchistischen Stich. Mein Terrorist hat mich angeschwindelt, im revolutionären Kampf ist das erlaubt. Vielleicht war mein Terrorist ein Schwindler, ein Hochstapler, der sich mit Baader und Meinhof Kredit verschaffte. Auf den Fahndungsbildern in der Bundesrepu-

180

blik Deutschland suchte ich später meinen Terroristen und fand ihn nicht. Der Staatspolizist, der mich einvernahm, erzählte mir, daß der Verdächtige einer ganzen Reihe von Personen in Wien Geld herausgelockt habe. Ich möchte keine Aussage machen, sagte ich, über den Inhalt meiner Gespräche mit dem Betreffenden. Nach der Einvernahme traf ich auf dem Gang einen anderen Staatspolizisten, den ich von früher kannte. Er hieß Tichler. Er wurde von einer Terroristin erschossen, beim Überfall auf die OPEC-Konferenz im Dezember 1975 in Wien. Vor dem Abflug der Terroristen mit ihren Geiseln schüttelte der österreichische Innenminister dem Chef des Kommandos zum Abschied die Hand. Einen Augenblick lang erschien die staatliche Gewalt als Komplizin des Terrors. Gebet dem Kaiser, was des Kaisers ist. Die «AZ» bezieht Stellung, auf der Seite des Staates, welcher Gewalt hat, zu binden und zu lösen, einzusperren und freizulassen. Auf dieser Seite stehen Sie doch auch?

Ja. Ich bezahle meine Steuern. Ich grüße den Briefträger. Ich bin sozialversichert. Ich möchte nicht ins Gefängnis kommen. Ich möchte nicht nach Sibirien kommen. Ich lebe im freien Westen. Ich habe nur ein einziges Mal an einer Demonstration teilgenommen. Sie war polizeilich gemeldet. Österreich ist neutral. Ich habe die Ehre, den einen oder anderen Herrn Minister persönlich zu kennen. Ich habe bei der letzten Nationalratswahl meine Stimme der Sozialistischen Partei Österreichs gegeben. Ich stehe auf mehreren Seiten, wie die «Arbeiter Zeitung». Ich bin ein zweifelhafter Fall, wie die «Arbeiter Zeitung». Ich identifiziere mich mit den Unterprivilegierten, wenn sie mir nicht zu nahe kommen. Meine Sonntagsruhe bleibt ungestört. Morgen ist Sonntag. Hoffentlich ruft Paranoia nicht an. Sie kommt gelegentlich nach Wien. Sie steht auf der anderen Seite.

14. Ehrfurcht vor dem Leben

O du mein Super-Du, warum bist du nicht Ich? Warum bist du immer woanders, immer dort, wo ich nicht bin? Im Innersten meines Inneren, im Himmel, im Himmel wie auf Erden. Auf Erden in den Slums von Rio und Kalkutta, in den Irrenhäusern, in den Gefängnissen. Wie heißest du? Wer oder was bist du? Gibt es dich? Mama, bist es du? Wie du bist, bin ich. Ohne dich bin ich nicht. Laß mich nicht allein. Bleibe bei mir, denn es will Abend werden, und der Tag hat sich geneiget. Ich gehe jetzt auf Empfang, bitte antworten.

– – – Ehrfurcht vor dem Leben!

Also doch. Es hat sich gemeldet, eh die Welt im Chaos versinkt, im Finale der Menschendämmerung. Tröstliche Stimme, ein wenig scheppernd. Die alte Grammophonplatte, die christlich soziale, aus dem Jenseits. Aufnahme eines Interviews mit Albert Schweitzer anläßlich der Verleihung des Goethepreises der Stadt Frankfurt am 28. August 1928 an den großen Theologen, Musiker, Menschenfreund, den Arzt von Lambarene, gestorben 1965 im Alter von 90 Jahren, Träger des Friedensnobelpreises, des Ordens Pour le Mérite (Friedensklasse), Mitglied der Académie des sciences morales et politiques usw. usf., Verfasser zahlreicher Bücher und Schriften u. a. über Kultur und Ethik, Jesus Christus, Orgelbaukunst, Goethe, J. S. Bach, die Weltanschauung der indischen Denker, das Problem des Friedens in der heutigen Welt, die Atomgefahr, das Christentum und die Weltreligionen u. v. a. m. Doktor Schweitzer starb kurz vor Mitternacht. Als Dr. Schweitzer damals den Ogowefluß hinauffuhr, im September 1915, vorbei an den drei Inselchen vor dem Dorf Igendja.

– – – Langsam krochen wir den Strom hinauf, uns mühsam zwischen den Sandbänken hindurchtastend. Geistesabwesend saß ich auf dem Deck des Schleppkahnes, um den elementaren und universellen Begriff des Ethischen ringend, den ich in keiner Philosophie gefunden hatte. Blatt um Blatt beschrieb ich mit unzusammenhängenden Sätzen, nur um auf das Problem konzentriert zu bleiben. Am Abend des dritten Tages, als wir bei Sonnenuntergang gerade durch eine Herde Nilpferde hindurchfuhren, stand urplötzlich, von mir nicht geahnt und nicht gesucht, das Wort EHRFURCHT VOR DEM LEBEN vor mir. Nun war ich zu der Idee vorgedrungen, in der Welt- und Lebensbejahung und Ethik miteinander enthalten sind.

Die Nilpferde, die mächtigen sanften großen Nilpferde, die feuchten Leiber der Nilpferde im Ogowefluß.

– – – wachen die europäischen Denker darüber, daß ihnen keine Tiere in der Ethik herumlaufen. Wo irgendwie das Tier zum Dienst des Menschen gezwungen wird, muß jeder von uns mit den Leiden beschäftigt sein, die es um dessentwillen zu tragen hat. Wenn in unseren Schlachthäusern so viel Roheit waltet, wenn in unseren Küchen Tiere von ungeübten Händen qualvollen Tod empfangen, wenn Tiere durch unbarmherzige Menschen Unmögliches erdulden oder dem grausamen Spiele von Kindern ausgeliefert sind, tragen wir alle Schuld daran.

Die Pandabären, die Giraffen, die Wasserbüffel. Die Igel, die Spatzen, die Schmetterlinge. Das DDT. Die Wellensittiche, die Pudel, die Goldfische. Das Dioxin. Die kastrierten Kater. Der World Wildlife Fund. Prinz Philip, Herzog von Edinburgh, kam nach Österreich, um sich persönlich über die Bemühungen um den Schutz der Tier- und Pflanzenwelt dieses schönen Landes zu informieren. Quäle nie ein Tier zum Scherz, denn es fühlt wie du den Schmerz. War Jesus ein Tierfreund? War Jesus ein Vegetarier? Nein, er soll zumindest einmal Fisch gegessen haben und auch Lämmernes, zu Ostern. O du Lamm Gottes, das du hinwegnimmst die Sünden der Welt. Auch mit dem Pelikan wurde Jesus verglichen, weil man frü-

183

her meinte, dieser Vogel reiße sich mit seinem Schnabel die Brust auf und füttere so seine Jungen. *Pie Pelicane Jesu Domine, me immundum munda Tuo Sanguine.* Lieber Jesus Pelikan, mit deinem Blut reinige mich Unreinen. Dr. Schweitzer hatte die Gewohnheit, täglich einen Pelikan zu füttern, mit Fischen. Ungern sah er es, wenn Gäste eine Ameise zerdrückten. Der Wahnsinn des sogenannten Fortschritts hat bereits zum Aussterben vieler Tier- und Pflanzenarten geführt. Sehr geehrter Herr Dr. Holl, unterstützen Sie uns im Kampf gegen den sinnlosen Robbenmord! Mit eisenbeschlagenen Stangen wird den Tieren so lange auf den Schädel geschlagen, bis sie kein Lebenszeichen mehr von sich geben. Sie können uns helfen, Herr Dr. Holl, dieses grausige Abschlachten zu verhindern, indem Sie uns unterstützen. Schon mit einer Spende von 80 Schilling leisten Sie einen Beitrag zur Rettung der Robben. Anzeichen für Mitleid gibt es schon bei den Schimpansen, schreibt Konrad Lorenz in seinem neuesten Buch «Der Abbau des Menschlichen». Nach dem Abendbrot, welches Dr. Schweitzer im Kreis seiner Mitarbeiter einzunehmen pflegte, wurde ein Choral gesungen, welchen der Hausherr auf einem alten Klavier begleitete. Abend ist es, Herr, die Stunde ist noch wie in Emmaus, daß aus deiner Jünger Munde jene Bitte fließen muß. Bleib bei uns im Erdental, halt mit uns dein Abendmahl, und dein Friedensgruß erfülle Herz um Herz mit heilger Stille. Ein schwarzes Lamm trottet herbei und läßt sich neben dem Klavier nieder. Der Gesang der Runde verwächst mit dem Stimmengewirr der nächtlichen Natur, der tropischen, der gefährlichen, der wilden, gegen welche die Moskitonetze Schutz bieten. Tonangebend und doch in sich gekehrt sitzt der alte Meister, dessen Orgelkunst die Kathedralen gefüllt hat, unter flackerndem Petroleumlicht und spielt einfache Notensätze auf einem Klavier mit bräunlich verfärbten Tasten. Bild und Klang vereinigen sich für den Zuschauer zu einem Eindruck von unbeschreiblichem Frieden. Gewisse Kindheitseindrücke, verehrter Herr Dr. Schweitzer, sind Ihnen unauslöschlich im Gedächtnis geblieben.

— — — Solange ich zurückblicken kann, habe ich unter dem vielen Elend, das ich in der Welt sah, gelitten. Unbefangene, jugendliche

Lebensfreude habe ich eigentlich nie gekannt und glaube, daß es vielen Kindern ebenso ergeht, wenn sie auch äußerlich ganz froh und ganz sorglos erscheinen. Litt ich darunter, daß die armen Tiere so viel Schmerz und Not auszustehen haben. Der Anblick eines alten hinkenden Pferdes, das ein Mann hinter sich her zerrte, während ein anderer mit einem Stecken auf es einschlug. Es wurde nach Kolmar ins Schlachthaus getrieben. Hat mich wochenlang verfolgt.

Vielleicht freut es Sie zu hören, lieber Herr Dr. Schweitzer, daß innerhalb der letzten drei Jahre in den USA die Spenden für wohltätige Organisationen stärker zunahmen als die Inflationsrate. Mehr als 300 000 wohltätige Einrichtungen erhielten im Jahr 1983 fast 65 Milliarden Dollar, das sind im Durchschnitt 1,96 Prozent des persönlichen Einkommens, gegenüber 1,86 Prozent im Jahr 1982.

— — — wage ich zu sagen, daß die ethische Religion der Liebe bestehen kann ohne den Glauben an eine ihr entsprechende, die Welt leitende Gottespersönlichkeit.

Also doch nicht. Oben ohne. DAS LEBEN als modernes Super-Du, an der Stelle des alten Gottes. Täglich Biovital. Wie ist alles, alles Leben eins. Dieselbe Lebenskraft, welcher Nietzsche huldigte. Bin ich biophil veranlagt? Hin- und hergerissen zwischen Spottlust und Nostalgie, diesen nur allzu verständlichen Reaktionen auf fürchterliche Enttäuschungen, erlebt sich das heutige Individuum in den Industriegesellschaften als bar jeden Lebenssinns. Geht es zu Ende, Dr. Schweitzer?

— — — Beginnender Untergang der Menschheit ist unser Erlebnis.

Und ruhig plätschern die Nilpferde im Ogowefluß. Ihr Fleisch gilt als schmackhaft.

15. Alles klar, Paranoia?

Stirbt unser blauer Planet?

Die Fotos der Weltkugel, aufgenommen aus dem Weltraum, von amerikanischen und russischen Astronauten, zeigen das allerneueste, das allerletzte, das postmoderne Super-Du. Eine kreisrunde Scheibe, weiße Fetzen auf blauem Grund, wie Gott sie sah, als sie endlich fertig war. Und Gott sah alles, was er gemacht hat, und siehe, es war sehr gut.

Paranoia ist nicht dieser Auffassung. Sie erlebt die Welt als bedroht von der Atomgefahr und den schleichenden Giften, sie fragt, während ihres letzten Besuches in Wien: Was ist mit der Welt los? Daraufhin muß Holl lachen, was ihm einen alarmierten Blick Paranoias einträgt. Verzeihung, sagt Holl, aber warum soll ich mir den Kopf des lieben Gottes zerbrechen.

Im übrigen hat Paranoia beschlossen, sich amtlich für verrückt erklären zu lassen. Sie hat bereits ein Gespräch mit dem Amtsarzt hinter sich gebracht. Im Fall ihrer amtlich beglaubigten Verrücktheit gilt sie als arbeitsunfähig und bekommt eine Rente, das Paranoiageld, wie sie es nennt. Halten wir die Daumen. Denn im Fall der definitiven Abstempelung Paranoias durch die dem Sozialministerium nachgeordneten Dienststellen wird hoffentlich auch die Polizei endlich Ruhe geben und Paranoia nicht mehr verfolgen, was ihr nur recht sein kann. Was immer sie dann sagt und tut, ist in der Freiheit der Narren gesagt und getan, einschließlich der Frage, was mit der Welt los sei.

Wenn alles gutgeht, wird Paranoia in der Schule ihres Swami lernen, ihre Energieströme besser zu dirigieren. Vorläufig, sagt Holl zu Paranoia, halte ich es nicht viel länger als zwei Stunden mit dir aus. Du bist sehr anstrengend. Wirst du denn gar nicht müde?

Noch lange nicht, sagt Paranoia. Sie hat ein Büchlein mit den Lehren des Swami Schiwananda gekauft, der im Jahr 1976 den Körper ablegte. Er war Arzt und diente den Armen, so ähnlich wie Dr. Schweitzer.

Es gibt schätzungsweise eine Million Swamis auf der Welt. Die meisten von ihnen leben in Indien, nach den Grundsätzen der Armut, der Keuschheit und des Gehorsams. Ihre Tradition des Umgangs mit dem Super-Du ist ein paar tausend Jahre alt. Nur wenige haben in ihrem Leben ein Buch in der Hand gehabt, sagt Holl. Dein Swami ist eine Ausnahme.

Der Swami, sagt Paranoia, lebt, was er lehrt. Er ist stärker als die CIA. Er steht drüber. Eine höhere Macht. Rein. Ich möchte ihm dienen. Kann ich eine Zigarette haben?

Die Weltanschauung der alten indischen Philosophie, sagt Holl, ist im Grund einfach. Sie arbeitet mit drei Grundbegriffen, dem Ich, dem Super-Du und dem Umgreifenden. Der Witz besteht darin, daß Ich und Super-Du im Umgreifenden aufgehen sollen. Solange du Zigaretten brauchst, bleibst du in deinem kleinen Ich gefangen.

Im Zentrum haben sie zu mir gesagt, ich stinke nach Nikotin, sagt Paranoia.

Eben.

Ich kann mir schwer vorstellen, sagt Paranoia, daß ich es in diesem Klosterbetrieb auf die Dauer aushalte. Gib mir eine Zigarette. Immer und allezeit beobachtet euch jemand, sagt der Swami. Das ist die unendliche Liebe. Sie will, daß ihr leuchtet, als grenzenlose unsterbliche Liebe.

Wenn alles gutgeht, wird Paranoia ihren Swami eines Tages verlassen, weil sie ihn nicht mehr braucht. Ihre Widerstandsfähigkeit gegen die schlechte Wirklichkeit wird dann ruhiger sein, gesammelter, geduldiger. Erst wenn der einzelne gelernt hat, der schlechten Wirklichkeit im Namen der Wahrheit zu widerstehen, wird er mit sich selbst identisch. Die maßgeblichen Philosophien, Religionen und Moralen haben diesen Grundsatz in Ehren gehalten. Auf einen Menschen, der ihm nachzuleben imstande ist, kommen Tausende, die an ihm scheitern. Es ist möglich, daß Paranoia zu den

Gescheiterten zählen wird, daß Holl zu den Gescheiterten zählen wird, daß der Swami zu den Gescheiterten zählen wird. Makt nix, sagt der Swami, nix geht verloren!

Den Swami bringt nichts aus der Ruhe, weshalb er auf Paranoia wie ein Heilmittel wirkt. Paranoia schickt seine Reden und Vorträge auf Tonbandkassetten an Holl, sie will, daß sich Holl mit den Lehren des Swami befaßt. Ich brauche den Swami nicht, sagt Holl, ich habe meine Schreibmaschine. Ich wehre mich gegen den Swami, er ist mir zu lieb, ununterbrochen redet er von Gott, er sagt, wir gehören alle miteinander zu der Einen, Ewigen, Unsterblichen, Unendlichen Wirklichkeit. Der Swami sagt immer ja, er mag nicht nein sagen. Das Neinsagen ist eine Begrenzung, das Jasagen ist die Befreiung von allen Begrenzungen, sagt der Swami. Fortwährend identifiziert er sich, mit Der Wahrheit, Der Liebe, Dem Leben, Der Wirklichkeit. Er geht im Super-Du auf, in der Eins ohne die Zwei. Es gibt da eine Stelle in den Reden des Swami, wo er plötzlich vom Zerstückeltwerden spricht, vom Zerschnittenwerden, und sofort fügt er hinzu, daß er davon unberührt bleibt, weil er als Geist, Bewußtsein, Seele und so weiter ja gar nicht zerstückelbar ist. Der Swami redet so, wie der Philosoph Parmenides, der vor 2500 Jahren gelebt hat, vom unteilbaren SEIN, dem kugelrunden, geredet hat.

Also diese ganz winzigkleine Frage hätte ich füglich schon anzubringen an die Kugelgestalt des Swami, warum ihm denn überhaupt das Zerteiltwerden einfallen konnte in seinem unzerteilbaren Geist.

Die ganze Menschheit ist meine Familie, sagt der Swami.

Im Zustand der Atemlosigkeit erübrigen sich dann sämtliche Fragen. Damals in Rischikesch, erzählt der Swami, begab ich mich schon am frühen Morgen in das leere Wohnzimmer des Guru, um dort zu meditieren. Meine widerspenstigen Gedanken waren wie aufgescheuchte Vögel. Da vernahm ich die Stimme des Meisters. Komm! Traurig ging ich zu ihm. Sein Blick war still und ergründlich. Dein Herzenswunsch soll in Erfüllung gehen. Ich wußte nicht, wie ich seine Worte verstehen sollte. Da schlug er mir leicht gegen die Brust, da wo das Herz ist. Sogleich stand ich wie festgewurzelt da. Der Atem wurde mir wie von einem starken Magneten aus der Brust gezogen.

Und dann?

Rundumsicht! Durch meinen Hinterkopf sah ich eine weiße Kuh, die sich langsam unserem Hause näherte. Als sie hinter der Ziegelmauer des Hofes verschwand, war sie für mich immer noch sichtbar. Alles, was ich sah, vibrierte heftig. Mein Körper, der Körper des Meisters, der von Säulen begrenzte Hof, die Möbel, der Fußboden, die Bäume, der Sonnenschein, die Menschen außerhalb.

Und dann?

Bis sich alles in einem leuchtenden Meer von Licht löste, bis die überwältigende Freude mich erfüllte, bis die Freude alle Städte, die Kontinente, die Erde, das Sonnensystem, das All umfaßte, bis der ganze Kosmos wie eine ferne nächtliche Stadt in der Unendlichkeit meines Selbst flimmerte. Bis ich das vibrierende Om hörte.

Und dann?

Kehrte der Atem in meine Lunge zurück. Unerträglicher Ekel. Wiederum eingesperrt im elenden Käfig. Unbeweglich der Meister vor mir. Komm, wir wollen zum Ganges hinuntergehen.

Wenn der Zustand der Atemlosigkeit vorbei ist, kehren die Fragen wieder. Eines Morgens, erzählt der Swami, kam ich mit einem Problem zum Meister. Wann werde ich Gott finden? Du hast ihn gefunden, antwortete mein Guru. Nein, das glaube ich nicht! Der Meister lächelte. An einem anderen Tag, nach der Morgenübung und noch ganz erfüllt von der Erinnerung an das kosmische Bewußtsein, begegnete ich auf der Straße einem Elefanten. Warum sollte ich dem Elefanten ausweichen? Ich Gott, der Elefant Gott. Wie kann Gott Gott ausweichen. Da rief der Treiber, der oben auf dem Elefanten saß, mir zu, ich möge den Weg frei machen. Nein. Schon hatte mich der Elefant mit seinem Rüssel gepackt und zur Seite geschleudert. Mühselig rappelte ich mich auf, mit schmerzenden Gliedern, und erzählte meinem Guru den Zwischenfall. Ich Gott, der Elefant Gott, All Einigkeit, dennoch ich beiseite befördert? Da lächelte der Meister. Warum hast du denn nicht auf die Stimme Gottes gehört, die vom Rücken des Elefanten kam?

Alles klar, Paranoia? Der Swami identifiziert sich total, mit allem und jedem, das macht ihn so sanft, so hinnehmend, so mütterlich weich gütig. Hat gelernt, dem Elefanten auszuweichen. Liebt die ganze Menschheit, die Tierwelt, Pflanzenwelt, Steinwelt. Du kommst zu ihm, sagst: Ich hab Paranoia. Makt nix, sagt der Swami. Schon bist du in der Eins verschwunden. Swami hat Messer weggelegt, Swami macht keine Schnitte, keine Unterscheidungen, keine Trennungen, keine Einteilungen. Kommt Mister Solschenizyn und klagt über den Gulag, kommt Mister Nagasaki und klagt über die Atombombe. Makt nix. Kommen Russen und schneiden Swami in Stücke, kommen Amerikaner und schneiden Swami in Stücke. Makt nix. CIA und KGB wollen Paranoia erschießen. Makt nix. Die Eins ist ein schwarzes Loch aus lauter Antimaterie, schwupp hinein. Hallo, wo bist du geblieben, Paranoia? Ich bin seit kurzem eine Sanjasi, sagt Paranoia, bin geweiht worden, sehr schön, sehr heilig. Nix fiki fuki. Komm, wir wollen zum Ganges hinuntergehen. Sitzt ein zerlumpter Bettler am Weg. Makt nix. Gehört auch zu unserer Familie.

Wenn ich die Musik hör im Tempel von denen, sagt Paranoia, da wird mir schon anders. So eine indische Musik lassen die laufen in ihrem Tempel. Werd ich ganz weich und feucht, wie soll ich denn die Beine ruhig halten im Stehen, ich glaub, ich rinn aus. O du heilige Mutti Gotti. O ich halt's nicht mehr aus. O du.

Paranoia an alle: Euch geht's sicher gut ohne meine Hilfeschreie.

Alle an Paranoia: Wenn du lästig wirst, kommst du husch husch in eine Verallgemeinerung. Wenn wir über dich reden, verwenden wir verallgemeinernde Wörter, in denen wir dich aufheben. Du bist geisteskrank, sagen wir, und schon bist du in der großen Menge der Geisteskranken verschwunden. Du bist eine geschiedene Frau. Es gibt viele geschiedene Frauen. Schon haben wir dich erklärt, wenigstens zum Teil, und du kannst uns als du selbst nicht mehr beunruhigen. So machen wir es immer, wenn uns etwas auf die Nerven geht. Wenn uns sonst nichts mehr einfällt, können wir immer noch Sozialismus, Kapitalismus sagen, oder Weltfriede, Christentum, Arbeitslosigkeit, gesellschaftliche Außenseiter, Revolution, Psychiatriereform, Wirtschaftskrise, Solidarität. Je abstrakter wir reden, desto wohler fühlen wir uns, desto behüteter, desto behaglicher. Da kannst du dann lange schreien, während wir damit beschäftigt sind, die Weltprobleme zu erörtern. Wenn du weiter um Hilfe schreist, dann haben wir auch noch ein paar Eigenschaftswörter in Reserve, ein schreckliches Schicksal, sagen wir dann, das ist ja entsetzlich, und schon ist uns leichter. Wir können es uns nicht leisten, uns mit jedem unglücklichen Gesicht in der Untergrundbahn auseinanderzusetzen, wir können es uns nicht leisten, unsere verkalkte Mutter weiterhin zu pflegen. Wir möchten leben, wir möchten unsere Ruhe haben. Wie kommen wir eigentlich dazu, uns deine fixen Ideen anhören zu müssen, viele Male, immer wieder, bis das Publikum unruhig wird. Da gehen wir schon lieber in ein nettes Restaurant und lassen uns das Essen gut schmecken, da gehen wir schon lieber ins Kino oder eventuell zu einem Vortrag über die Entstehung der Irrenanstalten im 18. Jahrhundert. Das ist jedenfalls interessanter, als deine Geschichten es sind. Oder wir lesen ein Buch über die Mitmenschlichkeit, wenn es nicht zu langweilig geschrieben ist.

Außerdem gewähren wir dir eine Frühpension, welche ab September 1984 zur Auszahlung gelangt. Hochachtungsvoll Der Generaldirektor.

Herr O. an Holl: Ich hatte mir gedacht, Sie wüßten, daß es nicht lustig ist, mit der Narrenkappe leben zu müssen. Es hat mir weh getan, als ich erfuhr, daß Sie mir wieder die Narrenkappe aufsetzen wollen, daß es in Ihrem Buch ein Abbild meines Leidensweges gibt. Ich möchte mich entschuldigen wegen meiner Unhöflichkeit; ich habe Ihnen bei meinem letzten Besuch im Affekt das Duwort entzogen. Doch habe ich auch vieles durch Sie gelernt und so manchen Wink bekommen und möchte mich dafür bedanken.

Riki an Holl: Daß der Mensch Holl doch einigermaßen hinter dem Schriftsteller Holl hinterherhinkt. Wissen ist noch lange nicht Mitleiden. Dazu braucht man Liebe und Güte. Ich hätte eine Hand gebraucht, weil es mir schlecht geht, eine einzige Streicheleinheit.

Auf den alten Bildern bin ich eben dabei, mit dem Kurzschwert die Pelerine zu durchschneiden, die ich mir von den Schultern gezogen habe. Ich sitze auf einem Pferd, unten erhebt ein nackter Mann flehend die Hände. Ich werde die eine Hälfte des Mantels dem Armen geben und mich selbst mit der anderen umhüllen. Darüber werden einige, die die Szene beobachtet haben, lachen müssen, weil mein Anblick auf sie komisch wirkt. Andere werden ein schlechtes Gewissen haben, weil ihnen der Bettler gleichgültig war. In meiner Lebensbeschreibung steht eine seltsame Bemerkung. Man liest, ich habe beim Anblick des Bettlers erkannt, daß dieser Mensch mir bestimmt sei. Um das zu verstehen, muß man wissen, daß ich mit den Menschen im Grund nichts zu tun haben wollte. Es ist auffällig, wie unpersönlich und flüchtig meine Begegnung mit dem Vertreter des Elends verläuft. Wortlos und sachlich wird die Ungleichheit zwischen uns beiden beseitigt, durch die Teilung des Mantels. Hernach kann man sich wieder trennen, für immer. Meine Regung, den Bedürftigen als meinesgleichen zu behandeln, ist mit Liebe nicht ohne weiteres zu verwechseln.

September 1982–August 1984

Literaturhinweise

Bales, Robert Freed — Personality and Interpersonal Behavior
New York: Holt, Rinehart and Winston, 1970

Cohen, Hermann — Religion der Vernunft aus den Quellen des Judentums
Dreieich: Abi Melzer, 1978

Frenzel, Ivo — Friedrich Nietzsche
Reinbek: Rowohlt, 1982

Jones, Rufus M. — The Flowering of Mysticism
New York: Hafner, 1971

Goldman, Emma — Living my Life, 2 Bde.
New York: Dover, 1970

Herbstrith, Waltraud — Das wahre Gesicht Edith Steins
München: Gerhard Kaffke, 1980

Lück, Helmut E. (Hrsg.) — Mitleid-Vertrauen-Verantwortung
Stuttgart: Klett, 1977

Mader, Wilhelm — Max Scheler
Reinbek: Rowohlt, 1980

Nietzsche, Friedrich — Studienausgabe Band 3 und 4 (Der Antichrist; Zur Genealogie der Moral), ausgewählt und eingeleitet von Hans Heinz Holz
Frankfurt am Main: Fischer, 1968

Patrologia Orientalis — Band 19 (1925), 164–179

Peters, H. F. — Lou Andreas-Salomé. Das Leben einer außergewöhnlichen Frau
München: Heyne, 1981

Scheler, Max	Wesen und Formen der Sympathie Bern: Francke, 1973
Scheler, Max	Das Ressentiment im Aufbau der Moralen Frankfurt am Main: Vittorio Klostermann, 1979
Schings, Hans-Jürgen	Der mitleidigste Mensch ist der beste Mensch. Poetik des Mitleids von Lessing bis Büchner München: C. H. Beck, 1980
Schmidbauer, Wolfgang	Die hilflosen Helfer. Über die seelische Problematik der helfenden Berufe Reinbek: Rowohlt, 1982
Smith, Adam	Theorie der ethischen Gefühle, 2 Bde. Leipzig: Felix Meiner, 1926
Steffahn, Harald	Albert Schweitzer Reinbek: Rowohlt, 1981
Stein, Edith	Aus dem Leben einer jüdischen Familie Freiburg: Herder, 1965
Theresia von Jesu	Sämtliche Schriften Band 5 Übersetzt und bearbeitet von P. Aloysius Alkofer Ord. Carm. Disc. München: Kösel, 1970
Trotzki, Leo	Mein Leben Frankfurt am Main: Fischer, 1974
Wilde, Harry	Leo Trotzki Reinbek: Rowohlt, 1981
Wispé, Lauren (Hrsg.)	Altruism, Sympathy, and Helping. Psychological and Sociological Principles New York: Academic Press, 1978

Nach Fertigstellung des Manuskriptes im August 1984 sind noch erschienen:

Hamburger, Käte   Das Mitleid
                                  Stuttgart: Klett-Cotta, 1985

Kronauer, Ulrich (Hrsg.)   Vom Nutzen und Nachteil des Mitleids. Eine Anthologie
                                  Frankfurt am Main: Keip, 1990

Salber, Linde   Lou Andreas-Salomé
                                  Reinbek: Rowohlt, 1990

Namenregister

Napoleon I. 70, 136
Netschajew, Sergei G. 118
Nietzsche, Friedrich 19, 34, 48, 59 ff, 66 ff, 74 f, 81, 83, 86, 89, 92, 131, 138 f, 152, 157, 168 f, 172 ff, 177 f, 185
Nietzsche-Förster, Elisabeth 61, 65
Nightingale, Florence 120 ff, 131, 138, 140

Oppenheimer, Franz 15
Overbeck, Franz 61

Parmenides 188
Paulus 66
Pawlowna, russische Großfürstin 121
Penn, William 148
Perikles 16
Petrus 66
Philip, Prinz, Herzog von Edinburgh 183
Pilatus, Pontius 146
Platon 36

Ratzinger, Josef 15
Reagan, Ronald 125
Renner, Karl 83
Rilke, Rainer Maria 63, 81, 150
Robespierre, Maximilien de 47
Rockefeller, John D. 108, 164
Rolland, Romain 178
Rothschild, Mayer Amschel 174
Rousseau, Jean-Jacques 35, 47
Russell, Bertrand 178

Sade, Donatien Alphonse François Marquis de 34
Salomo 25
Sartre, Jean-Paul 115, 149
Scheler, Maria 45 ff, 50 f
Scheler, Märit 45 ff
Scheler, Max 45 ff, 53 ff, 60 f, 74 ff, 84 ff, 89, 98, 109, 131, 138 f, 168, 170, 172, 174
Schiller, Friedrich 117, 125, 178
Schiwananda, Swami 187
Schnitzler, Arthur 60
Schopenhauer, Arthur 27, 35, 47, 61, 89, 173
Schweitzer, Albert 35, 126, 182, 184 f, 187
Seuse, Heinrich 144
Shakespeare, William 124
Smith, Adam 34
Sokrates 36 ff, 141 f
Solschenizyn, Alexander 190
Spinoza, Baruch de 34, 48
Stagelin, Elsbeth 143 f
Stalin, Jossif W. 49
Stein, Edith 49, 72 f, 78, 82, 138, 140
Stein, Rosa 72
Stürgkh, Karl von 177
Sulpicius Severus 9

Teresa von Ávila 73, 79, 158 ff, 162
Teresa von Kalkutta («Mutter Teresa») 122 f, 125 ff, 128, 131, 138, 140
Tertullian 123

Lernprogramme

Eine
Auswahl

rororo
sachbuch

C 2177/2

Lernprogramme

Eine
Auswahl

C 2177/4 a

Körpererfahrung

Nathaniel Branden
Ich liebe mich auch
Selbstvertrauen lernen (8486)

Muriel James/Dorothy Jongeward
Spontan leben
Übungen zur Selbstverwirklichung
(8301)

Frédérick Leboyer
Weg des Lichts
Yoga für Schwangere – Texte und
Übungen (7855)

Alexander Lowen
Der Verrat am Körper
Der bioenergetische Weg, die verlorene
Harmonie von Körper und Psyche
wiederzugewinnen (7660)

Else Müller
Hilfe gegen Schulstreß
Übungsanleitungen zu Autogenem
Training, Atemgymnastik und
Meditation für Kinder und Jugend-
liche (7877)
**Bewußter Leben durch Autogenes
Training und richtiges Atmen**
Übungsanleitungen zu AT, Atem-
training und meditative Übungen durch
gelenkte Phantasien (7753)

Deenbandhu Yogi (Detlef Uhle)
**Das rororo Yoga-Buch für
Anfänger** (7891)
**Das rororo Yoga-Buch für
Fortgeschrittene** (7887)

Martin Siems
Dein Körper weiß die Antwort
Focusing als Methode der Selbst-
erfahrung (7968)

rororo sachbuch

C 2163/5

Satt, aber hungrig

Renate Göckel
**Eßsucht oder
die Scheu vor dem Leben**
Eine exemplarische Therapie
(rororo sachbuch 8444)

Marilyn Lawrence
«Ich stimme nicht»
Identitätskrise und Magersucht
(rororo sachbuch 7965)

Marilyn Lawrence (Hg.)
Satt, aber hungrig
Frauen und Eßstörungen
(rororo sachbuch 8511)

Geneen Roth
Essen als Ersatz
Wie man den Teufelskreis durchbricht
(rororo sachbuch 8493)

Alice Schwarzer (Hg.)
Durch dick und dünn
Ein EMMA-Buch
(rororo sachbuch 8092)

ro ro ro SACHBUCH

C 2369/1